Haishui Dongrong Yu Qinshi Ouhe Zuoyongxia

海水冻融与侵蚀耦合作用下

Qiaoliang Xiabu Jiegou Naijiuxing Pinggu

桥梁下部结构耐久性评估

周勇　林新元　张峰　蔡建军　编著

人民交通出版社

内 容 提 要

本书主要内容包括:绪论,混凝土冻融、侵蚀及力学性能试验,混凝土冻融损伤破坏准则,混凝土干湿循环后的破坏准则,海水冻融与侵蚀耦合作用下的混凝土破坏准则,混凝土损伤劣化的室内和室外关联模型,桥墩冰荷载作用分析,波浪模型试验,非通航孔桥墩耐久性评估,大沽河航道桥模型简介、合理成桥状态确定、索塔和桥墩耐久性评估等。本书实例实验分析与理论相结合,对海水冻融与侵蚀耦合作用下桥梁下部结构耐久性评估具有一定的参考价值。

本书可供从事桥梁检测、设计、科研等的技术人员使用。

图书在版编目(CIP)数据

海水冻融与侵蚀耦合作用下桥梁下部结构耐久性评估 / 周勇等编著. —北京 : 人民交通出版社, 2012.12

ISBN 978-7-114-09743-0

Ⅰ. ①海… Ⅱ. ①周… Ⅲ. ①桥梁结构:下部结构-耐久性-评估 Ⅳ. ①U443.3

中国版本图书馆 CIP 数据核字(2012)第 062883 号

书　　名: 海水冻融与侵蚀耦合作用下桥梁下部结构耐久性评估
著 作 者: 周勇　林新元　张峰　蔡建军
责任编辑: 王文华
出版发行: 人民交通出版社
地　　址: (100011)北京市朝阳区安定门外外馆斜街 3 号
网　　址: http://www.ccpress.com.cn
销售电话: (010)59757969,59757973
总 经 销: 人民交通出版社发行部
经　　销: 各地新华书店
印　　刷: 北京交通印务实业公司
开　　本: 787×1092　1/16
印　　张: 13.25
字　　数: 315 千
版　　次: 2012 年 12 月　第 1 版
印　　次: 2012 年 12 月　第 1 次印刷
书　　号: ISBN 978-7-114-09743-0
定　　价: 36.00 元

前　言

冰冻海域海洋环境中桥梁下部结构混凝土在浸水饱和或潮湿状态下，由于海水冻融带来的温度正负交替变化，使桥梁下部结构混凝土内部孔隙水形成冻结膨胀压、渗透压及水中盐类的结晶压等，产生疲劳应力，造成混凝土由表到里逐渐损伤破坏，导致结构剥蚀，发生早期损坏，从而使结构的安全性能减弱，严重的还将导致结构物的破坏和倒塌，造成人员伤亡和经济损失。结构的冻融破坏现象不仅在我国的东北、华北和西北地区存在，而且在气候比较温和但冬季依然出现冰冻的华东、华中地区（山东、江苏和湖北等），也广泛存在混凝土的冻融破坏问题。冰冻海域海洋环境不仅对桥梁下部结构存在冻融破坏作用，海水侵蚀同样对桥梁下部结构产生损伤破坏，因此有必要开展冰冻海域桥梁在海水冻融和侵蚀作用下桥梁下部结构耐久性能的研究。

全书共分四大部分。第一部分重点探讨了海水冻融与化学侵蚀作用下混凝土的力学性能退化规律，提出了海水冻融与侵蚀耦合作用下的混凝土三轴强度准则，建立了恶劣海洋环境下海水冻融与侵蚀环境因素的室内外计算等效模型，为后续桥梁下部水位变化区及浪溅区的结构耐久性评估提供理论基础。第二部分开展了冰冻海域冰荷载效应研究，重点对跨海桥梁宽幅承台的冰荷载效应进行探讨。第三部分开展了群桩承台水动力物理模型试验，提出了承台波流计算经验公式。第四部分依托青岛海湾大桥非通航孔桥和大沽河航道桥，开展了桥梁下部结构的结构耐久性评估研究。

限于著者的知识视野和学术水平，书中难免存在不当之处，恳请读者批评指正。如有问题，请联系山东大学桥梁所副教授张峰（zhangfeng2008@sdu.edu.cn）。

作者

2012 年 10 月 6 日

目　　录

第1章　绪　　论

在自然环境中,由于腐蚀介质的侵蚀及材料的老化,结构的性能不断劣化,其结果是导致结构的使用寿命缩短。从可靠度的角度讲,结构的使用寿命评估是一个概率问题。目前,对结构使用寿命的预测已有较多研究,但这些研究,或者只根据结构当前的状态推断结构未来的状况,没有考虑结构随时间的变化,或者根据假定的结构性能退化规律,推断结构的使用寿命。实际上,结构性能随时间的衰减规律极其复杂,由于受材料制作、施工、养护等因素影响,同一地域不同结构,甚至同一结构不同部位的材料,其随时间的变化都相差很大。因此,结构使用寿命的评估,应以结构或构件本身的性能随时间的变化规律为依据。但如何根据为数不多的检测资料来揭示结构性能随时间的变化规律,是一个难度较大的课题,需要进行深入的研究。

1.1　研究背景

我国是一个发展中的大国,正在从事着为世界所瞩目的大规模基础建设。而我国财力有限,能源短缺,资源并不丰富。因此,战略上要高瞻远瞩,有效地利用资金,节约能源,既要科学地设计出安全、适用又耐久的新建工程项目,还要充分、合理、安全地延续利用现有资源和工程设施。因此,加强混凝土结构耐久性研究,提高设计质量,延长结构使用寿命,是摆在我们面前的一个很重要的现实课题和任务。

目前,混凝土已经广泛地应用于各种海洋环境下,如海滨城市、海港、渔港、钻井平台等。但同时人们也研究发现,混凝土在海洋环境下的性能及其性能的改变与在一般环境下不同。暴露于海洋环境下的混凝土,可能由于海水组成对水泥水化物的化学作用、碱—集料反应、混凝土内部盐类结晶压力、寒冷气候下的冷冻作用、埋入钢筋的腐蚀及物理冲刷等复合作用的结果而破坏。许多混凝土建筑在使用　二十年后就必须花巨资修补,甚至重建。1980 年 3 月 27 日,北海 Stavanger 近海钻井平台 Alexander Kjell 号突然破坏,导致 123 人死亡。1983 年日本的小林一辅教授,在 NNK 电视台的讲话中明确指出:当前日本混凝土的主要问题是耐久性问题,在日本沿海岸,许多港湾建筑、桥梁等,建成以后不到 10 年的时间,混凝土表面开裂、剥落,钢筋锈蚀外露。P. K. Mehta 指出,在工业发达国家,建筑工业总投资的 40% 以上用于现存结构的修理和维护,60% 以下用于新的设施建设。图 1.1 为几座跨海混凝土桥梁裂缝调查情况。

北方海域环境中,桥梁下部结构混凝土在浸水饱和或潮湿状态下,由于海水冻融带来的温度正负交替变化,使桥梁下部结构混凝土内部孔隙水形成冻结膨胀压、渗透压及水中盐类的结晶压等,产生疲劳应力,造成混凝土由表及里逐渐损伤破坏,导致结构剥蚀,发生早期损坏,从而使结构的安全性能减弱,严重的还将导致结构物的破坏和倒塌,造成人员伤亡和经济损失。结构的冻融破坏现象不仅在我国的东北、华北和西北地区存在,而且在气候比较温和但冬季依然出现冰冻的华东、华中地区(山东、江苏和湖北等),也广泛存在混凝土的冻融破坏问题。海洋环境不仅对桥梁下部结构存在冻融破坏作用,海水侵蚀同样对桥梁下部结构产生损伤破坏。

由于青岛海湾大桥位于山东省东部，因此，有必要开展青岛海湾大桥在海水冻融与侵蚀作用下桥梁下部结构破坏及对整桥稳定性影响的研究。

图 1.1　桥梁裂缝调查

1.2　混凝土耐久性能研究进展

混凝土在饱水状态下，因冻融循环产生的破坏作用称为冻融破坏。混凝土的抗冻耐久性能是指饱水混凝土抵抗冻融循环作用的性能。处于高饱水度寒冷地区的混凝土结构物常常发生冻融破坏，如处于北方的大坝，大坝的迎水面水位变化区混凝土和溢流坝混凝土坝面常发生冻融破坏，还有处于河流中的大桥桥墩、海洋中的海上采油平台等建筑物，常常由于抗冻耐久性不足而提前"衰老"。因此，混凝土的抗冻耐久性能对处于寒冷地区的水工建筑、桥梁等十分重要。而且，混凝土的抗冻性能还是混凝土耐久性能中非常重要的方面，在很长一段时间里，国内外评价混凝土耐久性时，常以混凝土的抗冻性作为主要标准或综合指标，甚至把抗冻性能试验直接称为耐久性试验。

2001 年，加州伯克利分校的 Mehta 教授[1]在总结 59 年来混凝土耐久性的研究进展时指出：引起混凝土结构劣化的因素，按照重要程度依次为钢筋锈蚀、冻融破坏和海水侵蚀作用。因此，有效评估海水侵蚀对混凝土的作用具有工程应用和理论价值。

1.2.1　冻融循环后混凝土性能的试验研究

混凝土冻融循环产生的破坏作用主要有冻胀开裂和表面剥蚀两个方面。水在混凝土毛细孔中结冰造成的冻胀开裂使混凝土的弹性模量、抗压强度、抗拉强度等力学性能严重下降，危害结构物的安全性。一般认为，混凝土的冻融破坏是一个物理作用过程。

国内外学者对混凝土的抗冻性能做了大量理论与试验工作。早在 1945 年，Powers 提出了混凝土冻融破坏的静水压假说，后又提出了渗透压假说；Fagerlund 提出了"临界水饱和度法"。Powers 还提出了混凝土抗冻性研究中的重要参数——平均气泡间隔系数的计算方法。中国水利水电科学研究院、南京水利科学研究院、原上海建材学院等也对水工结构的抗冻性及公路混凝土的抗盐冻性能等开展了卓有成效的研究，对保证重大工程的抗冻耐久性起到了积极的作用。

1）混凝土冻融破坏的机理

1945 年，Powers 提出了混凝土冻融破坏的静水压假说，此后又与 Helmuth 一起提出了渗透压假说。这两个假说合在一起，较为成功地解释了混凝土冻融破坏的机理，奠定了混凝土抗冻性研究的理论基础。

（1）静水压假说

硬化混凝土中的孔隙有凝胶孔、毛细孔、空气泡等。各种孔隙之间的孔径差异很大，而且往往互相连通；空气泡是混凝土搅拌与振捣时自然吸入或掺加引气剂人为引入的，且一般呈封闭的球状，混凝土在水中时，毛细孔处于饱和状态，而空气泡内壁虽也吸附水分，但在常压下很难达到饱和。

混凝土孔溶液中溶有钾、钠、钙离子等，溶液的饱和蒸汽压比普通水低，在不掺盐类的水泥浆体中自由水的冰点约为 $-1\sim1.5$℃。由于孔隙表面张力的作用，不同孔径孔内水的饱和蒸汽压和冰点不同，孔径越小，孔内水的饱和蒸汽压越小，冰点越低。当环境温度降低到 $-1\sim\ -1.9$℃时，混凝土孔隙中的水由大孔开始结冰，逐渐扩展到较小的孔。一般认为温度在 -12℃时，毛细孔都能结冰，而凝胶中的水分子物理吸附于水泥浆固体表面，估计在 -12℃以上不会结冰。因此，凝胶孔水实际上是不可能结冰的，对混凝土抗冻性有害的孔隙只是毛细孔。

众所周知，水转变为冰时体积膨胀 9%，迫使未结冰的孔溶液从结冰区向外迁移，因而产生静水力。显然，静水压力随孔隙水流程长度增加而增加。因此，存在一个极限流程长度，如果孔隙水的流程长度大于该极限长度，则静水压力将超过混凝土的抗拉强度，从而造成破坏。混凝土拌和时掺入引气剂后，硬化后混凝土浆体内分布有不与毛细孔连通的、相互独立且封闭的空气泡，空气泡直径达 $25\sim500\mu m$，且不易吸水饱和。空气泡的存在使受压的孔隙水可就近排入其中，提供了孔隙水的“卸压空间”，缩短了孔隙水的流程长度，减少了静水压力，从而使混凝土的抗冻性大大提高，这就是引气混凝土抗冻性远好于普通混凝土的原因。

（2）渗透压假说

静水压假说成功地解释了混凝土冻融过程中的很多现象，如引气剂的作用、结冰速度对抗冻性的影响等，但却不能解释另外一些重要现象，如混凝土不仅会被水的冻结所破坏，还会被一些冻结过程中体积并不膨胀的有机液体如苯、三氯甲烷的冻结所破坏；非引气浆体当温度保持不变时，出现连续的膨胀，引气浆体在冻结过程中的收缩等。基于此，Powers 和 Helmuth 提出了渗透压假说。

渗透压假说认为，由于混凝土孔溶液含有 Na^+、K^+、Ca^+ 等盐类，大孔中的部分溶液先结冰后，未冻溶液中盐的浓度上升，与周围较小孔隙中的溶液之间形成浓度差。这个浓度差的存在使小孔中的溶液向已部分冻结的大孔迁移。即使是浓度为零的孔溶液，由于冰的饱和蒸汽压低于同温下水的饱和蒸汽压，小孔中的溶液也要向已部分冻结的大孔溶液迁移。可见，渗透压是孔溶液的盐浓度差和冰水饱和蒸汽压差共同形成的。

2）混凝土抗冻性研究中的两个重要参数

（1）平均气泡间距

由冻融破坏机理可知，平均气泡间距是混凝土抗冻性的一个重要定量指标。Powers 将气

泡间距 d 的一半定义为气泡间隔系数 L，当混凝土的平均气泡间隔系数 L 小于某个临界值时，毛细孔的静水压或渗透压不会超过混凝土的抗拉强度，其抗冻性较好，否则其抗冻性较差。Powers 用冻融循环法测抗冻性，在显微镜下测空气泡含量及比表面积，以此计算出平均气泡间隔系数。美国混凝土学会根据 Powers 的建议，将极限平均气泡间隔系数定为 250μm。当然，这个极限值取得是否合理，以及各种水泥的混凝土是否均可采用同一个极限值等，一些学者提出异议，但平均气泡间隔系数作为混凝土抗冻性的重要参数，得到了公认。假设混凝土中的空气泡都是等直径的球体，且在水泥浆体中有规则地几何排列，则可根据混凝土中水泥浆体的体积百分数、空气泡的体积百分含量，以及空气泡的平均半径计算平均气泡间隔系数。气泡平均半径越大，水泥浆含量越大，含气量越小，则平均气泡间隔系数越大，对混凝土抗冻越不利。

(2)临界水饱和度

1975 年，Fagerlund 提出了关于混凝土抗冻性的临界水饱和度理论。混凝土与水接触时，毛细孔中吸水饱和，然后小气泡中吸水，大气泡的孔壁也吸附水，随空气泡吸水的增加，平均气泡间隔系数 L 逐渐增大。当 L 增加到某个极限值时，冻结将引起材料破坏。因此，从理论上讲，混凝土的水饱和度 S 必然存在一个与极限平均气泡间隔系数相对应的临界值。当混凝土的水饱和度小于这个临界值时，混凝土不会发生冻害，超过临界值时将迅速破坏，这一临界值称为混凝土的临界水饱和度 S_{cr}。

3)影响混凝土抗冻性的因素

由混凝土冻融破坏的机理可知，混凝土的抗冻性与空气泡间距、降温速度、可冻水的含量、材料的渗透系数以及抵抗破坏的能力等因素有关。主要影响因素是平均气泡间距、水灰比、集料、水泥品种、掺和料、水泥用量等。

4)混凝土冻融破坏后的力学性能

北方寒冷地区的道路、桥梁、地基基础及水工混凝土结构，经常承受冻融循环作用，冻融循环对混凝土的力学性能产生不利影响。张彦[2]概述了海洋环境对桥梁下部结构(包括基础、承台和桥墩等)的影响，并介绍了跨海大桥在下部结构设计施工中采取的相应措施。文中同时指出对处于浪溅区的墩柱与承台节点部位进行加强，以确保结构的安全、可靠。现有的冻融循环后混凝土力学性能的研究资料，都是针对单轴情况进行的[3]，对冻融循环后混凝土受双轴拉压性能的试验研究报道较少。而实际工程中，有些混凝土结构是处于多轴应力状态的，如处于双轴压应力状态的混凝土结构比单轴应力状态的混凝土结构具有更高的抗冻融破坏能力，而处于双轴拉压应力状态的混凝土结构的情况正相反，所以，如果按照单轴状态设计是不合理的。目前，现有的关于冻融循环后混凝土性能的试验资料，大多是以质量损失与动弹性模量为标准，针对混凝土抗冻安全设计等级而展开的。然而，在实际应用中，人们最关心的是混凝土的力学性能，如强度的损失直接关系到建筑物使用性能及安全。对常态下处于双轴拉压状态的混凝土力学性能的研究始于 20 世纪 50 年代末的日本、前苏联等国，其成果已应用于制定相应的设计规范。

20 世纪 40 年代以来的混凝土冻融研究，多以试验室研究为主[4-13]。文献[14]认为，对于一般条件下的混凝土结构，其功能失效的标志并非钢筋锈蚀，而是冻融或腐蚀等损伤引起混凝土自身的耐久性破坏，对这类混凝土结构进行使用寿命预测和耐久性设计，需要探索新的方法。该观点同样证明了本项目的研究具有实际的理论和工程意义。

以上文献大都从材料的微观破坏机理及材料抗冻性方面阐述冻融对混凝土的影响。然而,在实际工程应用中,人们最关心的是混凝土的力学性能,如强度的损失,直接关系到建筑物使用性能及安全。

关于普通混凝土在复杂多轴应力状态下的变形和强度特性研究,多年来一直受到国内外专家和学者的高度重视,并进行了一系列的试验及理论研究工作,发表了大量的研究论文[15-30]。所建议的混凝土在应力空间和应变空间中的破坏准则已有很多模型。应力空间中的破坏准则从一个参数一直到五个参数的模型[5],如朗金(Rankine)的最大拉应力理论、屈瑞斯加(Tresca)和密赛斯(Mises)的剪应力理论属于一个参数的模型,摩尔(Mohr)—库仑(Coulomb)理论,杜拉克(Drucker)—卜拉格(Prager)理论属于两个参数的模型。这些模型都属于早期的破坏理论,它们对促进现代混凝土强度理论的发展起过重大作用,有些理论直到今天仍全部或部分地被应用着。随着计算理论、试验技术和计算技术的发展,近代的混凝土破坏准则渐趋复杂,所含参数也渐趋增多,如 Bresler-Pister[16] 和 Willam-Warnke[27] 的三参数模型;Ottosen[28]、Hsieh-Ting-Chen[29] 和大连理工大学的四参数模型[15-16]; Willam-Warnke[28] 和 Podgorski[30] 的五参数模型。大连理工大学的模型是利用自行研制的、先进的混凝土三轴试验系统[23]全面系统地研究了混凝土在两向及三向应力状态下的变形和强度特性[31-34],特别是关于混凝土在三向不等拉状态下变形和强度特性的研究[35-36],在国内外均属罕见。在上述试验研究的基础上,建立了应力空间及应变空间混凝土的破坏准则和内力损伤本构模型[16]。中国水利水电科学研究院[37]提出了不同形式的混凝土破坏准则。清华大学[38]等单位也相继开展了这方面的研究,其他正在发展的还有裂缝摩擦理论[39]、断裂力学理论等。一般认为四参数和五参数模型的精度最好。现有的应变空间的破坏准则分为两类:一类为由应力空间的破坏准则转换过来的,如 Romstad 的破坏准则[40];另一类为根据试验资料直接建立的应变空间的破坏准则,如主应变与剪应变间为线性关系的模型[41],主应变与剪应变间为非线性关系的模型[42]。

目前已有一些关于混凝土力学性能退化方面的研究、冻融条件下混凝土破坏面演化模型研究[43]、冻融环境下混凝土应力—应变关系研究[44-45]。由于考虑抗冻因素,一般都添加引气剂。因此,引气混凝土冻融循环后的力学性能研究对抗冻结构的评估和设计更具有参考价值。通过检索发现该研究相对较少[46-48]。本文基于连续损伤力学和 Ottosen 破坏准则模型建立的冻融损伤模型,可为建立符合实际工程的混凝土结构冻融后抗裂设计理论提供基础资料。

1.2.2 海水侵蚀循环后混凝土性能的试验研究

大量工程实践证明,在钢筋混凝土结构中,钢筋的锈蚀是影响服役结构耐久性的主要因素。新鲜的混凝土是呈碱性的,其 pH 值一般大于 12.5,在碱性环境中的钢筋容易发生钝化作用,使钢筋表面产生一层钝化膜,能够阻止混凝土中钢筋的锈蚀。但当有二氧化碳、水汽和氯离子等有害物质从混凝土表面通过孔隙进入混凝土内部时,与混凝土材料中的碱性物质中和,从而导致了混凝土的 pH 值降低,就出现 $pH<9$ 的情况,在这种环境下,混凝土中埋置钢筋表面的钝化膜被逐渐破坏,在其他条件具备的情况下,钢筋就会发生锈蚀,并且随着锈蚀的加剧,使混凝土保护层开裂、钢筋与混凝土之间的黏结力破坏、钢筋受力截面减少、结构强度降低等,从而导致结构耐久性的降低。通常情况下,受氯盐腐蚀过的混凝土中的钢筋有更严重的锈蚀情况。

贺鸿珠等[49]采用交流阻抗谱方法研究了在海水侵蚀条件下不同强度等级混凝土试件的钢筋锈蚀情况。通过复导纳图求得了反映钢筋锈蚀特性的全部阻抗参数,并分析了在海水中浸泡时间的长短对这些参数的影响。结果表明:随混凝土强度等级的增大,混凝土的抗钢筋锈蚀能力亦增大。张伟平等[50]从三种途径获取共267根锈蚀钢筋试件,其中156根试验室外加电流锈蚀钢筋试件,35根大气环境自然裸露锈蚀钢筋试件,76根实际工程老构件中锈蚀钢筋试件。通过拉伸试验,研究了锈蚀钢筋力学性能变化规律,指出:随着锈蚀的发展,钢筋屈服强度、极限强度和极限应变均发生退化,屈服平台缩短直至消失。同时,收集国内外已有锈蚀钢筋力学性能试验数据,建立了相应的数据库,经过统计、分析比较后,得出了锈蚀钢筋弹性模量、屈服强度、极限强度和极限应变等力学性能特征值的回归公式和屈服平台消失时的临界截面锈蚀率,最后建立了不同环境条件下锈蚀钢筋的应力—应变关系数学模型。张玉敏等[51]采用普通硅酸盐水泥和矿渣硅酸盐水泥,分别配制了混凝土试件,采用加速腐蚀试验研究了在海水侵蚀后,其强度、质量损失随时间变化的规律及原因,并为试件损伤状态定量化解析提供了试验数据。结果表明,在相同的试验条件下,矿渣硅酸盐水泥混凝土耐久性优于普通硅酸盐水泥混凝土;混凝土试件的抗蚀系数为0.18时,与美国ASTM标准规定的强度损失25%的界限值吻合较好。

酸腐蚀混凝土的力学性能:酸性介质与混凝土中水泥水化产物发生化学反应,生成易被水溶解或是没有胶结性能的软物质,使混凝土表面酥松,混凝土强度降低。国内外学者就硫酸、盐酸、二氧化硫气体腐蚀对混凝土强度的影响进行过试验研究。硫酸盐与混凝土水化产物发生化学反应,生成低溶解度的盐并堆积在孔隙内,从而在混凝土孔隙内产生内膨胀作用。试验研究表明,硫酸盐腐蚀和硫酸腐蚀后混凝土力学性能的变化规律基本相同,所不同的是,混凝土硫酸盐腐蚀初期,内膨胀使混凝土更加密实,因而强度有所增加,直至腐蚀后期,随着内膨胀力的增大,导致混凝土内裂缝的产生和发展,强度开始明显降低。林跃忠等[52]根据灰色系统理论,依据试验数据建立了海水作用下混凝土的强度预测模型,以便能够比较准确地预测海水侵蚀混凝土强度与浸烘循环次数的关系,为预测海水侵蚀混凝土强度变化提供理论分析方法和依据。经计算分析比较,其预测结果与实测数据较好吻合,结果比较理想。文献[53]进行了高浓度及应力状态下混凝土硫酸盐侵蚀的研究。研究结果表明:在高浓度硫酸盐干湿循环条件下,应力会明显加速混凝土的硫酸盐侵蚀破坏,而且对抗弯强度的影响大于对抗压强度的影响。

各国对于混凝土在侵蚀环境中的损伤机理方面已经取得了一些科研成果,但大多数研究只针对一两种侵蚀离子对混凝土的侵蚀作用。Liang等[54]对氯离子、硫酸根离子、二氧化碳三种化学侵蚀因素进行了两两组合试验,研究了侵蚀因素的叠加效应。文献[55-57]分别研究了硫酸盐对碾压混凝土侵蚀的机理,阐述了混凝土受硫酸盐侵蚀的防治措施,得出海工混凝土需综合考虑海水环境的影响,在选用集料时,应检测其碱活性,避免使用具有碱活性的集料等结论。文献[58-62]通过加速腐蚀试验,研究了普通硅酸盐水泥和矿渣硅酸盐水泥在海水侵蚀后物理性能的变化。

通过检索文献发现,干湿循环作用下混凝土力学性能退化方面的研究相对较少。其中文献[63]研究了混凝土在冻融循环和盐湖卤水共同作用下混凝土的抗压和抗折强度的变化规律。文献[14]的研究借助于损伤力学的理论,建立了单一冻融或侵蚀后的混凝土损伤退化模型。文献[64]研究了干湿循环作用下引气混凝土的力学性能退化规律。文献[65]研究了干湿循环对混凝土硫酸盐侵蚀的影响,认为影响混凝土侵蚀速度的因素有:试件反应面积、侵蚀溶液的浓度、结晶压力和溶液的温度等。

1.2.3 冻融、海水侵蚀复合作用下的混凝土破坏研究

吴中伟院士曾指出[66],耐久性研究本身存在缺点,如习惯单一破坏因素的研究试验,与实际工程中多因素的联合作用脱节,工作缺少组织与联系,大量重复劳动等。系统论方法告诉我们,整体的性质和规律只存在于组成各要素的相互联系和相互作用中,而各组成部分孤立的特征和活动的总和,不能反映整体的特征和活动方式。因此,要真正实现混凝土材料实际工程条件下的寿命预测,必须考虑工程条件的多因素作用这一问题,从而进一步指导室内试验设计和研究。

混凝土在海洋环境下的抗冻性问题,实际上是混凝土在多因素作用下的耐久性破坏问题,无论在单因素还是多因素作用下,混凝土的耐久性失效过程都是一个内部损伤逐步演变的劣化过程。关于混凝土在物理化学腐蚀和冻融循环双因素作用卜的损伤失效规律,至今仍然没有取得一致的看法,需要作进一步的理论探索。

混凝土在冻融循环或化学腐蚀过程中,其强度随着时间的推移而显著降低,最终混凝土发生破坏和结构解体。有关冻融循环或化学腐蚀等单一破坏因素(single damage factor,SDF)作用下混凝土的强度特征,已经有大量的文献报道[67-69]。但是,在我国东部沿海滩涂或北方盐渍土地区,实际混凝土结构常常同时受到化学腐蚀与冻融破坏的共同作用,在此(化学腐蚀 + 冻融破坏)双重破坏因素(double damage factors,DDF)作用下,两个因素相互影响,相互促进。因此,近几年以来,国内外学者非常关注混凝土在化学腐蚀和冻融循环共同作用下的耐久性问题,比如:慕儒等[70-72]和余红发等[73-74]研究了混凝土在(化学腐蚀 + 冻融破坏)DDF 作用下相对动弹性模量的变化规律,得到重要的研究结果。

在实际工程中的钢筋混凝土结构中,各部分混凝土承受单一的受压或纯剪应力的情况是极少的。而大多数混凝土结构物,如常见的楼板、剪力墙结构,以及水工大坝、桥梁、核反应堆安全壳、采油平台等处于复杂应力状态。由于试验设备的不足和试验难度大等原因,人们对混凝土多轴强度理论的试验研究还不够充分。目前,国内外对常态下混凝土多轴强度理论的试验研究取得了一些进展[75-78],但对于冻融循环作用后普通混凝土多轴强度理论的试验研究较少,大连理工大学对冻融循环作用后混凝土的多轴强度作了试验研究[77-79]。

1.3 桥梁冰荷载研究进展

在我国北方近海区域,海水流速较小,流冰尺度不大,因此,由流冰撞击结构物产生的冲击较小,一般不控制设计,工程设计中可以忽略。海冰大面积冻结在结构上的几率较小,海冰对桥梁基础由于水位升降产生的荷载以及对建筑物挤压产生的膨胀力较小,也可以忽略不计。因此,我国海冰对跨海桥梁结构基础的作用荷载主要是由于大面积冰场运动而产生的静冰压力。

目前,对于海洋平台上的冰荷载效应研究较多[80-83],而完全针对桥梁的冰荷载的研究相

对较少。陆钦年等[84-85]通过对松花江河冰的物理力学性能试验和松花江公路大桥桥墩的流冰动压力测量、桥面的脉动测量,依据国内外对冰—结构相互作用的分析,提出了适合我国黑龙江冰情特点的春季流冰冰荷载的计算方法。沈照伟等[86]介绍了一种模拟渤海海冰的模型——冰—非冻结合成模型冰,给出模型冰对直桩作用物理模拟试验的主要结果。宋安等[87]通过定间距闸墩模型试验,以及桩间距的模型试验和数据分析,得到桩间距与冰荷载的关系曲线。

陈虎成等[88]认为:①在我国渤海和黄海北部的海域修建跨海桥梁,应考虑海冰荷载的影响。②《公路桥涵设计通用规范》(JTG D60—2004)中的冰压力计算公式不适用于海中大尺度桥梁基础。③应该慎重使用中国固定平台冰荷载计算公式。④桥梁设计中,冰荷载计算宜考虑水流运动方向进行分解计算。

随着计算机运算速度的显著提高及商用软件功能的日益完善,使采用数值方法分析海冰破碎过程成为可能。目前,对海冰破碎过程的模拟方法中,有限元法和离散元法的应用最为广泛,文献[89-90]采用非线性有限元模拟了多年冰脊同二维、三维锥体的相互作用,文献[80]通过显式动力分析软件 LS-DYNA,实现了冰和水电站相互接触破碎动态过程的模拟,Hopkins M. A[91-92]用二维离散元模拟了海冰在斜坡式结构前的堆积过程和压力冰脊的形成。Lau. M[93]在 Hopkins M. A. 工作的基础上,利用三维离散元程序模拟冰锥相互作用的非线性大变形及断裂过程,取得了与试验比较接近的计算结果。Yu Baijie、Wu Wenhua 等[94]编写了适合渤海海域的海冰本构模型程序,利用 LS - DYNA 软件模拟了海冰与冰锥体相互作用的断裂过程,取得了与试验接近的计算结果。

综上所述:①数值模拟技术能够有效模拟冰的破碎过程;②我国学者对桥梁冰荷载进行了相关研究,但是对于跨海桥梁宽幅承台的静冰荷载效应研究还有待进一步深入。

1.4 研究内容和创新点

1)本文的研究内容

(1)在实际应用中,人们最关心的是混凝土的力学性能,如强度的损失直接关系到建筑物使用性能及安全。突破以往采用抗冻性和动弹性模量参数对混凝土抗冻性进行评估的思路,从强度理论出发,建立了实际工程中混凝土最为有效的强度评估标准,研究的主要内容包括不同室内冻融循环次数作用下混凝土弹性模量,单轴抗拉、抗压强度,以及双轴及三轴强度准则。

(2)采用温度和腐蚀离子含量两种方法对自然条件下的混凝土干湿循环损伤进行加速腐蚀研究,研究不同干湿循环次数作用下的混凝土弹性模量,单轴抗拉、抗压强度,以及双轴及三轴强度准则。

(3)基于室内条件和自然条件下的温度、离子含量等条件,研究室内快速侵蚀、冻融与自然条件下的侵蚀、冻融的对应关系。

(4)采用显式动力非线性分析,研究不同的冰速、承台宽度、冰层厚度等参数对宽幅桥梁承台冰荷载作用力的影响,对各国桥梁规范中的冰荷载计算模型提出了相应的评价。

(5)从三维索的几何方程和平衡方程出发,将三维主缆投影到两个平面上,分别考虑几何边界条件和力的平衡条件,考虑了倾斜吊杆的影响,引入梯度迭代法和 N-P 法,推导了三维主缆的迭代方程。对一座悬索桥的主缆进行了恒载线形迭代计算分析,给出了具体计算分析的迭代流程。

(6)基于本文建立的混凝土强度模型,结合室内外的侵蚀、冻融关联模型,基于确定性和不确定性分析,进行了青岛海湾大桥非通航孔桥和大沽河悬索桥索塔、桥墩正常使用阶段的耐久性评估。基于可靠度理论,研究了桥墩的极限承载力退化规律。

2)本文的创新点

(1)混凝土冻融循环后的 Ottosen 强度准则和 K-P 准则。

(2)混凝土干湿循环后的 Ottosen 强度准则和 K-P 准则。

(3)混凝土冻融与侵蚀耦合作用后的强度准则。

(4)跨海桥梁宽幅承台冰荷载作用模型。

(5)悬索桥三维主缆的恒载线形确定方法。

(6)混凝土冻融与侵蚀作用下,桥墩的正常使用阶段耐久性评估研究。

第2章 混凝土冻融、侵蚀及力学性能试验

2.1 试验设计

2.1.1 试验参数

本次试验设计的试件规格可分为主系列试件和参数测定试件两类，试件规格及配合比情况如下叙述。

1）试件尺寸

在本次试验中，设计的试件以混凝土试件（100mm×100mm×100mm）为主，同时有少量混凝土试件（100mm×100mm×400mm）用以测定参数的试件，具体试件规格、数量等参数如表2.1所示。

试件设计列表　　表2.1

试件编号	试件规格	试件数量	试件用途
1	100mm×100mm×100mm	136	试验用的主系列试件
2	100mm×100mm×400mm	5	冻融循环试验中的对比及温度测控

2）混凝土配合比

本试验所用的水泥为山东山铝水泥有限公司生产的硅酸盐水泥，水泥物理性能指标见表2.2。所用粉煤灰为潍坊电厂生产的优质1级粉煤灰，粉煤灰的各项指标满足国家标准（表2.3）的规定。试验所用细集料为细度模数大于2.6的天然河砂，含泥量小于2%；粗集料为大连近郊碎石厂生产的石灰岩碎石，选用粒形方正、表面粗糙的碎石，集料最大粒径为20mm；试验用水为饮用自来水。每立方米混凝土的配合比如表2.4所示。经气压式混凝土含气量测定仪测定，本文混凝土的含气量为4.7%。混凝土28d立方体抗压强度为53MPa。

水泥物理性能指标　　表2.2

比表面积（m^2/kg）	凝结时间（h）		抗折强度（MPa）		抗压强度（MPa）	
	初凝	终凝	3d	28d	3d	28d
331	2.36	3.33	6.8	—	33.8	—

一级粉煤灰物理性能指标　　表2.3

细度（0.045mm方孔筛余量）（%）	需水量比（%）	烧失量（%）	三氧化硫含量（%）
10	92	4	1.8

每立方米引气混凝土的配合比　　表2.4

类别	水泥（kg）	矿粉（kg）	粉煤灰（kg）	沙子（kg）	碎石（kg）	水（kg）	减水剂（kg）	阻锈剂（kg）	引气剂（kg）
配比	164	212	94	737	938	155	4.47	6.0	0.011 8

2.1.2　试验内容及要求

主要进行的试验内容分为三部分：混凝土冻融循环试验、混凝土海水侵蚀循环试验和混凝土海水冻融与侵蚀试验。

混凝土冻融循环试验的主要任务有：首先按照试验设计要求制作混凝土试件，待养护28d后，将混凝土试件（100mm×100mm×100mm）预留部分常态试件，将其余的试件置于山东大学结构工程试验室的混凝土快速冻融试验设备进行冻融试验（冻融周期：100次，200次，300次），然后将混凝土试件在山东大学结构工程试验室的300kN液压伺服试验机上进行劈裂试验，另一部分在大型静、动三轴电液伺服试验机上进行单轴受压破坏试验，以取得应力、应变、极限强度等的量测数据。

混凝土海水侵蚀循环试验的主要任务有：首先按照试验设计要求制作混凝土试件，待养护28d后，将混凝土试件（100mm×100mm×100mm）预留部分常态试件，将其余的试件进行干湿循环试验（干湿循环周期：10次，20次，30次，40次，50次，60次），然后将混凝土试件在山东大学结构工程试验室的300kN液压伺服试验机上进行劈裂试验，另一部分在大型静、动三轴电液伺服试验机上进行单轴受压破坏试验，以取得应力、应变、极限强度等的量测数据。

混凝土海水冻融循环试验的主要任务有：首先按照试验设计要求制作混凝土试件，待养护28d后，将混凝土试件（100mm×100mm×100mm）预留部分常态试件，将其余的试件置于山东大学结构工程试验室的混凝土快速冻融试验设备进行冻融试验（冻融周期：100次），再将冻融后混凝土试件进行干湿循环试验（干湿循环周期：10次，20次，30次，40次，50次，60次），然后将混凝土试件在山东大学结构工程试验室的300kN液压伺服试验机上进行劈裂试验，另一部分在大型静、动三轴电液伺服试验机上进行单轴受压破坏试验，以取得应力、应变、极限强度等的量测数据。

2.1.3　试件制作及养护

试验用混凝土试件的制作均采用机器拌和，标准钢模成型，振动台振捣密实。拌和混凝土用水为饮用自来水。浇筑混凝土时，要将混凝土拌和一次，快速装入钢模，以免水分及气泡流失。需要注意的是：对混凝土拌和及振捣的时间一定要进行严格的控制，因为要使引气剂发挥最佳作用。拌和时间短了，引气剂未能搅拌均匀而起不到作用；而拌和时间过长，气泡会大量流失，达不到试验所需的含气量，失去了掺加引气剂的作用；同样，振捣时间过长也会导致气泡的大量流失，起不到引气的作用。所以机器拌和及振捣的时间，要由经验丰富的工人操作。在试件制作过程中，每批混凝土拌和料都要制作对应的参数测定试件（每组3块），用于测定混凝土单轴抗压强度、立方体抗压强度和弹性模量。本试验试件制作方法为：把水泥、粉煤灰、砂、小石、中石依次称重后倒入搅拌锅里，用针管量取一定量的引气剂打入称量好的水中。打开搅拌机开关，先把干料搅拌均匀，再把水慢慢倒入，这样有利于混凝土拌和均匀，引气剂发挥最佳作用。搅拌一定时间后装模，振捣，如图 2.1 所示。

带模的试件是在自然条件下养护的。为防止浇筑后混凝土的水分散失，用塑料薄膜覆盖试件表面，待第二天混凝土终凝后拆模，放入标准养护室养护。主系列试件和参数测定试件须在同样条件下养护，以保证具有相同的强度。

a) 搅拌混凝土

b) 测含气量

c) 混凝土装模

图 2.1　制作混凝土试件

2.2　试验设备

试验采用的主要设备有山东大学结构工程试验室的直读式混凝土含气量测定仪、混凝土搅拌机、混凝土试块打磨机、混凝土快速冻融试验设备、电热鼓风干燥箱、电子秤、300kN 及 500kN 微机控制电液伺服压力试验机和多功能混凝土三轴试验系统等。

2.2.1　直读式混凝土含气量测定仪

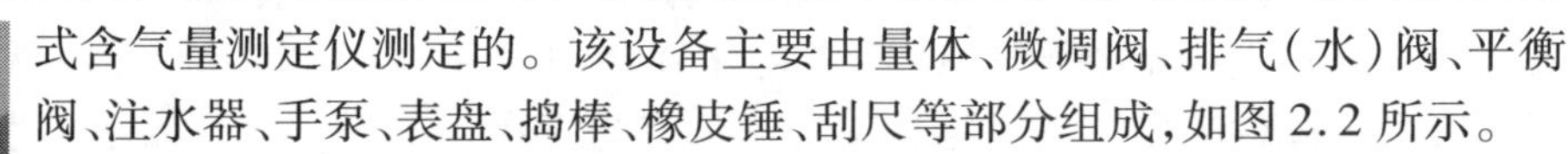

试验所制备的所有引气混凝土试件，其含气量都是通过山东大学结构工程试验室的直读式含气量测定仪测定的。该设备主要由量体、微调阀、排气(水)阀、平衡阀、注水器、手泵、表盘、捣棒、橡皮锤、刮尺等部分组成，如图 2.2 所示。

图 2.2　混凝土含气量测定仪

2.2.2　混凝土快速冻融试验设备

本书所有快速冻融试验都在山东大学材料试验室的 TDR1 型混凝土自动快速冻融设备上进行，如图 2.3 所示。该设备由北京燕科新技术总公司出品。本设备由五部分组成：微电脑自动控制系统、冻融试验箱、制冷系统、加热及载冷介质循环系统和冷却水循环系统(冷却水循环系统置于户外)。该设备采用水冻水融法，将标准混凝土试件置于橡胶桶中以水浸泡，然后把装有试件和水的橡胶桶排列在试验箱内，用制冷剂作循环介质，周期性地把试件周围的水层冻结、融化。

本设备的主要技术指标和参数：试件尺寸为 100mm × 100mm × 400mm，共 10 个橡胶桶；试件周围水层厚度为 3mm；在受冻和融化的时间终了时，试件中心温度分别为 -17℃ 和 8℃，亦可改变中型长度记录仪上 6 个设定点的设定值，按用户要求的试件中心温度和冻融循环介质温度进行设定，温度控制精度为 ±1.0℃；冻融循环一次经历 8h，用于融化的时间不少于整个冻融周期的 1/4。满足“混凝土抗冻试验(快冻法)”试验标准和规程中“混凝土长期性能和耐久性能实验方法(快冻法)”的要求,安全可靠。

图 2.3　混凝土快速冻融试验设备

混凝土冻融循环试验按照“快冻法”进行,每次冻融循环应在 2 ~ 4h 内完成,其中,用于融化的时间不得小于整个冻融时间的 1/4。在冷冻和融化终了时,试件中心最低和最高温度应分别控制在(-17 ±2)℃和(8 ±2)℃。

冻融试验程序依照《普通混凝土长期性能和耐久性试验方法标准》(GB/T 50082—2009)和《水工混凝土试验规程》(SL 352—2006)的相关规定进行。在试件标准养护 28d 后,在室内水槽中浸泡 4d,然后擦去试件表面水分并称重,开始冻融循环试验。每种工况至少试验 3 个试件,当发现离散较大时,增加试件数目,以求数据的完整准确。

2.2.3　大型混凝土静、动三轴电液伺服试验机

力学性能试验在山东大学结构试验室的大型静、动三轴电液伺服试验机上完成,试验系统由电液伺服系统、加载装置、荷载量测与控制系统、位移量测与控制系统,以及数据自动采集和反馈系统组成,如图 2.4 所示。

多功能三轴试验机的各个组成部分简介如下。

加载装置:包括承力框架、加载头、液压缸、加压泵和荷载测度装置。液压缸的额定压力为 30MPa,产生的最大压力为 2 500kN,最大拉力为 50kN,最大行程为 350mm。

变形量测装置:为外部量测装置,由安装在加载头上的差动式位移传感器(LVDT)和信号放大装置组成。传感器测得的位移信号经放大器输送到计算机中自动采集。

位移控制装置:通过两相对应的、安装在加载头上的 LVDT 与电液伺服调节器相连接,从而通过变形的反馈信息控制荷载的增减,来实现变形控制。

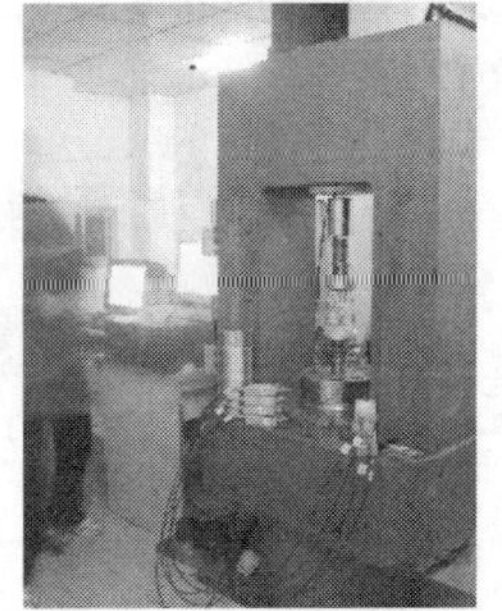

图 2.4　微机控制电液伺服压力试验机

数据采集处理装置:试验过程中获得的变形和荷载信息,都通过信号放大装置输送到计算机内。采集与控制软件系统包括:荷载与位移的自动采集,荷载与位移的控制,数据处理和绘图等。

试验所用混凝土立方体试件的力学强度试验均在本试验机上进行,加载头尺寸为 92mm × 92mm,加载头均采用热处理过的超强高硬钢材制成。

其他试验使用设备如图2.5所示。

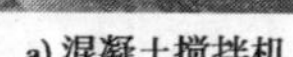

a) 混凝土搅拌机

b) 电热鼓风干燥箱

c) 混凝土养护箱

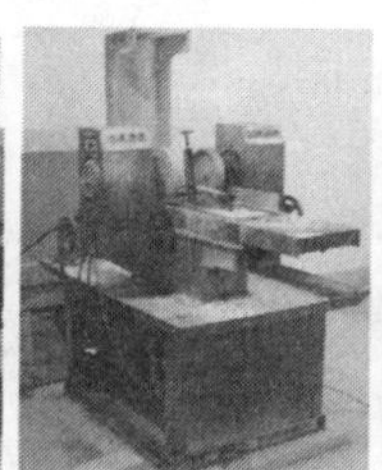

d) 混凝土试块打磨机

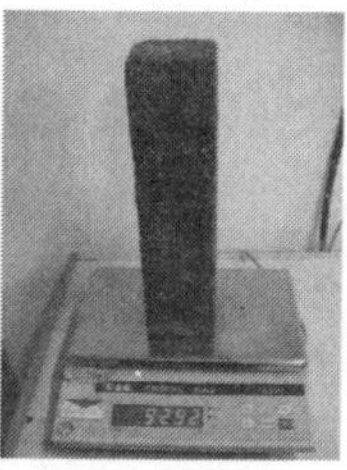

e) 电子秤

图2.5　试验使用设备

2.3　试验流程

2.3.1　冻融试验

按照混凝土快速冻融试验方法的要求，本文冻融试验具体过程如下：

(1)在冻融试验前4d把试件从养护地点取出，进行外观检查，然后放在温度为15～20℃的水中浸泡(包括对比和测温试件)，浸泡时水面至少要高出试件顶面20mm。

(2)试件浸泡4d后取出，并用湿布擦去表面水分，称重。

(3)将试件放入试件盒内，其中必有一个试件盒内装入中心埋有热电耦的测温试件。盒内注入3.5% NaCl溶液，且整个试验过程中，水位高度始终保持高出试件顶面5mm左右。

(4)把试件盒放入冻融箱内，其中装有测温试件的试件盒放在冻融箱的中心位置，此时即可开动冻融机进行冻融循环。

(5)试件每隔50次冻融循环检查其外部损伤及质量损失，并作超声波脉冲速度测量。按试验设计要求，对试件分别进行100次、200次及300次冻融循环。每隔100次循环计算出其平均质量损失率。

2.3.2　人工海水配制

我国天津塘沽港海水成分如表2.5所示，美国材料与试验协会标准ASTMD-114规定的人工海水的组成成分如表2.6所示。

天津塘沽海水成分　　表2.5

盐的种类	$NaCl$	$MgCl_2$	$MgSO_4\cdot 7H_2O$	$CaSO_4\cdot 2H_2O$	$CaCO_3$
盐的含量(g/L)	21.0	2.54	1.54	2.43	0.1

美国材料与试验协会标准ASTMD-114规定的人工海水成分　　表2.6

盐的种类	$NaCl$	$MgCl_2\cdot 6H_2O$	Na_2SO_4	$CaCl_2$	KCl
盐的含量(g/L)	24.5	2.54	4.1	1.2	0.1

考虑到海水侵蚀混凝土是一个时间比较漫长的过程，为了加快侵蚀速度，在研究过程中在参考上述海水成分的基础上，加大主要侵蚀性离子含量(SO_4^{2-}、Mg^{2+}、Cl^-离子的含量)并对配制海水的化学物质作了些调整。配置过程如图2.6所示。最后确定的试验用人工海水成分如

表2.7所示。

人工海水的配制成分[58]　　表2.7

天然海水所含化学成分	天然海水各成分含量(g/L)	人工海水各成分含量(g/L)
NaCl	21.00	105.00
$MgCl_2$	2.54	12.70
$MgSO_4.7H_2O$	1.54	7.70
$CaSO_4.2H_2O$	2.43	12.15
$CaCO_3$	0.1	0.5

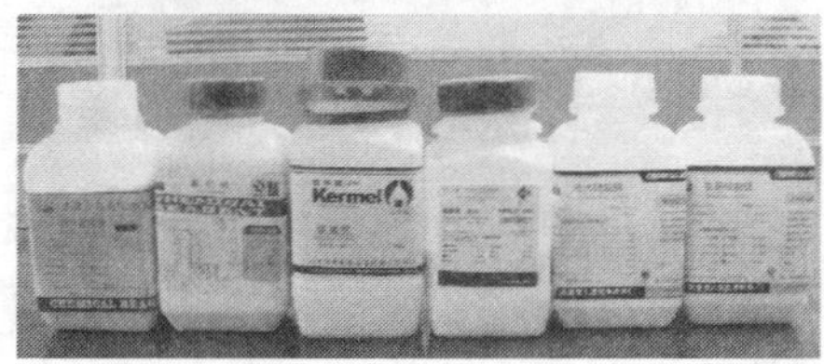

a) 人工海水配置所用药剂

b) 药剂称量

c) 配置的人工海水

图2.6　人工海水配置

经计算，试验用人工海水中，三大主要侵蚀性离子的浓度为：SO_4^{2-} 浓度9 786mg/L，Mg^{2+} 浓度4 537mg/L，Cl^- 浓度73 210mg/L。按照冯乃谦主编的《实用混凝土大全》关于硫酸盐、镁盐对混凝土侵蚀等级的分类(分为强、中、弱三个等级)：

(1)当 SO_4^{2-} 浓度达到4 000mg/L以上时，SO_4^{2-} 对素混凝土以及钢筋混凝土的侵蚀等级均达到了“强”。

(2)当 Mg^{2+} 浓度达到4 000mg/L以上时，Mg^{2+} 对素混凝土以及钢筋混凝土的侵蚀等级均达到了“强”。

(3)当 Cl^- 浓度达到8 000mg/L以上时，Cl^- 对素混凝土以及钢筋混凝土的侵蚀等级均达到了“强”。

因此，试验配制的人工海水完全满足模拟混凝土在海水浸没区受侵蚀的严酷环境条件要求。

2.3.3　海水侵蚀试验

本试验在国家标准《水泥抗硫酸盐侵蚀试验方法》(GB/T 749—2008)的基础上作出如下改进。

(1)试件尺寸由10mm×10mm×30mm改为100mm×100mm×100mm，以增大侵蚀面积，加快侵蚀速度，还能避免小体积试件因成型、侵蚀、环境等条件的微小变化而引起试验结果离散性大的缺点。

(2)成型养护条件由湿气中养护1d，淡水中养护14d，然后一部分试体在淡水中养护，另一部分放入含有硫酸盐的环境水或人工配制的硫酸盐溶液中，养护至6个月，改为标准养护室静置24h后脱模、养护室标养7d，然后一部分试体在淡水中养护至28d，另一部分开始浸—烘循环，如图2.7和图2.8所示。为了减少试验结果的离散性，分别将循环试件全部浸泡在人工海水溶液中16h，然后拿出置于80℃条件下烘8h为一个循环，对试件分别进行10次、20次、30次、40次、

50 次及 60 次侵蚀循环,在此期间每间隔 10 次分别测定试件的抗压强度和抗拉强度。

(3)改含有硫酸盐的环境水或人工配制的硫酸盐溶液为高浓度的超饱和人工海水,以加速对混凝土的侵蚀作用,且人工海水一月更换一次。

图 2.7　烘干混凝土试件

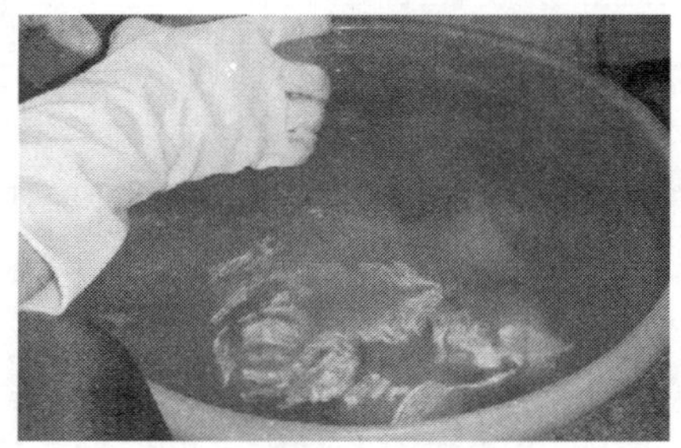

图 2.8　浸泡混凝土试件

2.3.4　海水冻融与侵蚀试验

刚开始采用了以下方法进行试验,即将养护好的试件浸泡在温度为 15 ~ 20℃ 的 35% NaCl 溶液中,每次冻融循环应在 2 ~ 4h 内完成,试件中心温度应分别控制在(−17 ± 2)℃ 和(8 ± 2)℃,试件在 35% NaCl 溶液中进行冻融循环。结果发现,由于所采用的浸泡混凝土的溶液浓度较高,导致冰点较低,在短时间的冻融循环中溶液不易冻结,影响了对混凝土的冻融效果。在经过多次试验验证之后,决定采用冻融循环和干湿循环组合的试验方式,达到对混凝土冻融与侵蚀的效果。

海水冻融与侵蚀试验是在上述冻融试验和海水侵蚀试验的基础上进行的,首先按照冻融试验的方法将混凝土试件冻融循环 100 次,然后将冻融循环后的混凝土试件再按照海水侵蚀试验方法进行海水侵蚀试验,对试件分别进行 10 次、20 次、30 次、40 次、50 次及 60 次侵蚀循环,在此期间,每间隔 10 次分别测定试件的抗压强度和抗拉强度。

2.3.5　加载试验

1)试验准备

加载试验在山东大学结构工程试验室的多功能混凝土三轴试验机上进行。为了满足试验设计的要求和保证试验的精度与质量,在正式加载试验之前,必须做好充分的试验前准备工作。

图 2.9　混凝土试件机械磨面

2)单轴加载试验

对于单轴加载情况,混凝土试件的表面处理对试件结果有很大影响。对此,本文在正式加载前,对单轴用混凝土试件表面进行了处理,方法如下。

(1)为保证试件表面的平整,试验前对试件表面进行了机械磨面,去掉表面强度较低的水泥砂浆薄弱层及冻融剥蚀层,如图 2.9 所示。

(2)受压面处理。为减少表面与加载板之间的摩擦约束,试验前将打磨后试件表面的浮灰清除干净,然后在受压面涂贴三层层间加少许黄油的塑料薄膜以减摩。

当试验前的各项准备工作就绪后，就可以进行正式的加载试验了。在多功能混凝土三轴试验机上所进行的单轴加载试验，其主要操作过程如下：

(1)启动用于试验数据采集处理的计算机并运行三轴试验系统软件，打开多功能混凝土三轴试验机控制柜的电源开关，并开动液压源，使多功能混凝土三轴试验系统处于待机状态。

(2)将事先处理好的混凝土立方体试件安置在加载头上，调节液压缸行程手动旋钮，使每个加载方向上的加载头尽量靠近试件并调准试件位置，以免试件偏心受力而造成数据不准。注意此时试件与加载头之间留2mm左右的距离，可以随时调整试件位置，而且不能在调旋钮时就对试件进行挤压，造成试件内部初始应力。

(3)操作该试验系统软件。在选择加载轴、加载速率、试验停止条件等选项后，对混凝土试件进行预加载。本文预加载试验速率采用0.2kN/s，预加载值为5kN。然后进行升压，对试件进行正式加载，加载速率为0.03mm/s。

(4)检查各部分运行正常，试件位置正确后，在加载头上安装差动式位移传感器(LVDT)，并利用万用表对位移传感器电压调零。因为位移传感器在零点附近内的线性性能最好。

(5)进入正式加载状态，由计算机连续自动采集荷载值和位移值，直至设定的荷载下降到破坏荷载的20%为止。

(6)保持试验机的加载状态，从LVDT支架的夹子上取下位移传感器后，保存试验数据文件并退出试验系统软件，进行降压。因为在退出试验系统软件时，积聚在加载头上的变形能会突然释放，导致加载头向试件挤压而损坏位移传感器的触头，所以一定要在试验机卸载前将位移传感器从LVDT支架的夹子上取下。

(7)调节液压缸行程手动旋钮，使加载头离开试件一定距离后，取出破坏的混凝土试件。清理各加载头表面，安装新的试件，重复上述试验过程，进入下一轮试验。每次试验结束时，应先降压并关闭液压源，再关闭控制柜和试验机。

注意：*每个试件应先预加载，若各部分工作正常，再升压进行正式加载；试件破坏后，应先降压，再调行程手动旋钮取出试件，以免对试验人员造成伤害。*

3)劈裂试验装置及试验方法

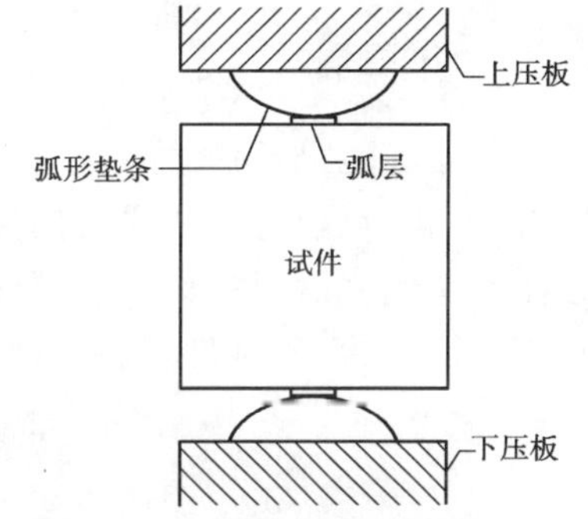

图2.10　劈裂抗拉试验示意图

混凝土劈裂抗拉强度试验均在山东大学土建与水利学院结构试验室600kN万能试验机上进行。劈裂抗拉试验装置示意图如图2.10所示。劈裂抗拉试验用钢垫条采用直径为100mm的弧形垫条，在钢垫条和弧形垫条之间垫上宽15mm、厚3mm的三合板垫层。试验时，注意上、下钢制垫条中线和试件中线的对中，以0.05MPa/s的加载速度匀速加载，直到试件破坏。在加载时，当试验力突然下降时便停止加载，以保证便于观察试件的破坏面。

2.4　本章小结

本章主要介绍了混凝土冻融、侵蚀的试验装备和试验方法，为后续的研究提供准备工作。

第 3 章　混凝土冻融损伤破坏准则

一般工程中,混凝土材料的内部细微结构都含有缺陷(微裂纹、微孔洞等),在外界因素(荷载、温度、环境等)作用下,这些缺陷将发生不可逆的演化(如微裂纹的起裂、扩展和汇合,直至形成宏观裂纹等)。缺陷的演化过程,在宏观层次表现为混凝土力学性能的劣化,直至最终混凝土材料单元体的破坏。因此,混凝土的宏观性质必定与混凝土内部的微观(细观)缺陷存在某种联系。在混凝土的研究中,能够直接量测表征混凝土内部微观(习惯)性质的物理量,并采用这些物理量来描述混凝土劣化现象的成果不多,采用宏观物理量进行描述的居多。冻融循环作用使得混凝土内部发生了损伤,混凝土内部孔隙变大,或者孔隙联通形成更大孔隙,细观研究已经证明了这一点。综上所述,冻融破坏的研究多是从工程材料入手,用动弹模表示。近年来,国内外学者研究了冻融后的强度,项目基于混凝土冻融细观现象的讨论,在宏观层次上对混凝土冻融损伤进行直接描述,应用损伤力学建立混凝土的冻融损伤破坏准则和冻融损伤后的本构关系,为遭受冻融循环作用的青岛海湾大桥的计算分析提供强度判断依据和本构模型。

3.1　冻融循环试验结果

3.1.1　试验现象

遭受冻融循环作用后,混凝土表面出现了剥落情况,并且随着冻融循环次数的增加,剥落增多。这一点也可以从质量损失随着冻融循环次数的增加而增加得到反映。在遭受 100 次冻融循环作用之后,只有很少的剥落发生,并且剥落相对均匀,但是 100 次冻融循环作用以后,剥落较为严重,部分试件表面出现石子暴露现象,如图 3.1 所示。

a) 冻融循环 0 次

b) 冻融循环 100 次

c) 冻融循环 200 次

d) 冻融循环 300 次

图 3.1　遭受冻融循环作用后的混凝土试件

3.1.2　冻融循环作用后混凝土质量损失

试件浸泡 4d 后,从水槽中取出,擦干表面水分,称重得到质量初始值 G_0,在每次设定冻融循环结束后,从冻融试验机内取出试件后,用抹布擦干试件表面的水分后称重得到 N 次冻融

循环后试件质量 G_N，混凝土质量损失率可按式(3.1)计算：

$$\Delta w_N = \frac{G_0 - G_N}{G_0} \times 100 \tag{3.1}$$

混凝土试件在冻融循环过程中，在不同冻融循环次数下混凝土试块的称重过程，如图3.2所示。

a) 循环100次

b) 循环200次

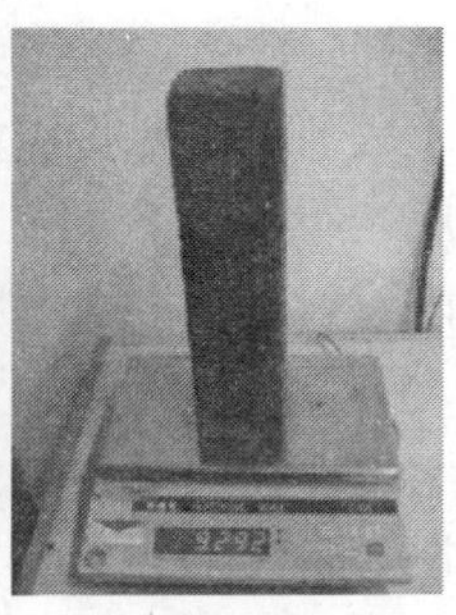

c) 循环300次

图3.2　混凝土试件冻融后称重

根据在不同冻融循环次数下称得的冻融后混凝土试块质量，得到的混凝土试件随冻融循环次数变化的试件质量损失率如表3.1所示。

混凝土试件冻融后质量损失　　表3.1

冻融循环次数		0次	100次	200次	300次
试件质量损失(%)	试件组1	0	0.58	1.46	2.39
	试件组2	0	0.47	1.34	2.31
	试件组3	0	0.55	1.41	2.36

根据表3.1得到的混凝土试件冻融后质量损失率与冻融循环次数关系曲线，如图3.3所示。

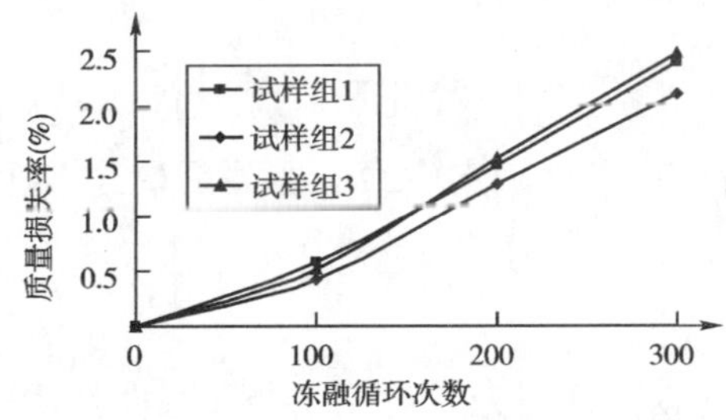

图3.3　混凝土试件冻融后质量损失率与冻融循环次数关系曲线

3.2　基于损伤理论的混凝土单轴压本构模型

混凝土本构关系就是应力、应变关系。在单向受力条件下，混凝土的应力、应变关系比较容易确定，很多学者根据不同的方法，提出了各种不同的表达式。课题组根据不同冻融循环次数作用后引气混凝土材料应力、应变特点，建立了其单轴压损伤本构模型。

损伤力学是最近几十年来迅速发展起来的一门充满潜力的新科学。1958年，kachanov首次提出了用连续度的概念来描述材料的逐渐衰变，使得材料中复杂的、离散的衰变破坏过程可以用一个连续变量来描述，成为损伤研究的里程碑。其后，Robotnov 于 1969 年引入损伤因子的概念。但是作为一个理论体系，损伤力学是从 20 世纪 70 年代才开始建立并得到逐步发展的。

在外荷载和环境荷载作用下，由于细观结构层次的微观缺陷发展引起的材料或者结构的劣化过程，称为损伤。基于对混凝土破坏机理和力学性质的深入研究，许多学者认为：损伤理论比较适用于混凝土的研究。因为：①混凝土的损伤过程（开裂过程）可以看做是连续的，并且在很小的应力或应变下就已经发生；②裂缝的扩展方向几乎和最大主应力方向垂直；③外界作用以前存在的缺陷可以作为初始损伤处理。自从 Dougil 首次将损伤力学的概念应用于混凝土的研究以后，大量的中外学者加入到混凝土损伤理论的研究和实践中来。

根据法国著名学者 Lemaitre 教授提出的应变等效原理：在单轴受力状态下，受损材料的任何应变本构关系可以通过无损材料的方程导出，只要用损伤后的有效应力来取代无损材料本构关系中的名义应力即可。设由于材料内部损伤，实际承担荷载的未受损的等效阻力体积为 V_n，损伤区的体积为 V_d，总体积（名义体积）为 V。显然在加载过程中，损伤区 V_d 增大，而等效阻力体积 V_n 减小。引入损伤变量 $D=V_d/V$，再由 $V=V_d+V_n$ 可得到有效应力为 $\sigma_n=\sigma/(1-D)$；由应力—应变关系式 $\sigma_n=E\varepsilon$ 得到：

$$\sigma = E(1-D)\varepsilon \tag{3.2}$$

根据材料的全应力—应变曲线的特征，可以选择 Weibull 分布的密度函数来模拟全应力—应变曲线。又因为材料的强度服从 Weibull 统计分布，可以认为材料的损伤变量也服从该分布，根据二参数的 Weibull 分布有：

$$D = 1-\exp\left[-\left(\frac{\varepsilon}{a}\right)^m\right] \tag{3.3}$$

式中，$m>0$，m 为形状参数，$a>0$，a 为尺度参数。

根据连续损伤力学基本关系式，得到：

$$\sigma = E\left\{\exp\left[-\left(\frac{\varepsilon}{a}\right)^m\right]\right\}\varepsilon \tag{3.4}$$

根据应力—应变曲线的特点，可以确定应力应变关系最终表达式如下：

$$\sigma = E\left\{\exp\left[-\frac{1}{m}\left(\frac{\varepsilon}{\varepsilon_{pk}}\right)^m\right]\right\}\varepsilon \tag{3.5}$$

式中，$m=1/\ln\dfrac{E\varepsilon_{pk}}{\sigma_{pk}}$，$\sigma_{pk}$、$\varepsilon_{pk}$ 分别为应力—应变关系曲线中峰值应力及其对应的峰值应变。

由式(3.5)可以看出，如果要推导混凝土在冻融循环作用下单轴应力、应变关系表达式，可以先建立混凝土在不同冻融循化作用次数下的 σ_{pk}、ε_{pk} 随冻融循环作用次数 N 变化的表达式。

3.2.1 冻融 0 次混凝土试块单轴应力—应变曲线

冻融 0 次混凝土试块 1 ~ 3 的单轴应力—应变曲线见图 3.4。

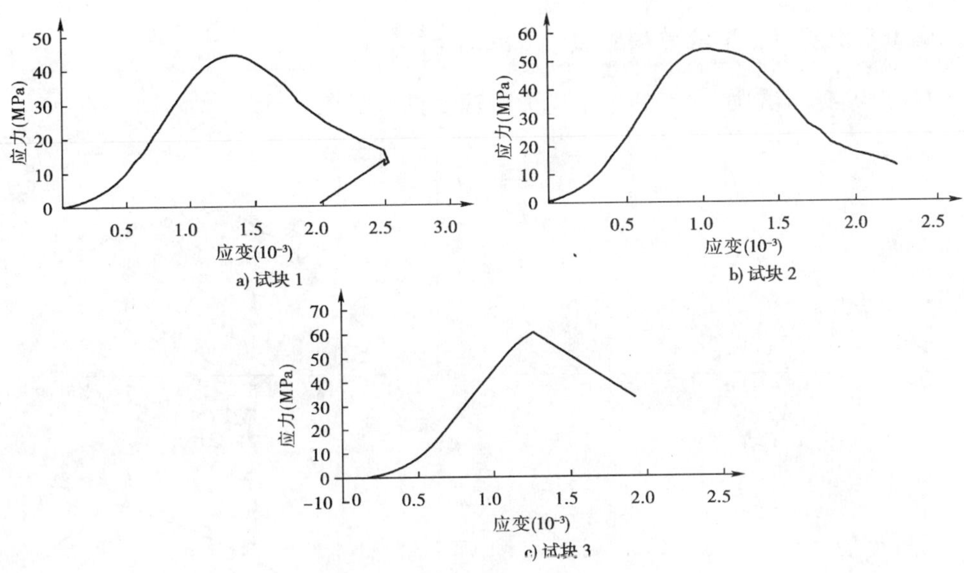

图 3.4　冻融 0 次混凝土试块单轴应力—应变曲线

3.2.2　冻融 50 次混凝土试块单轴应力—应变曲线

冻融 50 次混凝土试块 1 ~5 的单轴应力—应变曲线见图 3.5。

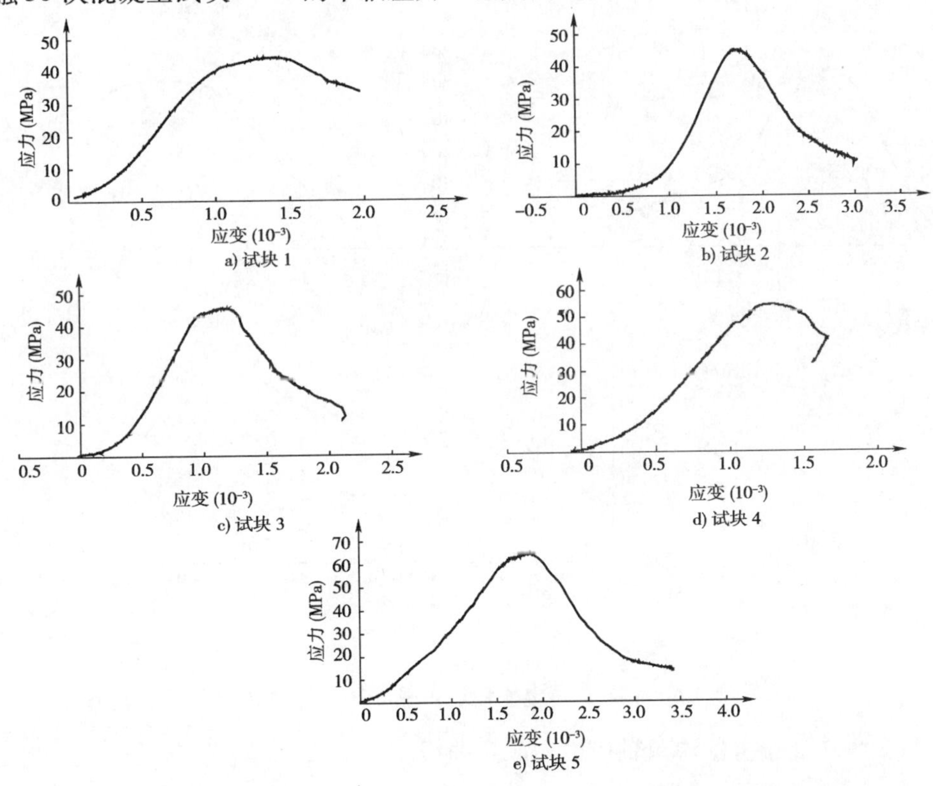

图 3.5　冻融 50 次混凝土试块单轴应力—应变曲线

3.2.3 冻融 100 次混凝土试块单轴应力—应变曲线

冻融 100 次混凝土试块 1 ~7 的单轴应力—应变曲线见图 3.6。

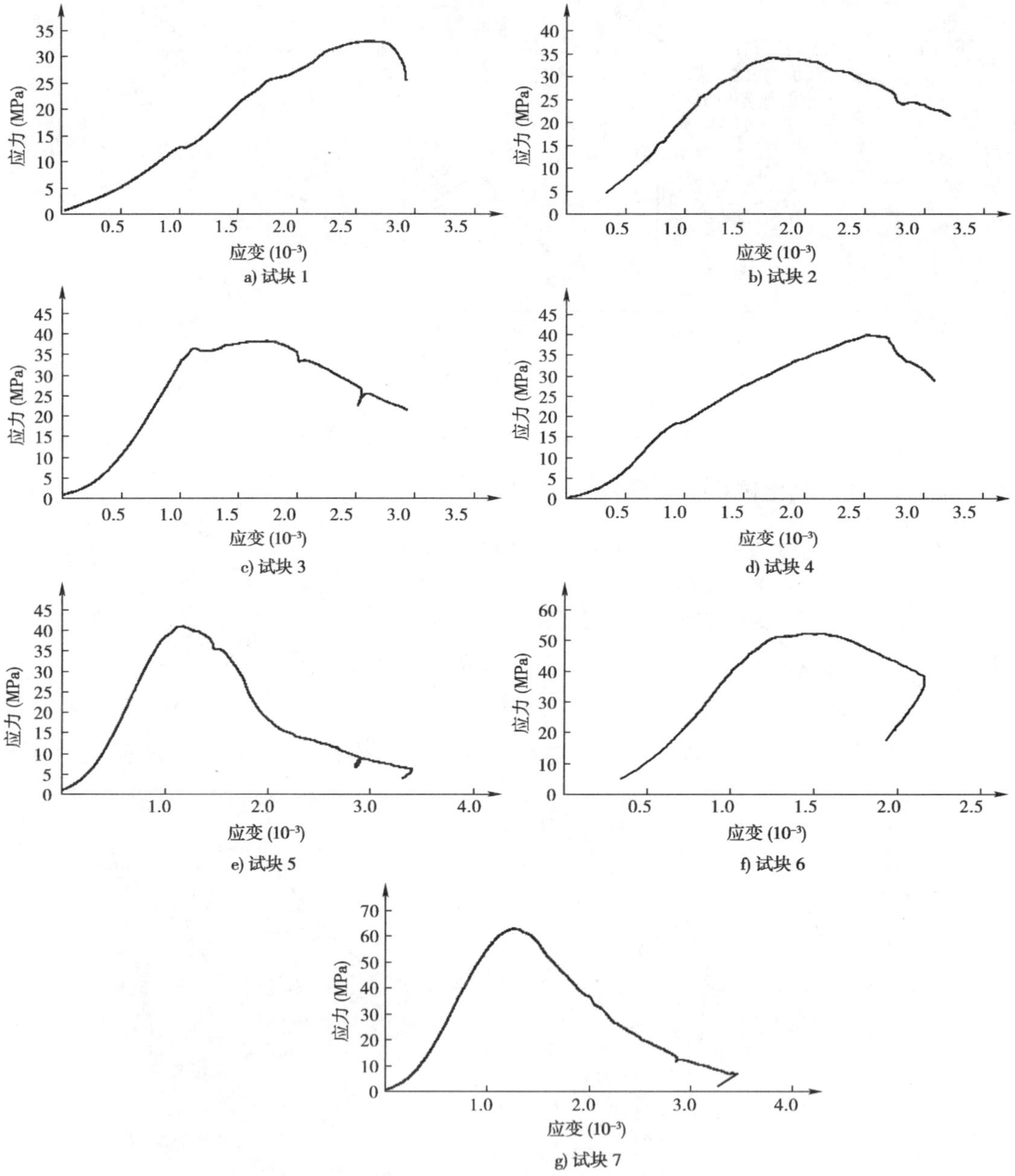
应力 (MPa)
应变 (10^{-3})
a) 试块 1
b) 试块 2
c) 试块 3
d) 试块 4
e) 试块 5
f) 试块 6
g) 试块 7

图 3.6 冻融 100 次混凝土试块单轴应力—应变曲线

3.2.4 冻融 200 次混凝土试块单轴应力—应变曲线

冻融 200 次混凝土试块 1 和试块 2 的单轴应力—应变曲线见图 3.7。

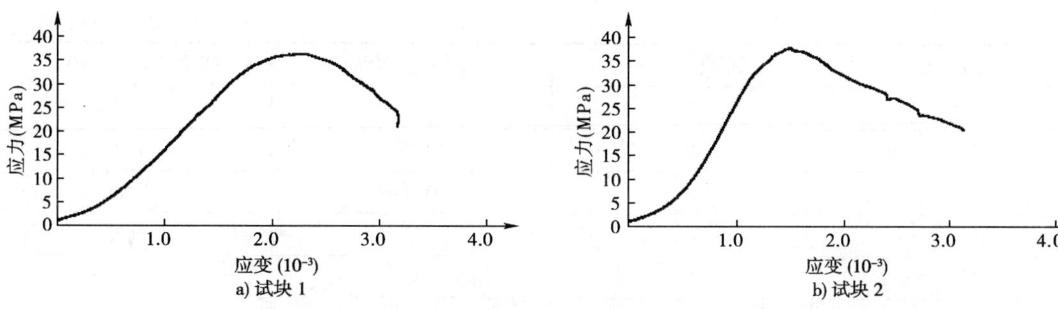

图 3.7　冻融 200 次混凝土试块单轴应力—应变曲线

3.2.5　冻融 300 次混凝土试块单轴应力—应变曲线

冻融 300 次混凝土试块 1 ~ 4 的单轴应力—应变曲线见图 3.8。

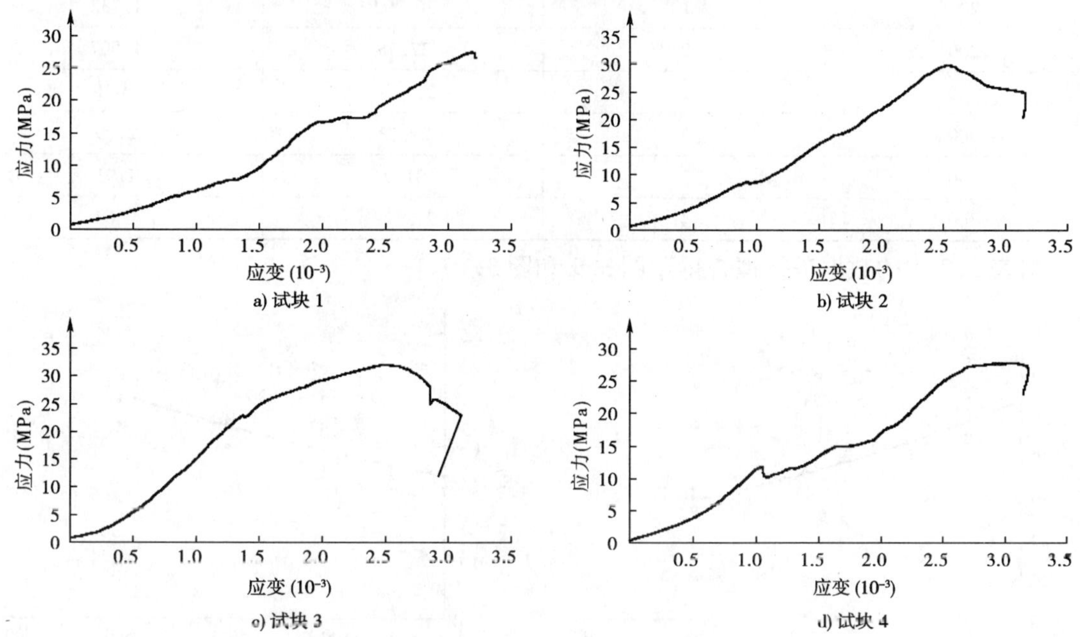

图 3.8　冻融 300 次混凝土试块单轴应力—应变曲线

3.2.6　混凝土试块单轴应力—应变曲线特征值分析

分析图 3.4 ~ 图 3.8,选取曲线的关键点数值汇总得到表 3.2。

混凝土应力—应变关系特征值分析　　表 3.2

冻 融 次 数	试 块 编 号	强度 σ_{pk}(MPa)	峰值应变 ε_{pk}(10^{-3})
0	1	44.427	1.136
0	2	53.949	1.154
0	3	60.220	1.244
50	1	43.969	1.329
50	2	44.816	1.216

续上表

冻融次数	试块编号	强度 σ_{pk}(MPa)	峰值应变 $\varepsilon_{pk}(10^{-3})$
50	3	45.274	1.116
50	4	54.269	1.26
50	5	63.746	1.805
100	1	34	1.75
100	2	38	1.73
100	3	39.9	1.75
100	5	40	1.1
100	6	52	1.4
100	7	62	1.6
200	1	36.302	1.732
200	2	37.56	1.507
300	1	26.734	1.71
300	2	29.73	2.09
300	3	31.9	1.91
300	4	27.329	2.03

对表3.2中的数据进行拟合得到图3.9和图3.10。

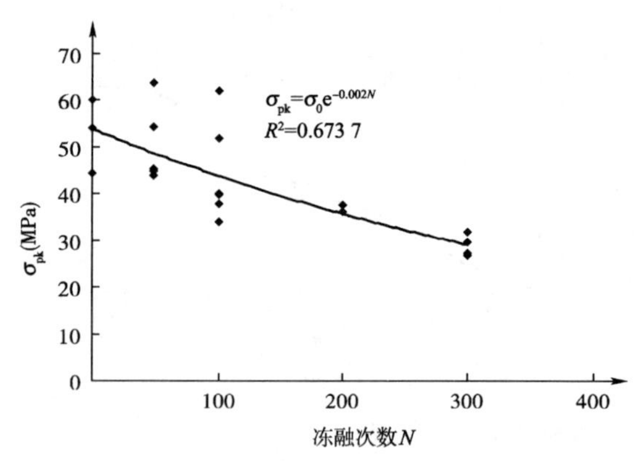

图3.9　峰值应力拟合曲线

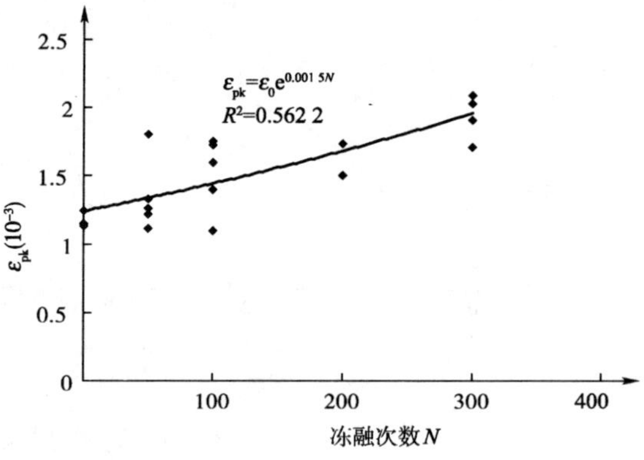

图3.10　峰值应变拟合曲线

由图3.9和图3.10可以得到：

$$\begin{cases}\sigma_{pk}=\sigma_0 e^{-0.002N}\\ \varepsilon_{pk}=\varepsilon_0 e^{0.001\,5N}\end{cases}\tag{3.6}$$

式中：σ_0、ε_0——分别为未冻融混凝土的峰值应力和峰值应变。

由此结合式(3.5)得到混凝土冻融循环后的形状参数 m 的表达式为：

$$m=1\Big/\ln\frac{E\varepsilon_0 e^{0.001\,5N}}{\sigma_0 e^{-0.002N}}\tag{3.7}$$

式中，近似取 $\frac{E}{2}=\frac{\sigma_0}{\varepsilon_0}$，则得到 $m=1/(\ln2+0.003\,5N)$。

混凝土冻融循环作用次数 N 后的单轴全应力—应变表达式为：

$$\sigma = E\left\{\exp\left[-\frac{1}{1/(\ln 2+0.0035N)}\left(\frac{\varepsilon}{\varepsilon_0 e^{0.0015N}}\right)^{1/(\ln 2+0.0035N)}\right]\right\}\varepsilon \tag{3.8}$$

对 C35 混凝土，含气量与青岛海湾大桥的桥墩承台和墩柱部位的混凝土含气量一致，可得到不同冻融循环作用次数 N 后的引气混凝土应力—应变曲线（图 3.11）。

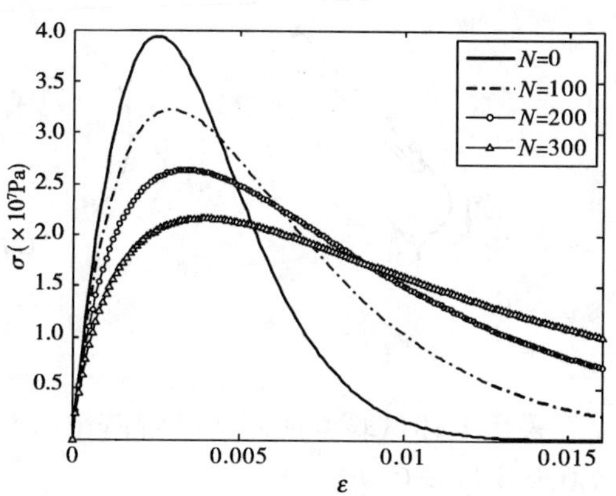

图 3.11　不同冻融循环作用次数后的混凝土单轴压应力—应变曲线

3.3　混凝土抗拉强度计算

混凝土抗拉强度（用符号 f_t 表示）和抗压强度一样，都是混凝土的基本强度指标。但是混凝土的抗拉强度比抗压强度低得多，它与同龄期混凝土抗压强度的比值为 1/8 ~ 1/18。这项比值随混凝土抗压强度等级的增大而减少，即混凝土抗拉强度的增加慢于抗压强度的增加。

混凝土轴心受拉试验的试件，可采用在两端预埋钢筋的混凝土棱柱体（图 3.12）。试验时用试验机的夹具夹紧试件两端外伸的钢筋施加拉力，破坏时试件在没有钢筋的中部截面被拉断，其平均拉应力即为混凝土的轴心抗拉强度。

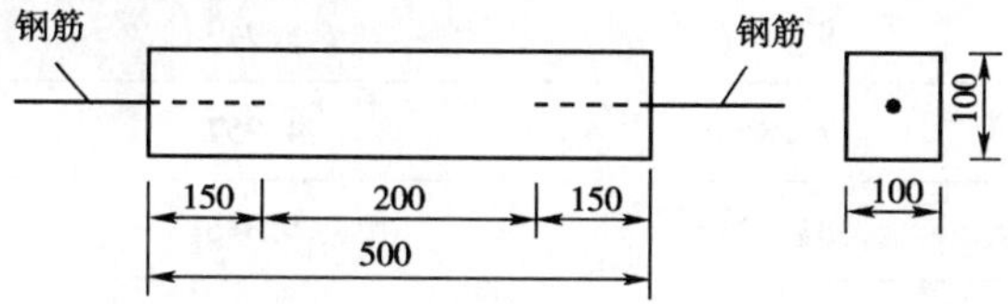

图 3.12　混凝土抗拉强度试验试件（尺寸单位：mm）

在用上述方法测定混凝土的轴心抗拉强度时，保持试件轴心受拉是很重要的，也是不容易完全做到的。因为混凝土内部结构不均匀，钢筋的预埋和试件的安装都难以对中，而偏心又对混凝土抗拉强度测试有很大的干扰，因此，目前国内外常采用立方体或圆柱体的劈裂试验来测定混凝土的轴心抗拉强度。

劈裂试验是在卧置的立方体（或圆柱体）试件与压力机压板之间放置钢垫条及三合板（或纤维板）垫层（图 3.13），压力机通过垫条对试件中心面施加均匀的条形分布荷载。这样，除垫条附近外，在试件中间垂直面上就产生了拉应力，它的方向与加载方向垂直，并且基本上是均匀的。当拉应力达到混凝土的抗拉强度时，试件即被劈裂成两半。采用 150mm 立方块作为标准试件进行混凝土劈裂抗拉强度测定，按照规定的试验方法操作，则混凝土劈裂抗拉强度 f_{ts} 按下式计算：

$$f_{ts} = \frac{2F}{\pi A} = 0.637\frac{F}{A} \tag{3.9}$$

式中：f_{ts} ——混凝土劈裂抗拉强度（MPa）；

F——劈裂破坏荷载；

A——试件劈裂面面积(mm^2)。

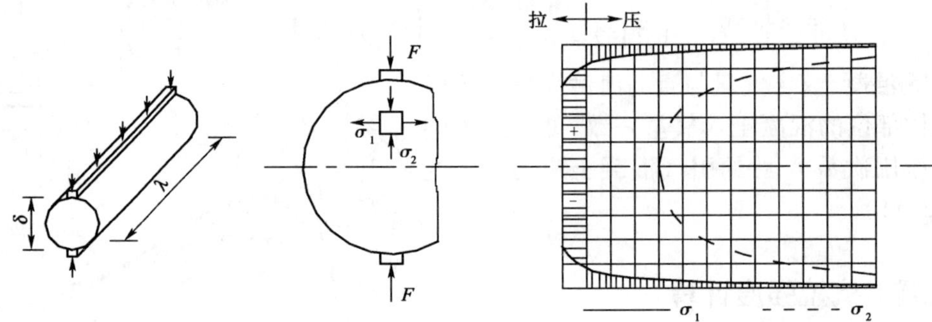

图 3.13　劈裂试验

采用上述试验方法测得的混凝土劈裂抗拉强度值换算成轴心抗拉强度时,应乘以换算系数 0.9,即 $f_t = 0.9 f_{ts}$。

项目中实际采用的是 100mm 立方体试块,抗拉强度的计算公式为:

$$f_t = 1.369 f_{ts} f_c^{-0.0833} \tag{3.10}$$

通过试验测试,得到混凝土试块冻融循环后的劈裂抗拉强度见表 3.3。

混凝土试块冻融循环后的劈裂抗拉强度统计值　　表 3.3

冻融次数 N	劈裂抗拉破坏荷载(kN)	劈裂抗拉强度(MPa)	均值(MPa)
0	84.231	5.366	5.424
	93.387	5.949	
	77.822	4.957	
50	83.773	5.336	4.550
	53.584	3.413	
	76.907	4.899	
100	73.702	4.695	4.437
	66.378	4.228	
	68.896	4.389	
200	86.749	5.526	4.130
	51.450	3.277	
	56.306	3.587	

对表 3.3 进行数据拟合得到图 3.14。

由此可以得到混凝土劈裂抗拉强度随冻融次数变化的数学模型表达式为:

$$f_{tsN} = f_{ts0}(-0.0011N + 0.9448) \tag{3.11}$$

式中:f_{tsN}——冻融循环 N 次后的混凝土劈裂抗拉强度;

f_{ts0}——未冻融的混凝土劈裂抗拉强度。

根据式(3.6)，已经建立了混凝土抗压强度随冻融循环次数变化的数学模型，表达式为：

$$f_c = f_0 e^{-0.002N} \tag{3.12}$$

根据混凝土单轴抗拉强度的计算公式(3.10)，课题组建立的混凝土抗拉强度随冻融次数 N 变化的数学模型表达式为：

$$f_t = 1.369 f_{ts0}(-0.001N + 0.9448)(f_0 e^{-0.002N})^{-0.0833} \tag{3.13}$$

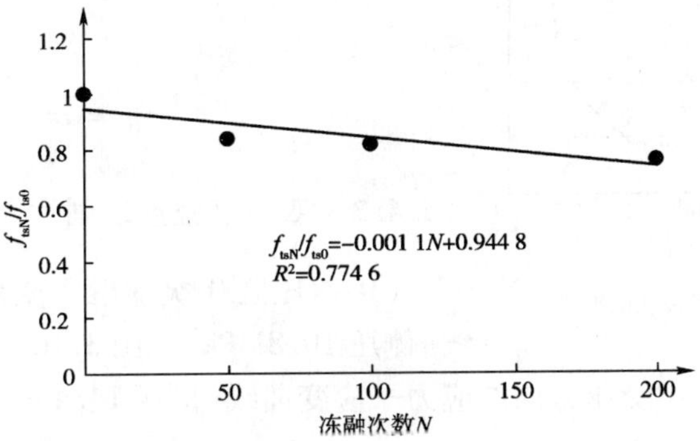

图3.14　混凝土劈裂抗拉强度数据拟合

3.4　混凝土双轴破坏准则与本构关系

引气混凝土由于具有良好的抗冻性能，在寒冷地区得到越来越多的使用。课题组按照"快冻法"对经过0、100、200、300次冻融循环作用后的引气混凝土试件进行了双轴压作用下的强度试验研究。观察了试件的破坏形态和表面裂缝特征，根据试验结果分析了极限抗压、抗拉强度随冻融循环次数和应力比的变化规律。在主应力空间，建立了不同冻融循环次数后考虑应力比影响的双轴破坏准则。以上研究为寒冷地区处于双轴荷载作用下的引气混凝土结构的强度分析提供了试验参考。

实际工程中二维结构大量存在，即使有的结构是三维结构，也可以简化为二维问题进行分析，因而在验算混凝土的强度时，不必动用复杂的三维计算式，而单独建立近似的二维包络线比较合理。

3.4.1　Kupfer-Gerstle 强度准则

Kupfer-Gerstle 双轴强度准则(图3.15)是目前应用较为广泛的一个强度准则，其破坏区可分别表示为双压区、拉—压区、双拉区，各区域采用不同表达式的强度准则。

双压区域（σ_1 = 压应力，σ_2 = 压应力，$0 \leqslant \alpha = \dfrac{\sigma_1}{\sigma_2} \leqslant 1$）：

$$\sigma_{2c} = \frac{1 + 3.65\alpha}{(1+\alpha)^2} f_c$$

$$\sigma_{1c} = \alpha\sigma_{2c}$$

拉—压区域（σ_1 = 拉应力，σ_2 = 压应力，$\alpha = \dfrac{\sigma_1}{\sigma_2} \leqslant 0$）：

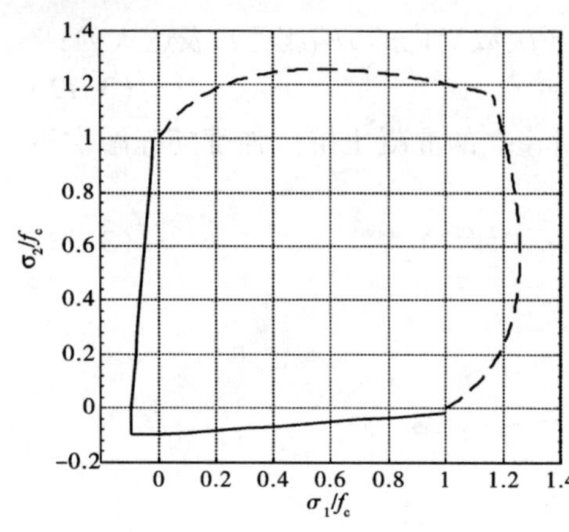

图 3.15 Kupfer-Gerstle 双轴强度准则

$$\sigma_{1t} = \left(1 - 0.8\frac{\sigma_2}{f_c}\right)f_t$$

$$\sigma_{1t} = \alpha\sigma_{2c}$$

双拉区域（σ_1 = 拉应力，σ_2 = 拉应力，$1 \leqslant \alpha = \frac{\sigma_1}{\sigma_2} \leqslant \infty$）：

$$\sigma_{1t} = \sigma_{2t} = f_t$$

3.4.2 双拉区强度准则

（1）双压区 0 次冻融主受压方向的应力—应变曲线（侧压 10.8MPa）见图 3.16。

（2）双压区 0 次冻融主受压方向的应力—应变曲线（侧压 14.4MPa）见图 3.17。

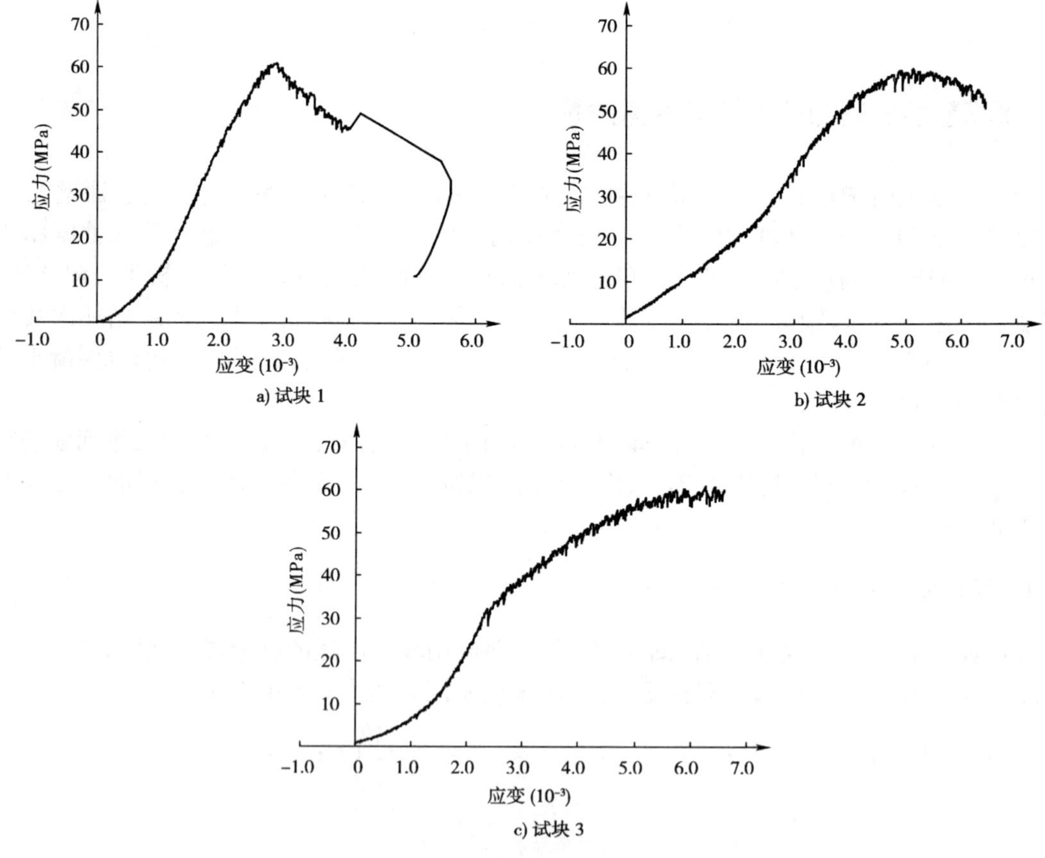

图 3.16 双压区 0 次冻融主受压方向的应力—应变曲线（侧压 10.8MPa）

（3）双压区 0 次冻融主受压方向的应力—应变曲线（侧压 18.8MPa）见图 3.18。

（4）双压区 100 次冻融主受压方向的应力—应变曲线（侧压 10.8MPa）见图 3.19。

（5）双压区 100 次冻融主受压方向的应力—应变曲线（侧压 14.4MPa）见图 3.20。

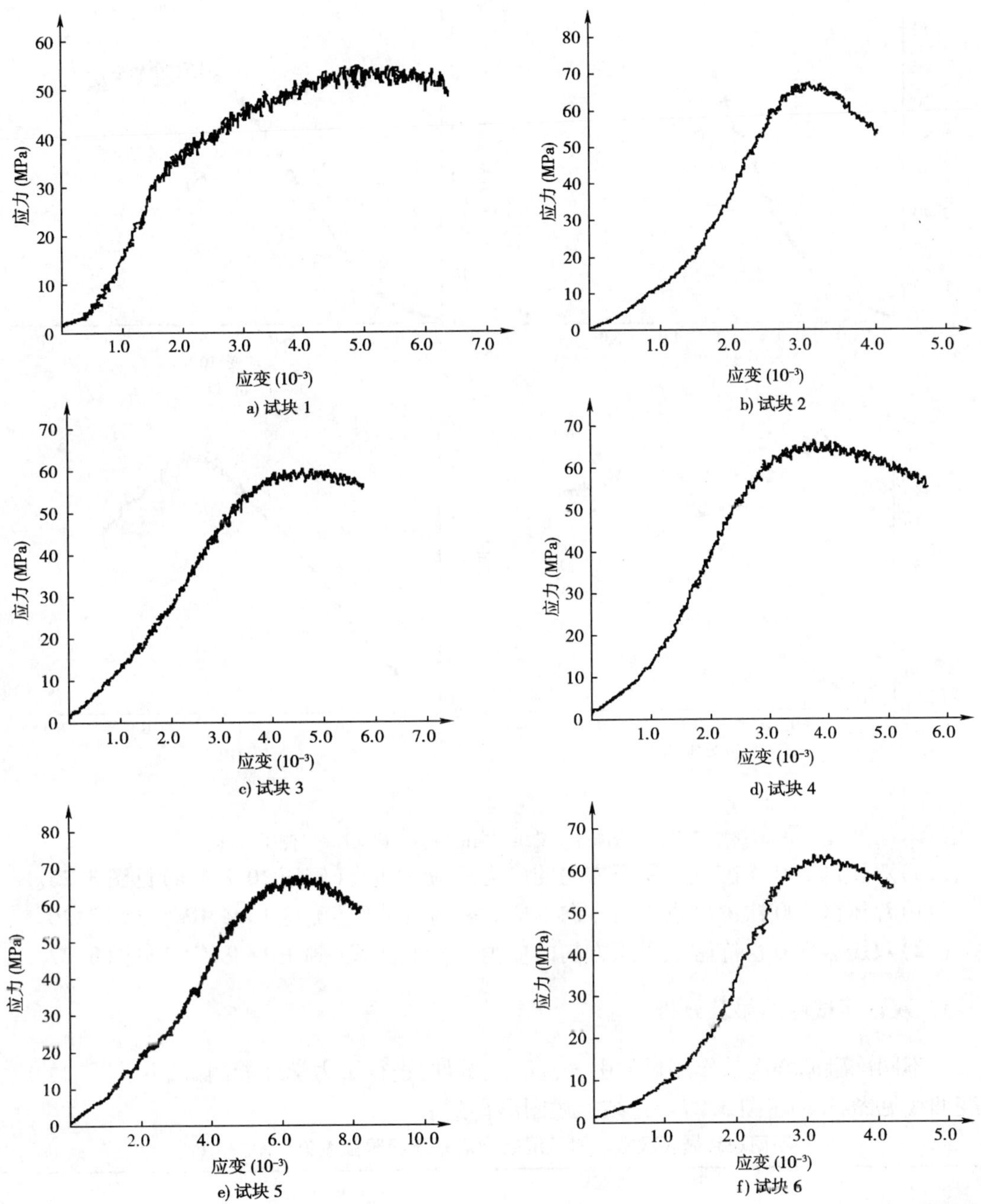

图 3.17　双压区 0 次冻融主受压方向的应力—应变曲线(侧压 14.4MPa)

(6)双压区 100 次冻融主受压方向的应力—应变曲线(侧压 18.8MPa)见图 3.21。

(7)双压区 200 次冻融主受压方向的应力—应变曲线(侧压 10.8MPa)见图 3.22。

(8)双压区 200 次冻融主受压方向的应力—应变曲线(侧压 14.4MPa)见图 3.23。

(9)双压区 200 次冻融主受压方向的应力—应变曲线(侧压 18.8MPa)见图 3.24。

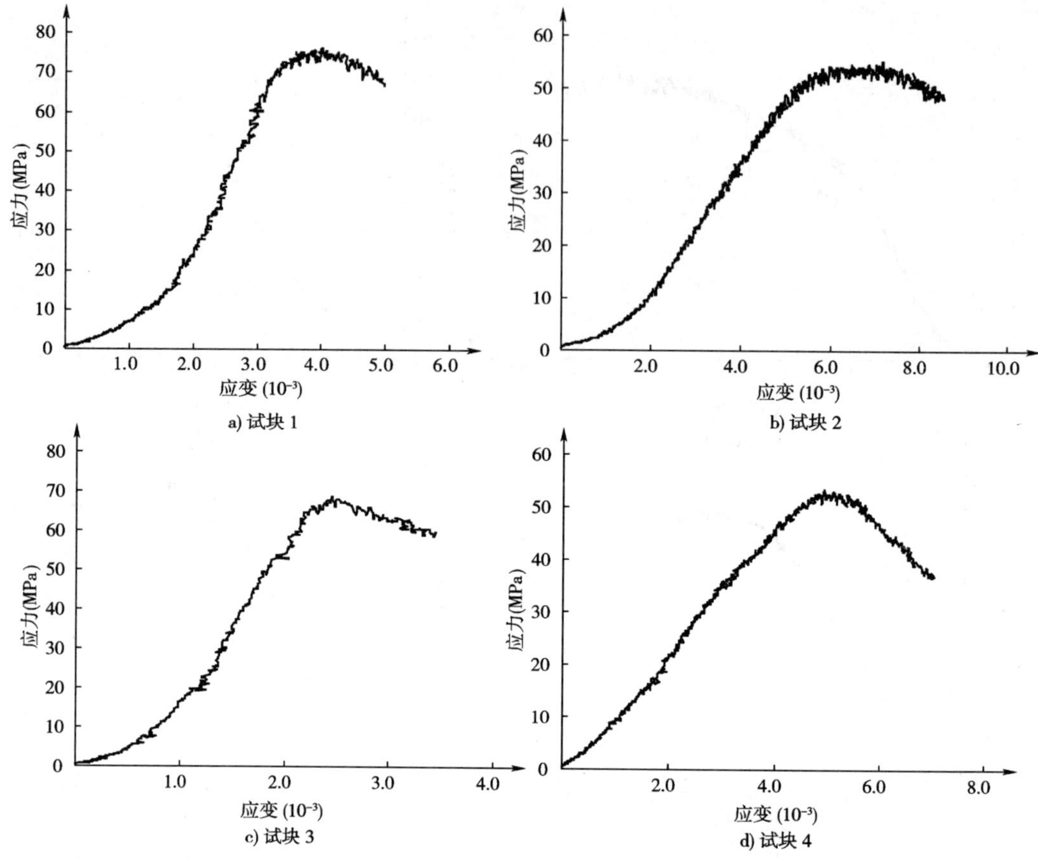

图 3.18　双压区 0 次冻融主受压方向的应力—应变曲线(侧压 18.8MPa)

(10)双压区 300 次冻融主受压方向的应力—应变曲线(侧压 10.8MPa)见图 3.25。

(11)双压区 300 次冻融主受压方向的应力—应变曲线(侧压 14.4MPa)见图 3.26。

(12)双压区 300 次冻融主受压方向的应力—应变曲线(侧压 18.8MPa)见图 3.27。

3.4.3 双轴压试验结果及分析

对不同冻融循环次数作用后的引气混凝土试件,进行了力学性能测试,主受压轴的应力—应变曲线见图 3.16 ~ 图 3.27。总结上述图形得到表 3.4。

不同冻融循环次数后引气混凝土双轴压极限强度值(单位:MPa)　　表 3.4

侧　压	冻融次数 N			
	0	100	200	300
10.8	66.546	55.483	26.07	31.436
	59.964	51.276	52.003	37.476
	63.634	48.044	46.945	36.861

续上表

侧　　压	冻融次数 N			
	0	100	200	300
14.4	53.9	66.034	41.887	36.471
	64	55.528	54.476	38.359
	60	42.82	38.339	36.446
	65	—	—	—
	67	—	—	—
	63	—	—	—
18.8	74.5	59.214	27.833	39.783
	55.672	54.798	56.719	34.887
	68.71	50.539	53.034	36.879
	53.066	—	—	—

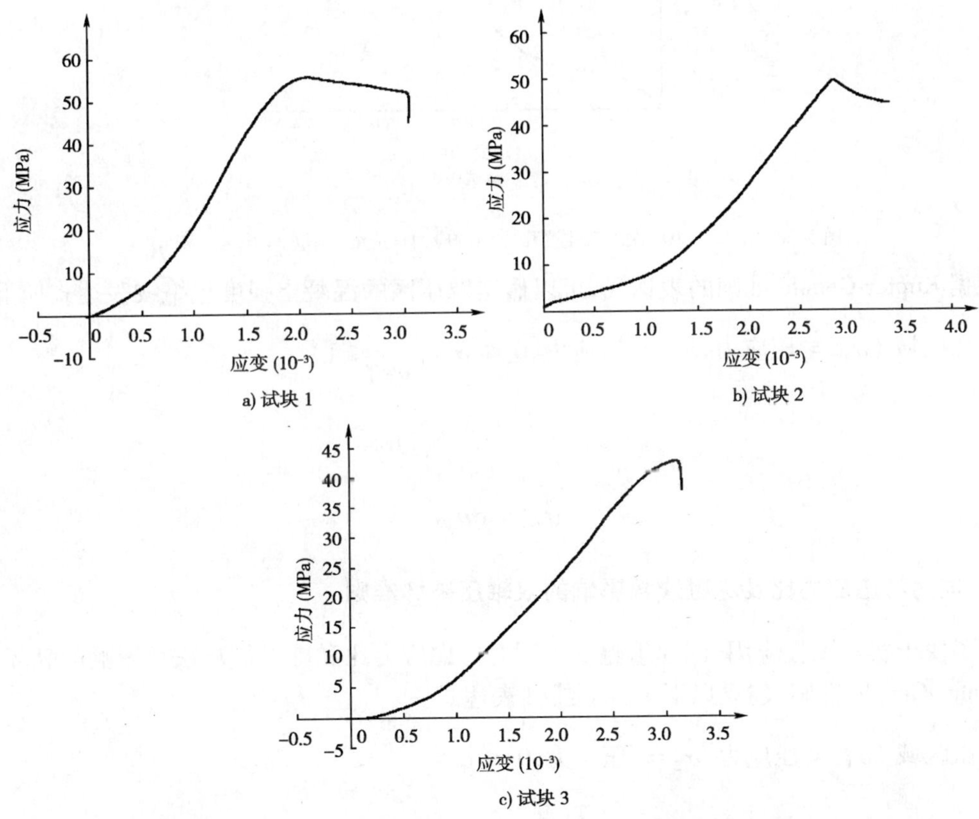

图 3.19　双压区 100 次冻融主受压方向的应力—应变曲线(侧压 10.8MPa)

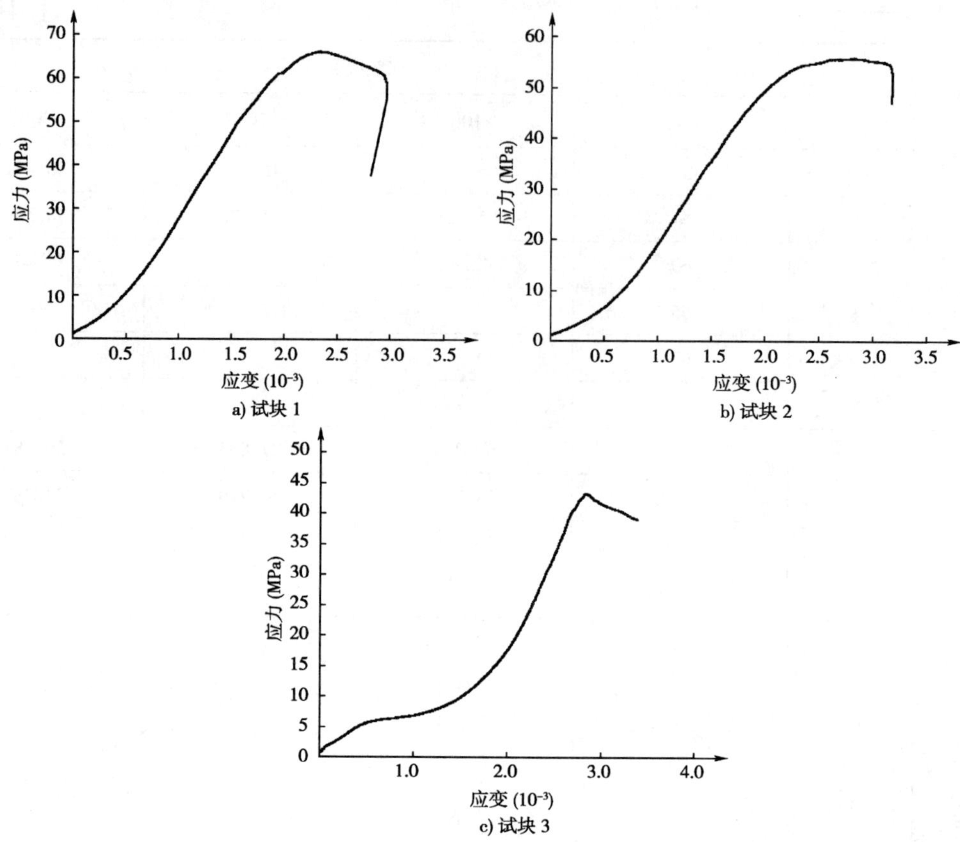

图 3.20　双压区 100 次冻融主受压方向的应力—应变曲线(侧压 14.4MPa)

根据 Kupfer-Gerstle 准则的表达式,可以假定双压区的混凝土强度包络线表达式如下。

双压区域(σ_1 = 压应力,σ_2 = 压应力,$0 \leqslant \alpha = \dfrac{\sigma_1}{\sigma_2} \leqslant 1$):

$$\sigma_{2c} = \frac{1 + 3.65\alpha}{(1 + \alpha)^2} f_c$$

$$\sigma_{1c} = \alpha \sigma_{2c}$$

3.4.4　同时考虑应力比及冻融次数影响的双轴压破坏准则

为了便于实际工程应用,课题组建立了同时考虑应力比和冻融循环次数影响的破坏准则,参考 Kufer-Gerstle 准则,建立以下多元非线性表达式。

双压区域(σ_1 = 压应力,σ_2 = 压应力,$0 \leqslant \alpha = \dfrac{\sigma_1}{\sigma_2} \leqslant 1$):

$$\sigma_{2c} = \exp(a_1 \times N) \frac{1 + 3.65\alpha}{(1 + \alpha)^2} f_c \tag{3.14}$$

基于麦夸特法(LM)优化算法,对原始数据进行迭代计算,拟合得到 $a_1 = -0.002$。

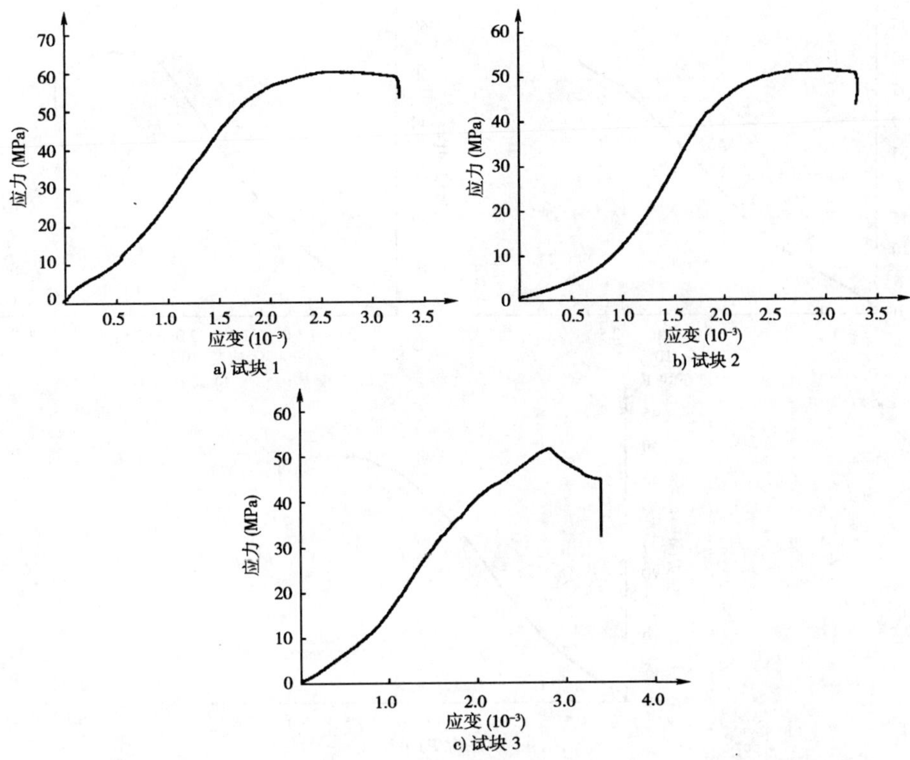

图 3.21　双压区 100 次冻融主受压方向的应力—应变曲线(侧压 18.8MPa)

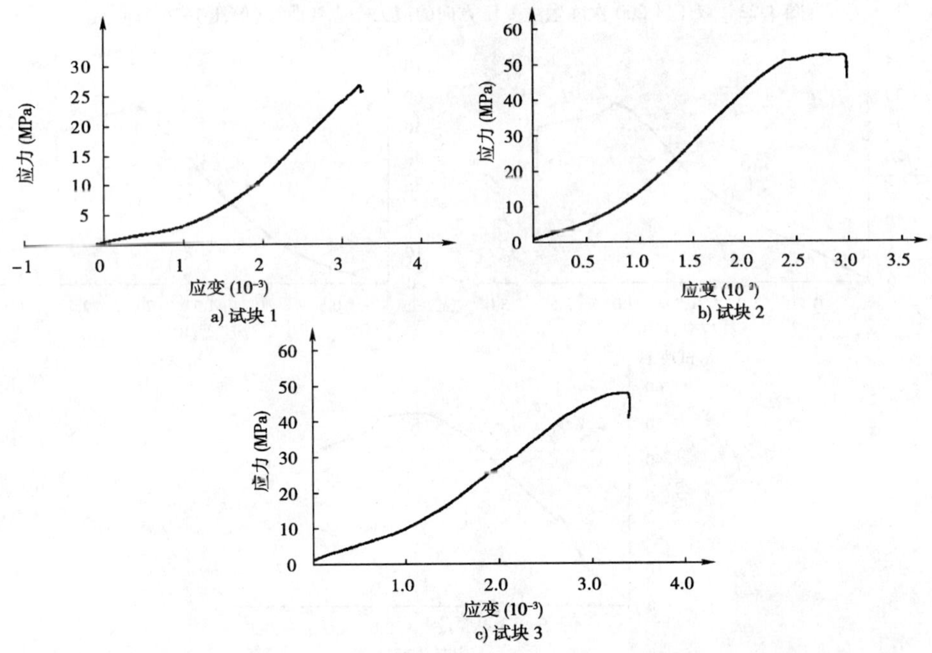

图 3.22　双压区 200 次冻融主受压方向的应力—应变曲线(侧压 10.8MPa)

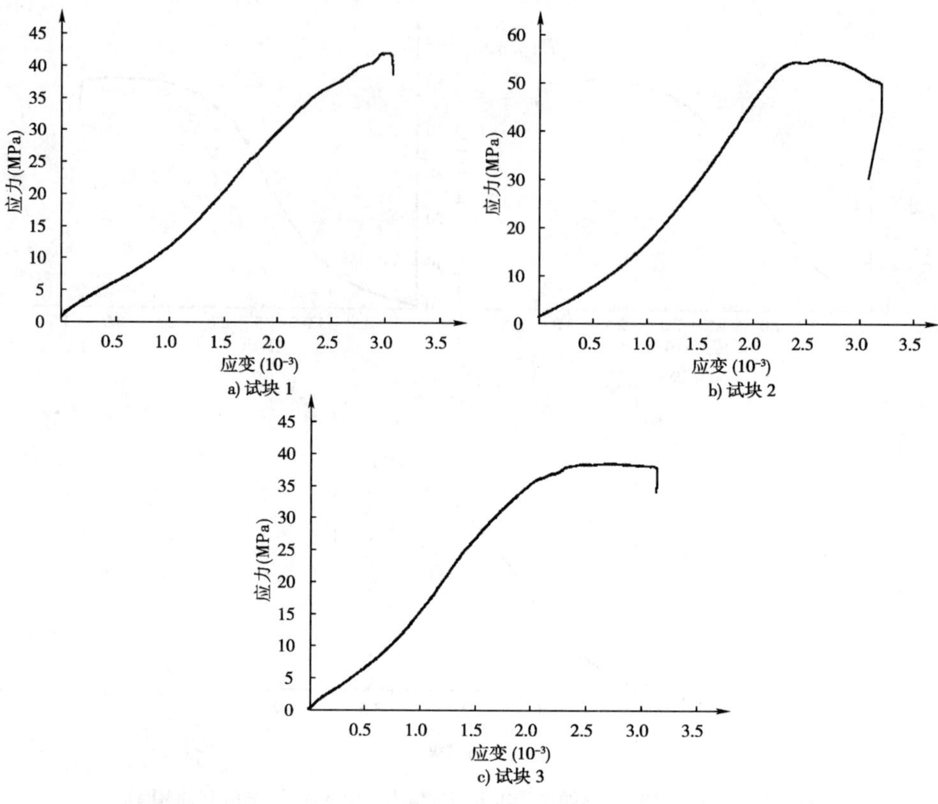

图 3.23　双压区 200 次冻融主受压方向的应力—应变曲线(侧压 14.4MPa)

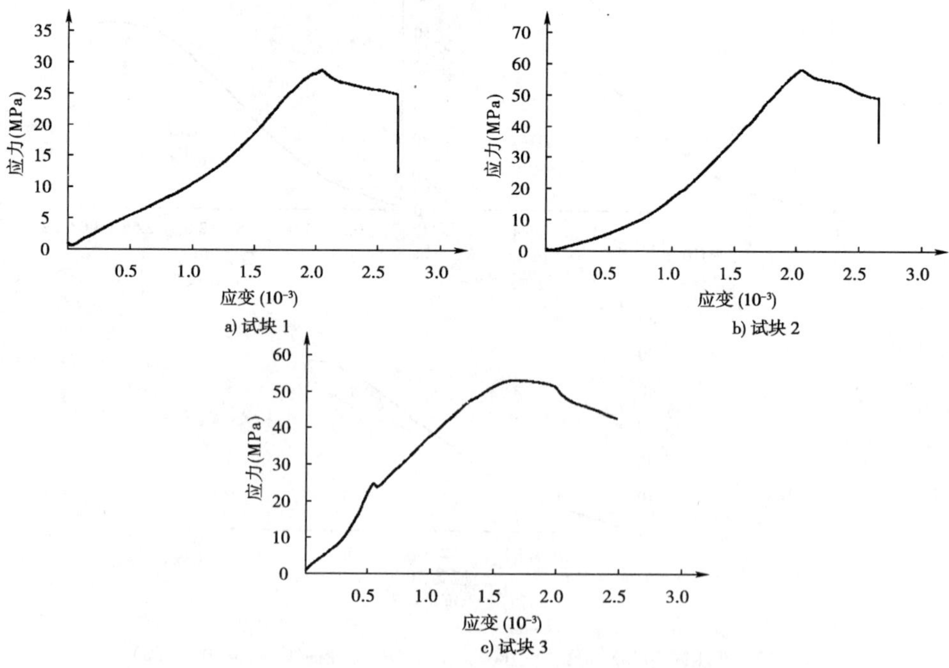

图 3.24　双压区 200 次冻融主受压方向的应力—应变曲线(侧压 18.8MPa)

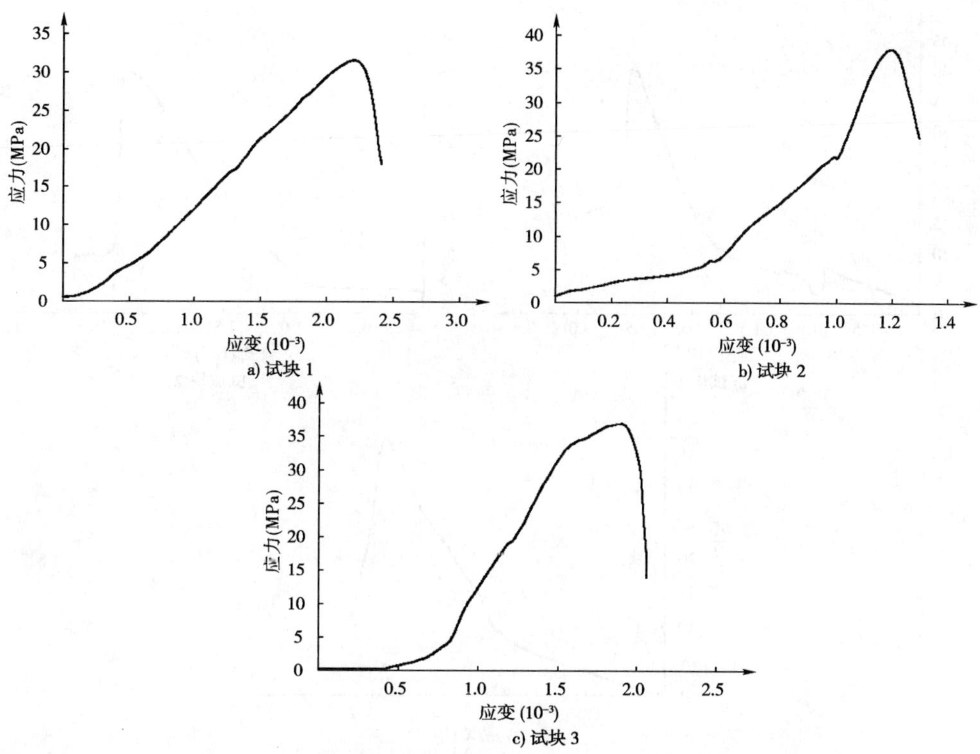

图 3.25　双压区 300 次冻融主受压方向的应力—应变曲线(侧压 10.8MPa)

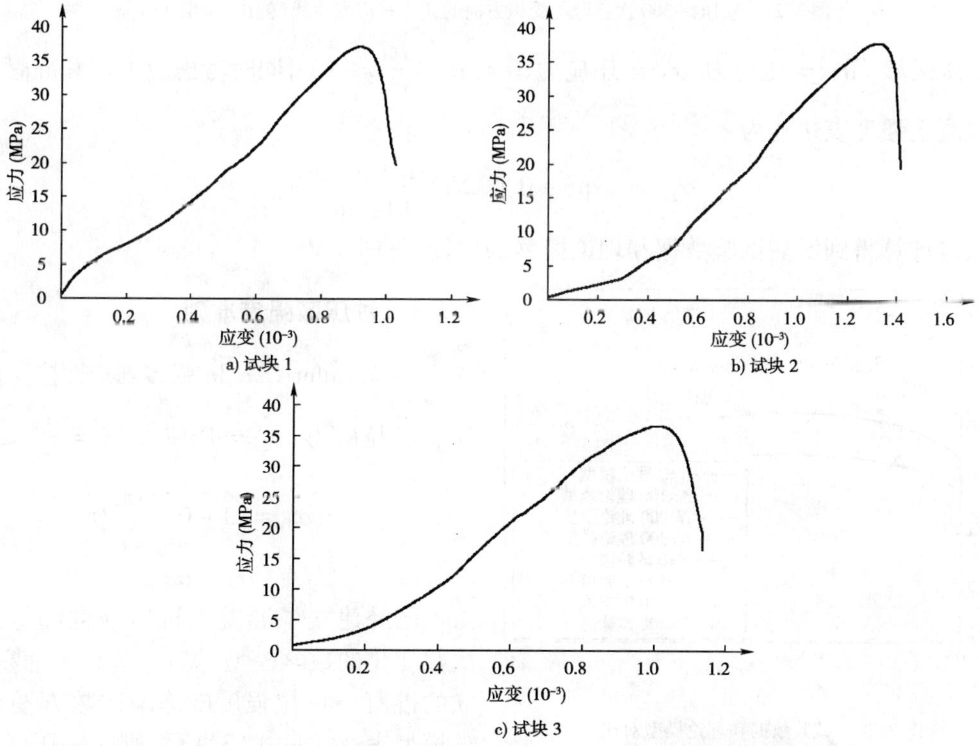

图 3.26　双压区 300 次冻融主受压方向的应力—应变曲线(侧压 14.4MPa)

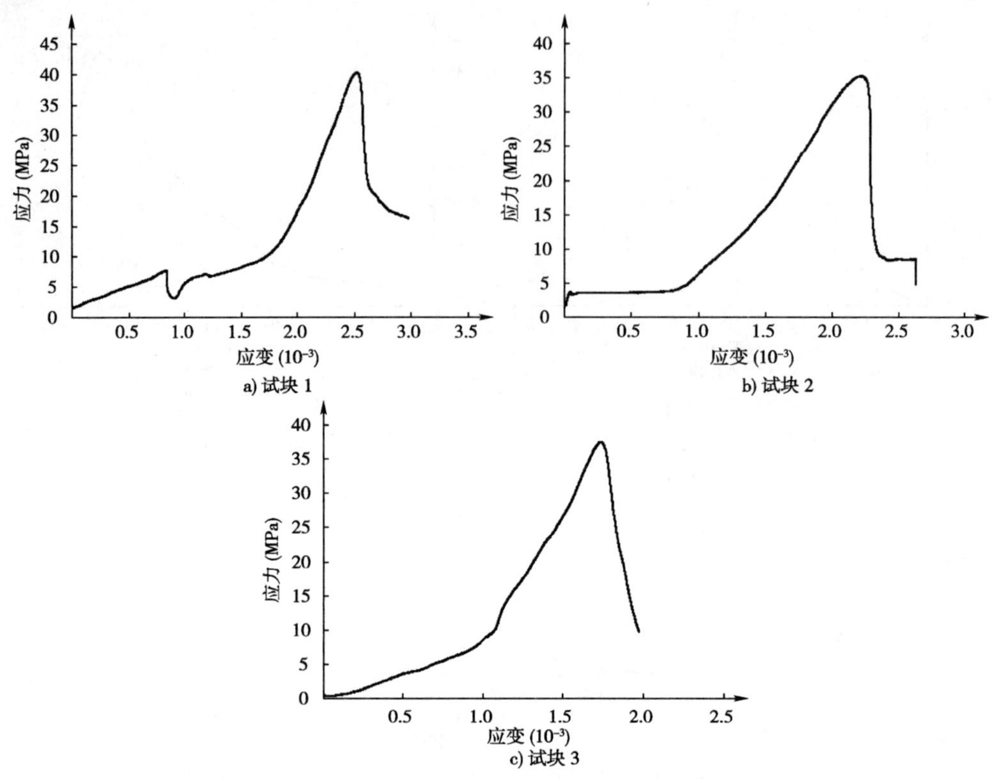

图 3.27 双压区 300 次冻融主受压方向的应力—应变曲线(侧压 18.8MPa)

双压区域(σ_1 = 压应力,σ_2 = 压应力,$0 \leqslant \alpha = \dfrac{\sigma_1}{\sigma_2} \leqslant 1$),同时考虑应力比和冻融循环次数的混凝土强度表达式为:

$$\sigma_{2c} = \exp(-0.002N)\frac{1+3.65\alpha}{(1+\alpha)^2}f_c \tag{3.15}$$

通过计算得到实测试验数据和理论模型的比较,见图 3.28。

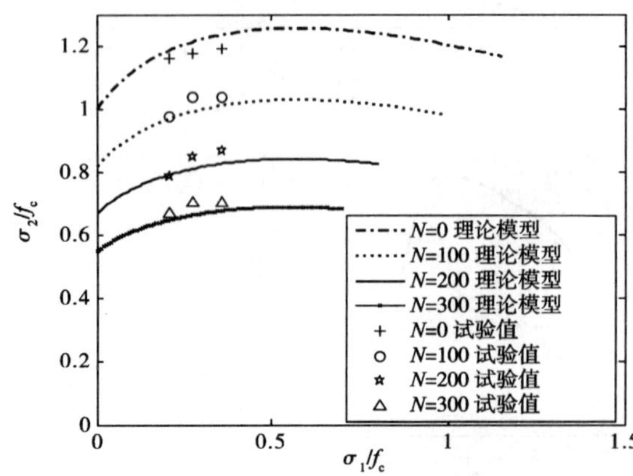

图 3.28 试验数据和理论模型对比

3.4.5 拉压区强度准则

参考 Kufer-Gerstle 强度准则,拉—压区域(σ_1 = 拉应力,σ_2 = 压应力,$\alpha = \dfrac{\sigma_1}{\sigma_2} \leqslant 0$):

$$\sigma_{1t} = \left(1 - 0.8\frac{\sigma_2}{f_c}\right)f_t$$

$$\sigma_{1t} = \alpha\sigma_{2c}$$

已经建立了混凝土抗压强度随冻融循环次数变化的数学模型,见式(3.12)。课题组建立的混凝土抗拉强度随冻融次数 N 变化的数学模型表达式见式(3.13),则拉—压区强度准则表达式如下：

$$\sigma_{1t}=1.369f_{ts0}(-0.001N+0.9448)(f_0\mathrm{e}^{-0.002N})^{-0.0833}\left(1-0.8\frac{\sigma_2}{f_0\mathrm{e}^{-0.002N}}\right)$$

$$\sigma_{1t}=\alpha\sigma_{2c} \tag{3.16}$$

3.4.6　混凝土冻融损伤双轴强度准则

根据已经提出的各个区段考虑冻融循环次数的表达式，汇总后的考虑冻融损伤的混凝土双轴强度准则如下。

双拉区域（σ_1 = 拉应力，σ_2 = 拉应力，$1\leqslant\alpha=\frac{\sigma_1}{\sigma_2}\leqslant\infty$）：

$$\sigma_{1t}=\sigma_{2t}=1.369f_{ts0}(-0.001N+0.9448)(f_0\mathrm{e}^{-0.002N})^{-0.0833}$$

式中：f_{ts0}——未冻融的混凝土劈拉强度；

f_0——未冻融的混凝土抗压强度。

拉—压区域（σ_1 = 拉应力，σ_2 = 压应力，$\alpha=\frac{\sigma_1}{\sigma_2}\leqslant 0$）：

$$\sigma_{1t}=1.369f_{ts0}(-0.001N+0.9448)(f_0\mathrm{e}^{-0.002N})^{-0.0833}\left(1-0.8\frac{\sigma_2}{f_0\mathrm{e}^{-0.002N}}\right)$$

$$\sigma_{1t}=\alpha\sigma_{2c}$$

双压区域（σ_1 = 压应力，σ_2 = 压应力，$0\leqslant\alpha=\frac{\sigma_1}{\sigma_2}\leqslant 1$）：

$$\sigma_{2c}=\exp(-0.002N)\frac{1+3.65\alpha}{(1+\alpha)^2}f_c$$

3.5　混凝土三轴破坏准则与本构关系

刘西拉[95]指出，随着计算机的飞跃发展，结构工程学科的构成已经变成理论、试验和计算机的三级构成。一个较好的混凝土研究思路在理论上应该是严格的，在计算上应该是方便的，同时，它所需要的参数也应该能用现有的（甚至是传统的）量测手段在试验中获得。从上述思路出发，基于对混凝土冻融机制的讨论和现有的细观试验资料，在宏观层次上构造传统宏观参数，对混凝土冻融损伤进行直接描述，即应用损伤力学建立主应力空间内实用的混凝土冻融破坏面演化模型，使材料学的研究成果能够直接为结构工程服务。

本书建立的冻融损伤破坏和冻融损伤本构模型是基于连续损伤力学和 Ottosen 破坏准则模型、本构模型的基础上进行的。在此，先介绍用到的基本理论。

3.5.1　各向同性连续损伤力学

用损伤力学方法解决问题时，一般需要以下三个步骤：定义适当的损伤变量表述微观空隙的宏观力学效果；建立描述损伤变量演变规律的发展方程；建立描述有损伤材料力学行为的物性方程，在这个方程中包含损伤变量。项目拟基于 Loland 混凝土损伤模型进行混凝土力学性能的探讨。混凝土单轴拉伸试验表明,当应力接近峰值应力时,应力—应变曲线不再是直线,标志着原有的初始裂缝已经扩展。Loland 模型认为,当应变小于峰值应力 f_t 对应的应变 ε_c 时,整个时间范围内都发生开裂,当应变大于 ε_c 时,主要在破坏区开裂。

Loland 损伤模型假设损伤为各向同性损伤,损伤变量是一标量,利用埃文斯和麦拉思所得到的应力—应变全曲线,假定有效应力 $\tilde{\sigma}$ 和应变 ε 的关系为:

$$\left.\begin{aligned}\tilde{\sigma} &= E_n\varepsilon, 0 \leqslant \varepsilon \leqslant \varepsilon_f \\ \tilde{\sigma} &= \tilde{\sigma}_y E_n \varepsilon_f, \varepsilon_f \leqslant \varepsilon \leqslant \varepsilon_u\end{aligned}\right\} \tag{3.17}$$

式中:ε_u ——极限应变;

E_n ——净弹性模量,定义为 $E_n = \dfrac{E}{1 - D_0}$;

D_0 ——加载时混凝土的初始损伤;

E ——弹性模量。

有效应力:$\tilde{\sigma} = \dfrac{\sigma}{1 - D}$,利用应力—应变关系曲线拟合得到材料损伤方程为:

$$\left.\begin{aligned}D(\varepsilon) &= D_0 + C_1\varepsilon^{\beta}, 0 \leqslant \varepsilon \leqslant \varepsilon_f \\ D(\varepsilon) &= D_f + C_2(\varepsilon - \varepsilon_f), \varepsilon_f \leqslant \varepsilon \leqslant \varepsilon_u\end{aligned}\right\} \tag{3.18}$$

式中: D_f ——应变为 ε_f 时的损伤;

C_1、C_2、β ——常数。

3.5.2 混凝土强度准则

钢筋混凝土结构和构件的非线性分析中,一个重要的问题是建立混凝土强度准则,在单向应力状态下,建立强度破坏条件是比较容易的,但在复杂应力条件下,如何建立强度破坏条件一直是一个研究中的问题,对于混凝土强度准则来说,一般是指极限强度而言,通常采用空间坐标的破坏面来描述混凝土的破坏情况。

在主应力空间的混凝土三维屈服面如图 3.29 所示。

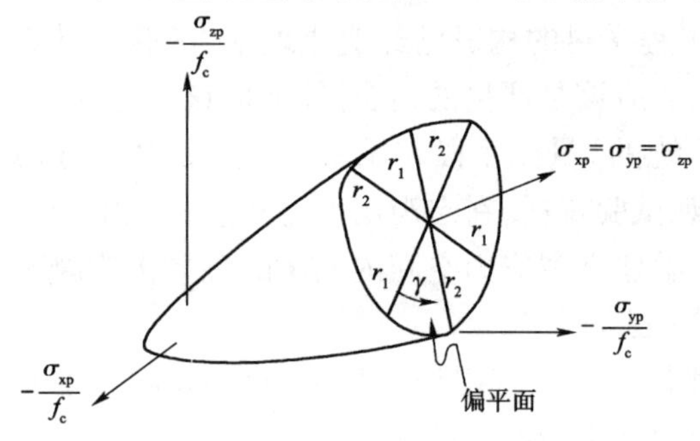

图 3.29 主应力空间的三维破坏面

混凝土的破坏面可用三个主应力轴 σ_1、σ_2、σ_3 表示,为了用数学方法表达方便,又可以用应力不变量 I_1、J_2、J_3 来表示或用八面体应力坐标轴来表示,破坏面的函数方程式:$f(\sigma_1,\sigma_2,\sigma_3) = 0$;$f(I_1,J_2,J_3) = 0$;$f(\sigma_{oct},\tau_{oct},\theta) = 0$。

混凝土的破坏面一般可用破坏面与偏平面相交的断面和破坏曲面的子午线来表达。破坏曲面的子午线即静水压力轴和与破坏面成某一角度 θ 的一条线形成的平面,与破坏平面相交而成的曲线,有拉子午线和压子午线。

拉子午线:$\theta = 0°$,$\sigma_p = \sigma_1 = \sigma_2 < \sigma_3$(拉应力为正);当静水压力与轴向拉应力组合时,单向受拉,双轴受压的应力状态均位于拉子午线上。

压子午线:$\theta = 60°$,$\sigma_p = \sigma_1 = \sigma_2 > \sigma_3$(拉应力为正);当三轴受压、单向受压或双轴受拉

时的应力状态均位于压子午线上。

3.5.3 Ottosen 四参数混凝土强度准则

四参数混凝土强度准则模型一般能满足拉压子午线为曲线，偏平面上为凸面三角形的要求。Ottosen 提出了以三角函数为基础的四参数强度准则模型，这个模型破坏曲面的子午线为曲线，偏平面根据不同静水压力从光滑凸面三角形逐渐变化接近圆形。四参数强度准则模型包括所有应力不变量 I_1、J_2 和 $\cos(\theta)$，其表达式为：

$$\left.\begin{aligned} &f(I_1, J_2, \cos 3\theta) = a\frac{J_2}{f'^2_c} + \lambda\frac{\sqrt{J_2}}{f'_c} + b\frac{I_1}{f'_c} - 1 = 0 \\ &\lambda = \lambda(\cos 3\theta) > 0 \end{aligned}\right\} \tag{3.19}$$

常数 a、b 用于确定子午线曲线，λ 函数用来确定偏平面破坏图形。

采用处理扭转的薄膜比拟法来建立偏平面公式。根据薄膜比拟的假定，可得到偏平面 λ 的表达式为：

$$\left.\begin{aligned} &\lambda = \frac{1}{\rho} = k_1\cos\left[\frac{1}{3}\arccos(k_2\cos 3\theta)\right], \cos 3\theta \geqslant 0 \\ &\lambda = \frac{1}{\rho} = k_1\cos\left[\frac{\pi}{3} - \frac{1}{3}\arccos(-k_2\cos 3\theta)\right], \cos 3\theta < 0 \end{aligned}\right\} \tag{3.20}$$

k_1 称为尺寸系数；k_2 称为形式系数。由 $\lambda_t(\theta = 0°)$、$\lambda_c(\theta = 60°)$ 或 ρ_t、ρ_c 来确定 k_1、k_2 值，$1/2 < \rho_t/\rho_c < 1$。

Ottosen 四参数是由两个混凝土单轴强度、两个典型的二轴和三轴强度来确定的，即单轴抗拉强度、单轴抗压强度、双轴抗压强度和三轴强度。

3.6 混凝土冻融损伤破坏准则

3.6.1 混凝土冻融损伤变量

混凝土的冻融损伤是由混凝土孔溶液冻结，在混凝土内部产生内应力直接作用于孔结构产生的，导致混凝土内部产生不可逆的微裂纹损伤，在冻融循环作用下，内应力反复作用于混凝土，使得混凝土内的微裂纹损伤不断累积、扩展。冻融循环对混凝土的破坏作用是一种疲劳作用，由于冻融循环作用导致混凝土的各项宏观性能指标下降可以看做是疲劳损伤。描述混凝土冻融破坏激励的两个假说——静水压假说和渗透压假说，均认为混凝土孔结构内的液相压力是冻害产生的主要原因，而液相压力是各向同性的。Powers 采用水泥石结构模型研究混凝土冻融破坏，在各向同性液相压力作用下，水泥石结构发生各向同性损伤。宏观上认为混凝土可以作为各向同性连续体的尺度是 100mm，Powers 的水泥石结构的尺度在 1mm 左右，因此，认为项目采用的 100mm 试件及其他文献研究冻融破坏采用的 100mm 混凝土试件均可看做发生各向同性冻融损伤。从微裂角度看，作用于混凝土内部液相压力导致混凝土内部裂纹张开是Ⅰ型开裂，可近似认为混凝土冻融损伤是弹性损伤。

混凝土是弹黏塑性材料，仅按反映材料弹性性能的指标来评价混凝土受冻后的性能是不全面的,混凝土冻融损伤后,内部产生微裂纹并残留不可逆的残余膨胀变形,引起混凝土体积膨胀。以往混凝土各向同性冻融损伤的研究模型大多采用标量形式(零阶丈量),比如动弹性模量,不能描述描述混凝土材料的体积损伤,必须建立更高阶的损伤变量,由于各向同性弹性损伤的每个状态需要两个独立的材料参数进行描述,无法用二阶各向同性张量形式。因此,从损伤唯象学的角度,不妨取损伤状态的弹性模量 $\bar{E}$ 和泊松比 $\bar{\nu}$,认为材料内部的损伤完全由宏观参量弹性模量 $\bar{E}$ 和泊松比 $\bar{\nu}$ 所表征。采用四阶各向同性张量 D 描述混凝土冻融损伤。

$$D_{ijkl} = D_1\delta_{ij}\delta_{kl} + D_2\delta_{ik}\delta_{jl} \tag{3.21}$$

$$D_1 = \frac{\bar{E}(\nu - \bar{\nu})}{E(1+\bar{\nu})(1-2\bar{\nu})}, D_2 = 1 - \frac{\bar{E}(1+\nu)}{E(1+\bar{\nu})} \tag{3.22}$$

式中:E、ν——分别为混凝土无损状态的弹性模量和泊松比;

D_1、D_2——分别表征体积损伤和畸变损伤。

3.6.2 混凝土冻融损伤的演化方程

对于混凝土冻害问题,现在还难以通过试验和细观分析方法直接建立混凝土损伤在内部液相压力作用下的演化方程。从微裂纹的角度看,混凝土在冻融循环作用下承受各向同性的液相压力,其损伤发展演化的规律可近似用混凝土单轴拉伸的损伤过程进行模拟。二者的实质是描述了混凝土内部微裂纹的形成和发展过程。

混凝土遭受冻融作用过程中在混凝土内部产生的静水压作用下是各向均匀的内应力,而单向拉伸是单轴的外部拉力,它们的作用方式不同,对材料造成的破坏也不相同。但是对于混凝土材料而言,这两种作用又是相似的。混凝土材料是一种不均匀的脆性材料,在三向均匀拉应力作用下,最终破坏总是发生在最弱截面,与单向拉伸近似。因此,可以用单向拉伸近似模拟混凝土在内部静水压作用下的情况。项目采用 Loland 混凝土损伤模型描述混凝土弹性模量在冻融循环作用的演化规律。已有研究提出了混凝土损伤因子表达式如下:

$$D = 1 - \left[(1-D_0)^{\beta+1} - \frac{C(\beta+1)\sigma_{\max}^{\beta}}{E_0^{\beta}}N\right]^{\frac{1}{\beta+1}} \tag{3.23}$$

如果不考虑初始损伤,即 $N=0$ 时,$D_0=0$,那么上式简化为:

$$1 - D = \left[1 - \frac{C(\beta+1)\sigma_{\max}^{\beta}}{E_0^{\beta}}N\right]^{\frac{1}{\beta+1}}$$

以混凝土弹性模量描述的损伤变量 $1 - D = \frac{\bar{E}}{E_0}$,$E_0$ 为初始弹性模量,$\bar{E}$ 为损伤状态下的弹性模量,可得到:

$$\bar{E} = E_0\left[1 - \frac{C(\beta+1)\sigma_{\max}^{\beta}}{E_0^{\beta}}N\right]^{\frac{1}{\beta+1}}$$

式中:β——材料参数;

$\sigma_{\max}$——混凝土在一个冻融循环作用内所承受的最大平均静水压力;

N——冻融循环作用次数。

同理,应用修正的 Loland 模型描述三维静水压作用下混凝土的损伤演化,并应用最大主应变等效到一维情况，可以得到混凝土 N 次冻融循环作用后的体积模量：

$$\overline{W} = W\left[1 - \frac{C(\beta+1)\sigma_{\max}^{\beta}}{W_0^{\beta}}N\right]^{\frac{1}{\beta+1}}$$

式中：W_0——混凝土初始体积模量；

$\overline{W}$——损伤状态下的混凝土体积模量。

由前所述，认为混凝土冻融损伤为弹性损伤，满足如下关系：

$$\overline{W} = \frac{\overline{E}}{3(1-2\overline{\nu})}$$

混凝土弹性模量和体积弹性模量在冻融循环作用下的表达式是冻融循环作用次数的函数，冻融循环作用于混凝土的本质如前述，是混凝土孔结构内的液相压力的作用，所以上述两式反映了冻融循环作用下混凝土内部的损伤演化。

由于混凝土内部孔结构的液相压力测量很复杂，难以试验测定其中的参数，所以就可以采用宏观试验数据拟合参数的方法来建立混凝土损伤弹性模量和损伤体积弹性模量的表达式。

把混凝土损伤弹性模量表达式简化可得到：

$$\overline{E} = E_0(1-pN)^k \tag{3.24}$$

通过公式推导，同样可以得到混凝土泊松比随冻融循环作用次数的演化方程：

$$\overline{\nu} = \frac{1}{2} - \frac{1-2\nu}{2}(1-qN)^h \tag{3.25}$$

上两式中：p、q、k、h——宏观材料参数，可以由试验确定。

3.6.3 混凝土冻融损伤破坏准则

混凝土材料遭受冻融循环作用后，单轴强度与冻融循环作用次数还具有比较简单的函数关系，但是双轴强度的变化较为复杂，而三轴强度就更复杂。试验包括冻融和多轴强度试验两个环节，由于试验条件所限，试验结果离散型也较大。因此，设想依据现有试验，结合经典的损伤和塑性理论建立一个描述混凝土冻融后的强度准则，为遭受冻融循环作用的混凝土结构作理论分析与计算提供理论基础。假定经受冻融循环作用后的混凝土材料仍然具有无损混凝土材料破坏面的特点，则 Cauchy 应力张量 $\boldsymbol{\sigma}$ 和损伤张量 $\boldsymbol{D}$ 描写有效应力张量 $\overline{\boldsymbol{\sigma}}$，可得：

$$\overline{\boldsymbol{\sigma}} = \boldsymbol{\sigma}(\boldsymbol{I}-\boldsymbol{D})^{-1} \tag{3.26}$$

由式(3.26)，应用 Cauchy 应力不变量分别表示相应的有效应力不变量，得到：

$$\overline{I} = \alpha I_1,\ \overline{J}_2 = \beta^2 J_2,\ \overline{J}_3 = \beta^3 J_3,\ \overline{\theta} = \theta$$

其中，$\alpha = \dfrac{1}{1-3D_1-D_2}$，$\beta = \dfrac{1}{1-D_2}$。

代入 D_1 和 D_2 可得：

$$\alpha = \frac{E(1+\overline{\nu})(1-2\overline{\nu})}{\overline{E}[(1+\nu)(1-2\overline{\nu})+3(\nu-\overline{\nu})]},\ \beta = \frac{E(1+\overline{\nu})}{\overline{E}(1+\nu)}$$

那么，由此可得 Cauchy 应力空间混凝土冻融损伤破坏面方程：

$$f(I_1, J_2, J_3; \overline{\alpha_i}(\boldsymbol{D}), \mathrm{i}=1,2,\cdots) = 0$$

因为 Ottosen 四参数模型能够体现混凝土破坏面的主要特点，由模型得到的结果与试验资料能够较好得到验证，所以选取 Ottosen 模型建立混凝土冻融后混凝土材料的破坏准则，在 Cauchy 有效应力空间 Ottosen 四参数模型表示为：

$$\begin{cases} f(\bar{I}_1, \bar{J}_2, \cos3\bar{\theta}) = a\dfrac{\bar{J}_2}{f_c'^2} + \lambda\dfrac{\sqrt{\bar{J}_2}}{f'_c} + b\dfrac{\bar{I}_1}{f'_c} - 1 = 0 \\ \bar{\lambda} = \bar{\lambda}(\cos3\bar{\theta}) > 0 \end{cases}$$

代入损伤不变量和无损伤不变量的表达式可得：

$$\left.\begin{aligned} & f(I_1, J_2, \cos3\theta) = a\frac{\beta^2 J_2}{f_c'^2} + \lambda\frac{\beta\sqrt{J_2}}{f'_c} + b\frac{\alpha I_1}{f'_c} - 1 = 0 \\ & \lambda = \lambda(\cos3\theta) > 0 \end{aligned}\right\} \tag{3.27}$$

3.7 混凝土力学性能退化规律

3.7.1 混凝土在单调、短期荷载加载作用下的变形

1）混凝土的应力—应变曲线

混凝土的应力、应变关系是混凝土力学性能的一个重要方面，它是研究钢筋混凝土构件的截面应力分布，建立承载能力和变形计算理论所必不可少的依据，特别是近代采用计算机对钢筋混凝土结构进行非线性分析时，混凝土的应力、应变关系已成为数学物理模型研究的重要依据。

一般取棱柱体试件来测试混凝土的应力—应变曲线。在试验时，需使用刚度较大的试验机，或者在试验中用控制应变速度的特殊装置来等应变速度地加载，或者在普通压力机上用高强弹簧（或油压千斤顶）与试件共同受压，测得混凝土试件受压时典型的应力—应变曲线，如图 3.30 所示。

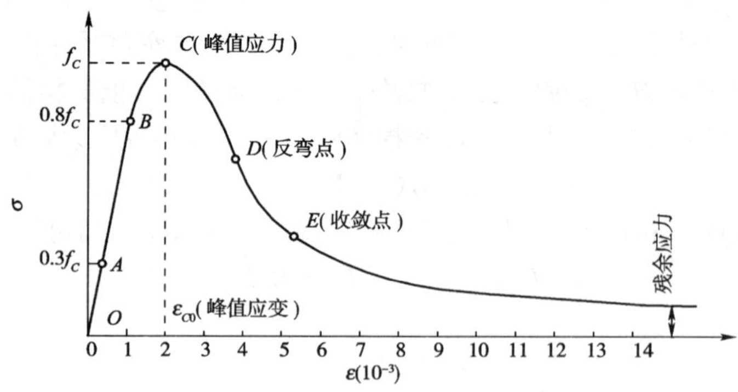

图 3.30　混凝土受压时应力—应变曲线

完整的混凝土轴心受压应力—应变曲线由上升段 OC、下降段 CD 和收敛段 DE 三个阶段组成。

2）混凝土的弹性模量、变形模量

在实际工程中，为了计算结构的变形，必须要求一个材料常数——弹性模量。而混凝土应

力、应变的比值并非一个常数，是随着混凝土的应力变化而变化，所以混凝土弹性模量的取值比钢材复杂得多。

混凝土的弹性模量有三种表示方法(图3.31)。

(1)原点弹性模量

在混凝土受压应力—应变曲线图的原点作切线，该切线的斜率即为原点弹性模量，即：

$$E'_{c} = \frac{\sigma}{\varepsilon_{ce}} = \tan\alpha_{0} \tag{3.28}$$

(2)切线模量

在混凝土应力—应变曲线上某一应力 σ_c 处作一切线，该切线的斜率即为相应于应力 σ_c 时的切线模量，即：

$$E''_{c} = \frac{d\sigma}{d\varepsilon} \tag{3.29}$$

(3)变形模量

连接混凝土应力—应变曲线的原点 O 及曲线上某一点 K 作割线，K 点混凝土应力为 σ_c ($=0.5f_c$)，则该割线(OK)的斜率即为变形模量，也称割线模量或弹塑性模量，即：

$$E'''_{c} = \tan\alpha_{1} = \frac{\sigma_{c}}{\varepsilon_{c}} \tag{3.30}$$

在某一应力 σ_c 下，混凝土应变 ε_c 由弹性应变 ε_{ce} 和塑性应变 ε_{cp} 组成，于是混凝土的变形模量与原点弹性模量的关系为：

$$E'''_{c} = \frac{\sigma_{c}}{\varepsilon_{c}} = \frac{\varepsilon_{ce}}{\varepsilon_{c}} \cdot \frac{\sigma_{c}}{\varepsilon_{ce}} = \gamma E'_{c}$$

式中的 γ 为弹性特征系数，即 $\gamma = \frac{\varepsilon_{ce}}{\varepsilon_{c}}$。弹性特征系数 γ 与应力值有关，当 $\sigma_c \leqslant 0.5f_c$ 时，$\gamma = 0.8 \sim 0.9$；当 $\sigma_c = 0.9f_c$ 时，$\gamma = 0.4 \sim 0.8$。一般情况下，混凝土强度越高，γ 值越大。

目前，我国《公路钢筋混凝土及预应力混凝土桥涵设计规范》(JTG D62—2004)中给出的弹性模量是用下述方法测定的：试验采用棱柱体试件，取应力上限为混凝土抗压强度的一半，然后卸载至零，再重复加载5~10次。由于混凝土的非弹性性质，每次卸载至零时，变形不能完全恢复，存在残余变形。随着荷载重复次数的增加，残余变形逐渐减小，重复5~10次后，变形已经趋于稳定，应力、应变关系接近与一条直线，该直线的斜率即作为混凝土弹性模量的取值。因此，混凝土弹性模量是根据混凝土棱柱体标准试件，用标准试验方法所测得的规定压力值与其对应的压应变值的比值(图3.32)。

根据不同等级混凝土弹性模量试验值的统计分析，给出弹性模量 E_c 的公式为：

$$E_{c} = \frac{10^{5}}{2.2 + 34.74/f_{cu,k}} \tag{3.31}$$

式中：$f_{cu,k}$ ——混凝土立方体抗压强度的标准值。

混凝土的受拉弹性模量，根据原水利水电科学研究院的试验资料，其与受压弹性模量之比为0.82~1.12，平均为0.995，故可认为混凝土的受拉弹性模量与受压弹性模量相等。

分析混凝土试块的全应力应变曲线，试块中，应力应变曲线的斜率在初始阶段发生增大现象，主要是因为混凝土试块开始加载时混凝土试块逐渐变密实导致，实际分析数据时，截取该段即可。

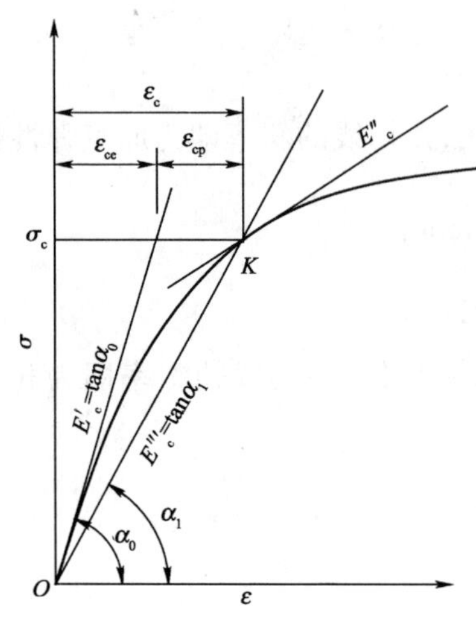

图 3.31　混凝土变形模量的表示方法

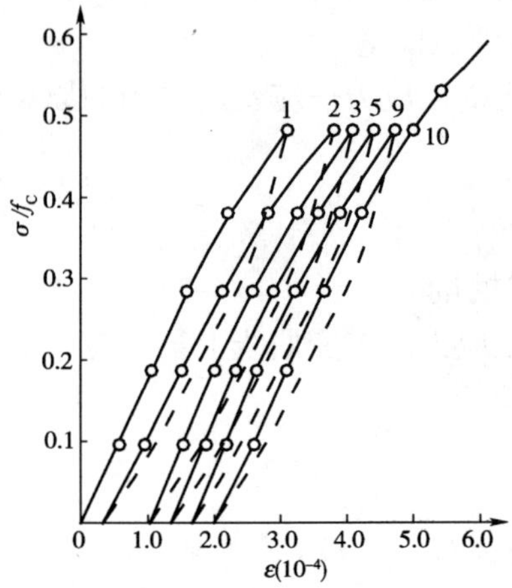

图 3.32　测定混凝土弹性模量的方法

项目中实际计算时，采用混凝土的原点切线模量（也称为初始弹性模量）进行统计分析。

3.7.2　混凝土弹性模量计算

通过计算分析得到冻融后的混凝土的初始弹性模量的数值如表 3.5 所示。

混凝土初始弹性模量计算　　表 3.5

冻融次数	试块编号	强度 f_c（MPa）	峰值应变 $\varepsilon(10^{-3})$	初始弹性模量 E（GPa）	E 平均值（GPa）
0	1	60.220 65	1.244	96.82	89.51
	2	53.949	1.154	93.50	
	3	44.427	1.136	78.22	
50	1	43.969	1.329	66.17	75.56
	2	44.816	1.216	73.71	
	3	45.274	1.116	81.14	
	4	54.269	1.26	86.14	
	5	63.746	1.805	70.63	
100	1	34	1.75	38.86	58.82
	2	38	1.73	43.93	
	3	39.9	1.75	45.60	
	4	40	1.1	72.73	
	5	52	1.4	74.29	
	6	62	1.6	77.50	
200	1	36.302	1.732	41.92	45.88
	2	37.56	1.507	49.85	

续上表

冻融次数	试块编号	强度f_c(MPa)	峰值应变 $\varepsilon(10^{-3})$	初始弹性模量E (GPa)	E平均值 (GPa)
300	1	26.734	1.71	31.27	31.04
	2	29.73	2.09	28.45	
	3	31.9	1.91	33.40	
	4	27.329	2.03	26.93	

基于麦夸特法(LM)优化算法,运用式(3.24)的表达式 $\overline{E} = E_0(1-pN)^k$,取 E_0 为82.721GPa,对表3.5中的数据进行28次迭代计算,拟合得到 $p=0.001$, $k=2.682$,相关系数 R 为0.967。所以混凝土的弹性模量退化模型表达式为:

$$\overline{E} = E_0(1+0.001N)^{-3.892} \tag{3.32}$$

项目中混凝土的初始泊松比取为0.2,泊松比随着冻融循环作用次数的变化采用下式表示:

$$\bar{\nu} = \frac{1}{2} - \frac{1-2\times 0.2}{2}(1+0.001N) \tag{3.33}$$

3.7.3 混凝土冻融损伤 Ottosen 强度模型

1)模型参数确定

根据报告中已经计算得到的混凝土单轴抗压强度(52.863MPa)、单轴抗拉强度(5.292MPa),可得到模型中的参数非线性方程组为:

$$\left.\begin{aligned}
&\frac{a}{3} + \frac{k_1\cos\left(\frac{\pi}{3}-\frac{1}{3}\arccos k_2\right)}{\sqrt{3}} - b - 1 = 0,\text{单轴压},\theta = 60^\circ \\
&\frac{af_t^2}{3f_c^2} + \frac{k_1\cos\left(\frac{1}{3}\arccos k_2\right)f_t}{\sqrt{3}f_c} + \frac{bf_t}{f_c} - 1 = 0,\text{单轴拉},\theta = 0^\circ \\
&\frac{1.16^2\times a}{3} + \frac{k_1\cos\left(\frac{1}{3}\arccos k_2\right)\times 1.16}{\sqrt{3}} - b\times 2\times 1.16 - 1 = 0,\text{双轴等压},\theta = 0^\circ \\
&8a + 2\sqrt{2}\cos\left(\frac{\pi}{3}-\frac{1}{3}\arccos k_2\right) - 5\sqrt{3}b - 1 = 0,\text{三轴压},\theta = 60^\circ
\end{aligned}\right\} \tag{3.34}$$

求解此四元非线性方程组,得到方程中的四个参数为:

$$a=1.273\,5, k_1=11.725\,0, k_2=0.980\,1, b=3.192\,4$$

那么,由试验测试数据标定出的 Ottosen 强度模型为:

$$f(I_1, J_2, \cos3\theta) = 1.273\,5\frac{\beta^2 J_2}{f_c'^2} + \lambda\frac{\beta\sqrt{J_2}}{f'_c} + 3.192\,4\frac{\alpha I_1}{f'_c} - 1 = 0 \tag{3.35}$$

其中:

$$\left.\begin{aligned}\lambda &= \frac{1}{\rho} = 11.725\cos\left[\frac{1}{3}\arccos(0.98\cos3\theta)\right], \cos3\theta \geqslant 0\\ \lambda &= \frac{1}{\rho} = 11.725\cos\left[\frac{\pi}{3} - \frac{1}{3}\arccos(-0.98\cos3\theta)\right], \cos3\theta < 0\end{aligned}\right\} \tag{3.36}$$

由式(3.36)可得到:当 $\theta = 0°$ 时,$\lambda = 11.698\ 9$; $\theta = 60°$ 时,$\lambda = 6.527\ 0$ 。

2)拉压子午线确定

为了直观地表示冻融循环作用后混凝土破坏面的破坏情况,采用 Haigh-Westergard 坐标 (ρ,ξ,θ) 表示混凝土破坏状态的包络曲面,坐标量关系转换有:

$$\rho = 2\sqrt{J_2}, \xi = \frac{I_1}{3}, \cos(3\theta) = \frac{3\sqrt{3}J_3}{2J_2^{\frac{3}{2}}}$$

代入式(3.25)得到拉压子午线方程。

$\theta = 0°$ 时,$\lambda = 11.698\ 9$,拉子午线方程为:

$$1.273\ 5\frac{\beta^2}{2}\left(\frac{\rho}{f'_c}\right)^2 + 11.698\ 9\frac{\beta\rho}{\sqrt{2}f'_c} + 3.192\ 4\times\sqrt{3}\frac{\alpha\xi}{f'_c} - 1 = 0$$

$\theta = 60°$ 时,$\lambda = 6.527\ 0$,压子午线方程为:

$$1.273\ 5\frac{\beta^2}{2}\left(\frac{\rho}{f'_c}\right)^2 + 6.527\frac{\beta\rho}{\sqrt{2}f'_c} + 3.192\ 4\times\sqrt{3}\frac{\alpha\xi}{f'_c} - 1 = 0$$

混凝土的弹性模量退化模型表达式为:

$$\overline{E} = E_0(1 + 0.001N)^{-3.892} \tag{3.37}$$

项目中混凝土的初始泊松比取为0.2,泊松比随着冻融循环作用次数的变化采用下式表示:

$$\begin{aligned}\bar{\nu} &= \frac{1}{2} - \frac{1 - 2\times0.2}{2}(1 + 0.001N) = 0.2(1 + 0.001N)\\ &= 0.2 + 0.000\ 2N\end{aligned} \tag{3.38}$$

将式(3.37)和式(3.38)代入式(3.22)得到损伤演化方程为:

$$\left.\begin{aligned}D_1 &= \frac{(1 + 0.001N)^{-3.892}\times0.002N}{(1.2 + 0.000\ 2N)(0.6 - 0.000\ 4N)}\\ D_2 &= 1 - \frac{(1 + 0.001N)^{-3.892}\times1.2}{1.2 + 0.000\ 2N}\end{aligned}\right\} \tag{3.39}$$

由于

$$\alpha = \frac{1}{1 - 3D_1 - D_2}, \beta = \frac{1}{1 - D_2} \tag{3.40}$$

因此,可绘制得到不同冻融次数作用下的混凝土拉压子午线,见图3.33。

3)混凝土冻融损伤 Ottosen 强度准则

根据该小节的分析研究,课题组建立的混凝土冻融损伤 Ottosen 强度准则为:

$$f(I_1, J_2, \cos3\theta) = 1.273\ 5\frac{\beta^2J_2}{f'^2_c} + \lambda\frac{\beta\sqrt{J_2}}{f'_c} + 3.192\ 4\frac{\alpha I_1}{f'_c} - 1 = 0 \tag{3.41}$$

其中:

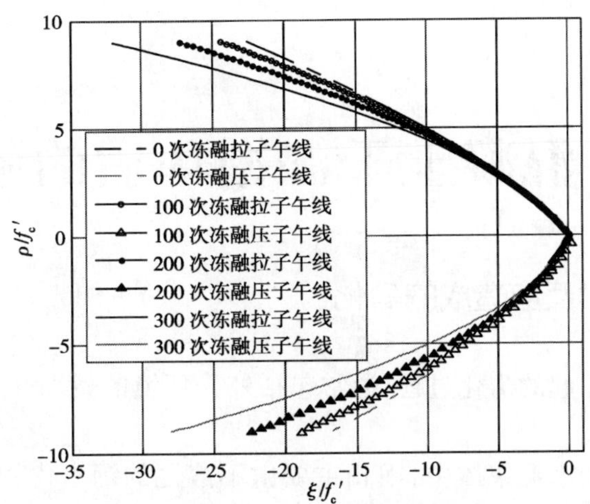

图 3.33　混凝土冻融损伤破坏面拉压子午线

$$
\begin{cases}
\lambda = \dfrac{1}{\rho} = 11.725\cos\left[\dfrac{1}{3}\arccos(0.98\cos3\theta)\right], \cos3\theta \geqslant 0 \\
\lambda = \dfrac{1}{\rho} = 11.725\cos\left[\dfrac{\pi}{3} - \dfrac{1}{3}\arccos(-0.98\cos3\theta)\right], \cos3\theta < 0
\end{cases}
$$

$$
\alpha = \frac{1}{1 - 3D_1 - D_2}, \beta = \frac{1}{1 - D_2}
$$

$$
D_1 = \frac{(1 + 0.001N)^{-3.892} \times 0.002N}{(1.2 + 0.0002N)(0.6 - 0.0004N)}
$$

$$
D_2 = 1 - \frac{(1 + 0.001N)^{-3.892} \times 1.2}{(1.2 + 0.0002N)}
$$

N 为冻融次数。

3.8　本章小结

本章主要研究了 0 次、50 次、100 次、200 次和 300 次室内冻融循环次数下的混凝土弹性模量和单轴拉、压强度的变化规律。基于单轴强度，引入经典的 K-P 准则和 Ottosen 准则，在经典强度准则的基础上进行修正，得到了考虑冻融循环次数的 K-P 准则和 Ottosen 准则，为后续的桥墩耐久性评估工作提供理论基础。

第 4 章　混凝土干湿循环后的破坏准则

4.1　混凝土由于化学反应造成的劣化

混凝土中化学反应引起的劣化过程，通常包括外界环境的侵蚀介质与水泥浆体组分之间的化学反应。

在水化良好的硅酸盐水泥浆体中，固相主要由不溶性的钙水化物（如 C-S-H 硅酸钙水化物、CH 氢氧化钙和 C-A-S-H 硫酸钙水化物）组成。与 pH 值较高的孔隙溶液呈稳定平衡状态。pH 值在 12.5 ~ 13.5 之间变化，这取决于 Na^+、K^+ 和 OH^+ 离子的浓度。很明显，与酸性环境相接触时，硅酸盐水泥混凝土将处于化学不平衡状态。

理论上，任何 pH 值小于 12.5 的环境都可归结为侵蚀性条件，因为孔隙溶液碱度的降低最终会导致胶凝性水化产物失去稳定性。对硅酸盐水泥混凝土来说，这意味着大部分工业水和天然水都具有侵蚀性。当混凝土渗透性小且侵蚀溶液的 pH 值大于 6 时，受化学侵蚀的速率较缓慢而不会出现严重问题。软水和污水中游离的 CO_2，地下水和海水中的酸性离子如 SO_4^{2-} 和 Cl^-，以及某些工业水中的 H^+ 经常会使 pH 值降至 6 以下，对硅酸性水泥混凝土产生破坏性。

在硬化混凝土中形成膨胀物的化学反应具有一定的危害性。起初，膨胀对混凝土并不产生损伤，仅仅增加内应力的积累；最后，结构的不同部位由于胀缝闭合、变形和位移，造成开裂、剥落和突然爆裂。

水硬性硅酸盐水泥浆体和外界的硫酸根离子之间的化学反应导致混凝土分解，已知两者有截然不同的两种形式。其中，一种劣化过程在一定条件下主要取决于接触水中的硫酸根离子的浓度和来源及混凝土中水泥浆体的成分。

硫酸盐侵蚀以混凝土的膨胀和开裂为表现。当混凝土开裂时，渗透性增大，侵蚀水很容易渗入内部，因此劣化过程加速。有时，混凝土膨胀会造成严重的结构问题。硫酸盐侵蚀还会由于劣化水泥水化产物的黏聚性丧失，而表现为强度逐渐降低和质量损伤。

水硬性硅酸盐水泥浆体中氢氧化钙和铝相容易受到硫酸盐离子侵蚀。在水化过程中，C_3A 含量在 5% 以上的硅酸盐水泥所含的大部分铝为单硫型水化物形式 $CA_3 \cdot C\bar{S} \cdot H_{18}$ 形式；C_3A 含量超过 8% 时，水化产物也含有 $C_3A \cdot CH \cdot H_{18}$。由于硅酸盐水泥中存在氢氧化钙，但水泥浆体与硫酸根离子接触时，两种含铝的水化物转变成高硫型，如下式表示：

$$C_3A \cdot CH \cdot H_{18} + 2CH + 3\bar{S} + 11H \rightarrow CA_3 \cdot 3C\bar{S} \cdot H_{32}$$

$$C_3A \cdot C\bar{S} \cdot H_{18} + 2CH + 2\bar{S} + 12H \rightarrow CA_3 \cdot 3C\bar{S} \cdot H_{32}$$

通常认为，混凝土中与硫酸盐相关的膨胀都和钙矾石有关；但是，形成钙矾石导致膨胀的机理仍然是一个有争议的问题。钙矾石结晶生长产生的压力和结晶不良的钙矾石在碱性环境下吸水膨胀，是大多数研究者支持的假说。

阳离子交换反应结果形成的石膏同样能够引起膨胀。但是也有观测表明：石膏形成使水硬性硅酸盐水泥浆体劣化，首先经历一个系统的 pH 值降低和刚度与强度损失的过程；继而产生膨胀与开裂，最后材料转变成糊状物或没有黏性的物质。

根据硫酸盐溶液中阳离子的种类即 Na^{+} 和 Mg^{2+}，硅酸盐水泥浆体重氢氧化钙和 C-S-H 会由于硫酸盐侵蚀转化成石膏。

$$Na_2SO_4 + Ca(OH)_2 + 2H_2O \rightarrow CaSO_4 \cdot 2H_2O + 2NaOH$$

$$Mg_2SO_4 + Ca(OH)_2 + 2H_2O \rightarrow CaSO_4 \cdot 2H_2O + Mg(OH)_2$$

$$3Mg_2SO_4 + 3CaO \cdot 2SiO_2 \cdot 3H_2O + 8H_2O \rightarrow 3(CaSO_4 \cdot 2H_2O) + 3Mg(OH)_2 + 2SiO_2 \cdot H_2O$$

在硫酸盐侵蚀情况下，氢氧化钙作为反应的副产品形成，确保了系统高碱度的连续性，这对主要水泥胶凝产物（C-S-H）的稳定至关重要；另一方面，在硫酸镁侵蚀情况下，氢氧化钙转化成石膏的同时，也生成氢氧化镁，它不溶并且会降低系统的碱度。溶液中没有 OH^{-} 离子时，C-S-H 不再稳定且会受到硫酸盐溶液侵蚀。因此，硫酸镁对混凝土的侵蚀更为严重。

4.2　试验现象

随着海水侵蚀循环次数的增加，混凝土试件表层水泥浆逐渐剥落，呈现麻状或蜂窝状，内部孔隙率增大，混凝土强度不断降低，如图 4.1 所示。原因是混凝土系由砂、石作集料，经水泥浆黏结而成的一种多孔建筑材料。水泥浆固化后形成的水泥石，一方面将与沿混凝土中毛细管而渗入的海水起化学作用，破坏水泥面结构，使混凝土的强度减弱；另一方面海水对水泥石中碱和盐的溶解度比淡水大，使混凝土孔隙率增加。

图 4.1　遭受海水侵蚀循环作用后的混凝土试件

通过试验结果可以看出，10 次循环后混凝土的抗压强度较 0 次大，而抗拉强度则不然。分析认为，侵蚀循环的初期，侵蚀液中的钠离子、氯离子、镁离子及硫酸根离子进入混凝土内部，硫酸根离子、镁离子分别与氢氧化钙和水化铝酸钙发生化学反应，在水泥石毛细孔内生成一些不溶性物体，使混凝土逐渐变得密实，导致混凝土试件的抗压强度有所提高。而影响混凝土劈裂抗拉强度的主要因素是水胶比，当集料性能一定时，混凝土抗拉强度随着胶凝体和集料之间黏结强度的提高而提高。混凝土在侵蚀循环的作用下，其胶凝体和集料之间黏结强度是降低的，而因侵蚀作用使混凝土变得密实对提高其抗拉强度并没有多少意义。腐蚀后的混凝土表面见图4.2。

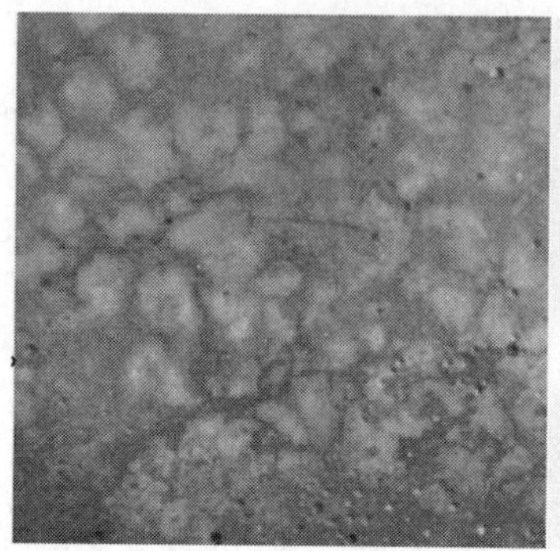

图4.2 腐蚀后的混凝土表面

4.3 海水侵蚀后混凝土单轴压损伤模型

由式(3.5)可以看出，如果要推导混凝土在干湿循环作用下单轴应力应变关系表达式，可以先建立混凝土在不同干湿循化作用次数下的σ_{gk}、ε_{gk}随干湿循环作用次数N变化的表达式。

对海水侵蚀后的混凝土在单轴作用的混凝土试块进行了大量的全应力、应变关系测试，选取曲线的关键点数值汇总得到表4.1。

混凝土应力、应变关系特征值分析　　表4.1

干湿循环次数	试块编号	强度σ_{pk}(MPa)	峰值应变ε_{pk}(10^{-3})
0	1	60.220 65	1.244
0	2	53.949	1.154
0	3	44.427	1.136
10	1	50.012	1.307
10	2	60.724	1.313
20	1	51.499	1.337
20	2	57.154	1.359
20	3	54.269	0.936
30	1	49.898	1.215
30	2	45.457	2.981
30	3	50.653	1.791
40	1	46.329	1.721
40	2	51.293	2.864
50	1	37.595	2.194
50	2	40.811	3.352
60	1	42.667	0.838
60	2	34.035	2.577
60	3	41.52	2.256

对表 4.1 中的数据进行拟合得到图 4.3 和图 4.4。

由图 4.3 和图 4.4 可以得到：

$$\left.\begin{aligned}\sigma_{pk} &= 1.074\sigma_0 e^{-0.0058N} \\ \varepsilon_{pk} &= 1.01\varepsilon_0 e^{0.0103N}\end{aligned}\right\} \tag{4.1}$$

式中：σ_0 、ε_0 ——分别为未侵蚀混凝土的峰值应力和峰值应变。

由此结合式(3.5)得到混凝土干湿循环后的形状参数 m 的表达式为：

$$m = 1/\ln\left(0.94\frac{E\varepsilon_0 e^{0.0103N}}{\sigma_0 e^{-0.0058N}}\right) \tag{4.2}$$

式中，近似取 $\frac{E}{2} = \frac{\sigma_0}{\varepsilon_0}$，则得到 $m = 1/(ln1.88 + 0.0161N)$。

则混凝土干湿循环次数 N 后的单轴全应力、应变表达式为：

$$\sigma = E\left\{\exp\left[-\frac{1}{1/(\ln 1.88 + 0.0161N)}\left(\frac{\varepsilon}{1.01\varepsilon_0 e^{0.0103N}}\right)^{1/(\ln 1.88 + 0.0161N)}\right]\right\}\varepsilon \tag{4.3}$$

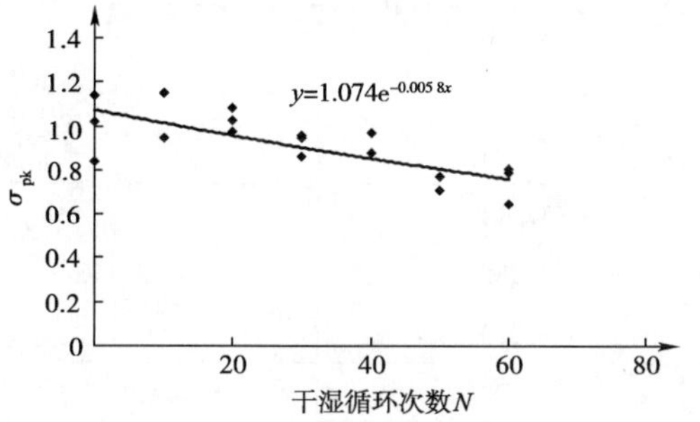

图 4.3　峰值应力拟合曲线

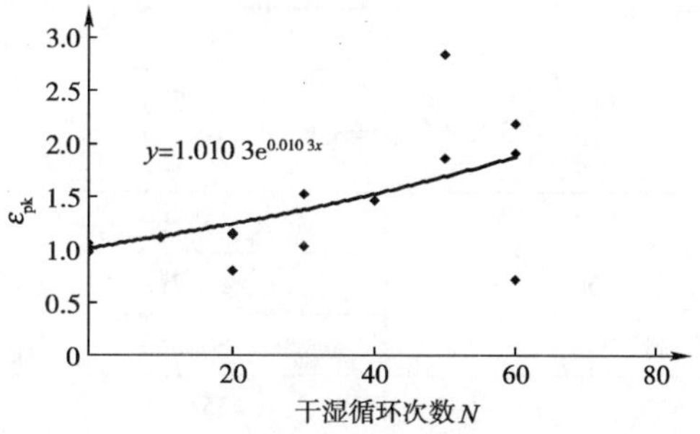

图 4.4　峰值应变拟合曲线

对 C35 混凝土，可得到不同干湿循环次数 N 后的引气混凝土应力应变曲线（图 4.5）。

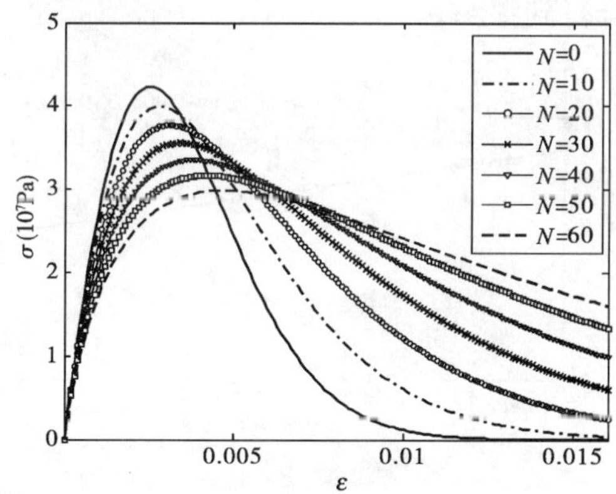

图 4.5　不同干湿循环次数后的混凝土单轴压应力—应变曲线

4.4　海水侵蚀后混凝土单轴抗拉损伤模型

统计混凝土应力应变曲线的特征点，得到表 4.2。

混凝土试块干湿循环后的劈裂抗拉强度统计值 表 4.2

干湿循环次数 N	劈裂抗拉破坏荷载(kN)	劈裂抗拉强度(MPa)	均值(MPa)
0	84.231	5.366	5.424
	93.387	5.949	
	77.822	4.957	
10	80.119	5.104	4.505
	60.884	3.878	
	71.184	4.534	
20	68.667	4.374	4.214
	63.631	4.053	
30	86.749	5.526	4.130
	51.45	3.277	
	56.306	3.587	
40	54.475	3.470	2.892
	53.559	3.412	
	28.153	1.793	
50	55.162	3.514	3.173
	43.718	2.785	
	50.552	3.220	
60	55.391	3.528	3.028
	58.366	3.718	
	28.839	1.837	

对表 4.2 进行数据拟合得到图 4.6。

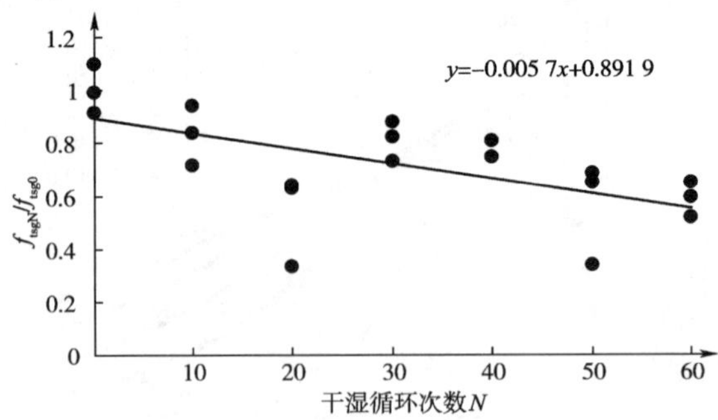

图 4.6 混凝土劈裂抗拉强度数据拟合

由此可以得到混凝土劈裂抗拉强度随干湿循环次数变化的数学模型表达式为:

$$f_{tsgN} = f_{tsg0}(-0.0057N + 0.8919) \tag{4.4}$$

式中:f_{tsgN} ——干湿循环 N 次后的混凝土劈裂抗拉强度;

f_{tsg0} ——未侵蚀的混凝土劈裂抗拉强度。

根据叶见曙教授编著的《结构设计原理》(第二版)建议:混凝土劈裂试验得到的混凝土劈

裂抗拉强度值换算成轴心抗拉设计强度时,应乘以换算系数0.9。

所以,建立的混凝土抗拉强度随干湿循环次数 N 变化的数学模型表达式为:

$$f_{tg} = 0.9f_{tsg0}(-0.0057N + 0.8919)$$

4.5 海水侵蚀后的混凝土双轴破坏准则

分别将循环试件全部浸泡在人工海水溶液中16h,然后拿出置于80℃条件下烘8h为一个循环,对试件分别进行10次、20次、30次、40次、50次及60次侵蚀循环。在此期间每间隔10次分别测定试件的抗压强度和抗拉强度。观察试件的破坏形态和表面裂缝特征,根据试验结果分析极限抗压、抗拉强度随冻融循环次数和应力比的变化规律。在主应力空间,建立不同冻融循环次数后考虑应力比影响的双轴破坏准则。以上研究为海工结构混凝土处于双轴荷载作用下的强度分析提供试验参考。

4.5.1 双轴压试验结果及分析

对不同干湿循环次数作用后的混凝土试件进行力学性能测试,测试结果见表4.3。

不同干湿循环次数作用下混凝土双轴压极限强度值(单位:MPa) 表4.3

侧压	干湿循环次数 N						
	0	10	20	30	40	50	60
0	60.221	50.012	51.499	49.898	46.329	37.595	42.667
	53.949	60.724	57.154	45.457	51.293	40.811	34.035
	44.427		54.269	50.653			41.52
10.8	66.546	66.515	55.689	52.644	68.232	51.844	58.664
	59.964	60.392	37.286	52.781	39.804	65.119	60.358
	63.634	71.711	42.161	56.284	67.659	50.813	54.819
14.4	64	59.671	27.581	66.355	71.39	76.083	64.776
	60	51.157	54.979	65.119	72.283	55.437	54.155
	65	65.943	67.202	66.012	71.024	66.378	61.139
18.8	74.5	98.843	58.573	67.11	65.416	60.335	73.702
	55.672	124.48	68.987	62.096	51.889	67.133	62.899
	68.71	99.251	74.48		53.427	43.603	63.15

4.5.2 同时考虑应力比及干湿循环次数影响的双轴压破坏准则

为了便于实际工程应用,建立了同时考虑应力比和冻融循环次数影响的破坏准则,参考Kufer-Gerstle准则,建立以下的多元非线性表达式。

双压区域(σ_1 = 压应力,σ_2 = 压应力,$0 \leqslant \alpha = \dfrac{\sigma_1}{\sigma_2} \leqslant 1$):

$$\sigma_{2c} = (a_1 \cdot N^2 + a_2 \cdot N + 1)\frac{1 + 3.65\alpha}{(1 + \alpha)^2}f_c \tag{4.5}$$

基于麦夸特法(LM)优化算法,运用式(4.5),对原始数据进行迭代计算,拟合得到 $a_1 = -1.0535\times10^{-5}$,$a_2=-0.001$。

双压区域(σ_1 = 压应力,σ_2 = 压应力,$0\leqslant\alpha=\dfrac{\sigma_1}{\sigma_2}\leqslant1$),同时考虑应力比和干湿循环次数的混凝土强度表达式为:

$$\sigma_{2c}=(-1.0535\times10^{-5}\cdot N^2-0.001N+1)\frac{1+3.65\alpha}{(1+\alpha)^2}f_c \tag{4.6}$$

4.5.3 拉压区强度准则

参考 Kufer-Gerstle 强度准则,拉—压区域(σ_1 = 拉应力,σ_2 = 压应力,$\alpha=\dfrac{\sigma_1}{\sigma_2}\leqslant0$):

$$\sigma_{1t}=\left(1-0.8\frac{\sigma_2}{f_c}\right)f_t$$

$$\sigma_{1t}=\alpha\sigma_{2c}$$

建立混凝土抗压强度随干湿循环次数变化的数学模型,表达式为:

$$f_c=1.074f_0\mathrm{e}^{-0.0058N} \tag{4.7}$$

混凝土抗拉强度随干湿循环次数 N 变化的数学模型表达式为:

$$f_{tg}=0.9f_{tsg0}(0.0001N^2-0.0012N+0.9453) \tag{4.8}$$

则拉—压区强度准则表达式如下:

$$\sigma_{1t}=0.9f_{tsg0}(0.0001N^2-0.0012N+0.9453)\left(1-0.8\frac{\sigma_2}{1.074f_0\mathrm{e}^{-0.0058N}}\right) \tag{4.9}$$

$$\sigma_{1t}=\alpha\sigma_{2c}$$

4.5.4 混凝土干湿损伤双轴强度准则

根据已经提出的各个区段的考虑干湿循环次数的表达式,汇总损伤混凝土双轴强度准则。

双拉区域(σ_1 = 拉应力,σ_2 = 拉应力,$1\leqslant\alpha=\dfrac{\sigma_1}{\sigma_2}\leqslant\infty$):

$$\sigma_{1t}=\sigma_{2t}=0.9f_{tsg0}(0.0001N^2-0.0012N+0.9453)$$

拉—压区域(σ_1 = 拉应力,σ_2 = 压应力,$\alpha=\dfrac{\sigma_1}{\sigma_2}\leqslant0$):

$$\sigma_{1t}=0.9f_{tsg0}(0.0001N^2-0.0012N+0.9453)\left(1-0.8\frac{\sigma_2}{1.074f_0\mathrm{e}^{-0.0058N}}\right)$$

$$\sigma_{1t}=\alpha\sigma_{2c}$$

双压区域(σ_1 = 压应力,σ_2 = 压应力,$0\leqslant\alpha=\dfrac{\sigma_1}{\sigma_2}\leqslant1$):

$$\sigma_{2c}=(-1.0535\times10^{-5}\cdot N^2-0.001\times N+1)\frac{1+3.65\alpha}{(1+\alpha)^2}f_c$$

$$\sigma_{1c}=\alpha\sigma_{2c}$$

式中：f_{tsg0}——未受侵蚀的混凝土劈拉强度；

f_0——未受侵蚀蚀的混凝土抗压强度。

4.6 混凝土三轴干湿损伤 Ottosen 强度模型

4.6.1 混凝土弹性模量计算

通过计算分析得到干湿循环后的混凝土的初始弹性模量的数值如表 4.4 所示。

混凝土弹性模量计算　　表 4.4

干湿循环次数	试块编号	强度 σ_{pk} (MPa)	峰值应变 ε_{pk} (10^{-3})	初始弹性模量 E (GPa)
0	1	60.221	1.244	96.818
0	2	53.949	1.154	93.499
0	3	44.427	1.136	78.217
10	1	50.012	1.307	76.529
10	2	60.724	1.313	92.497
20	1	51.499	1.337	77.037
20	2	57.154	1.359	84.112
20	3	54.269	0.936	115.959
30	1	49.898	1.215	82.137
30	2	45.457	2.981	30.498
30	3	50.653	1.791	56.564
40	1	46.329	1.721	53.840
40	2	51.293	2.864	35.819
50	1	37.595	2.194	34.271
50	2	40.811	3.352	24.350
60	1	42.667	1.838	46.428
60	2	34.035	2.577	26.414
60	3	41.520	2.256	36.809

基于麦夸特法（LM）优化算法，运用式（3.24）的表达式 $\overline{E} = E_0(1 - pN)^k$，取 E_0 为 82.721GPa，对表 4.4 中的数据进行 28 次迭代计算，拟合得到 $p = 0.0126$，$k = 0.798$，相关系数 R 为 0.919。

所以混凝土的弹性模量退化模型表达式为：

$$\overline{E} = E_0(1 - 0.0126N)^{0.798} \tag{4.10}$$

项目中混凝土的初始泊松比取为 0.2，泊松比随着冻融循环作用次数的变化采用下式表示：

$$\bar{\nu} = \frac{1}{2} - \frac{1 - 2 \times 0.2}{2}(1 + 0.001N) \tag{4.11}$$

4.6.2 模型参数确定

根据已经计算得到的混凝土单轴抗压强度(52.863MPa)、单轴抗拉强度(5.292MPa),由试验测试数据标定出的 Ottosen 强度模型为:

$$f(I_1, J_2, \cos(3\theta)) = 1.2735\frac{\beta^2 J_2}{f'^2_c} + \lambda\frac{\beta\sqrt{J_2}}{f'_c} + 3.1924\frac{\alpha I_1}{f'_c} - 1 = 0 \tag{4.12}$$

其中:

$$\left.\begin{aligned} \lambda &= \frac{1}{\rho} = 11.725\cos\left[\frac{1}{3}\arccos(0.98\cos3\theta)\right], \cos3\theta \geqslant 0 \\ \lambda &= \frac{1}{\rho} = 11.725\cos\left[\frac{\pi}{3} - \frac{1}{3}\arccos(-0.98\cos3\theta)\right], \cos3\theta < 0 \end{aligned}\right\} \tag{4.13}$$

可得到,当 $\theta = 0°$ 时,$\lambda = 11.6989$;$\theta = 60°$ 时,$\lambda = 6.5270$。

4.6.3 拉压子午线确定

为了直观地表示干湿循环作用后混凝土破坏面的破坏情况,采用 Haigh-Westergard 坐标 (ρ, ξ, θ) 表示混凝土破坏状态的包络曲面,坐标量关系转换有:

$$\rho = 2\sqrt{J_2}, \xi = \frac{I_1}{3}, \cos(3\theta) = \frac{3\sqrt{3}J_3}{2J_2^{\frac{3}{2}}}$$

代入式(4.12)得到拉压子午线方程。

$\theta = 0°$ 时,$\lambda = 11.6989$,拉子午线方程为:

$$1.2735\frac{\beta^2}{2}\left(\frac{\rho}{f'_c}\right)^2 + 11.6989\frac{\beta\rho}{\sqrt{2}f'_c} + 3.1924\times\sqrt{3}\frac{\alpha\xi}{f'_c} - 1 = 0$$

$\theta = 60°$ 时,$\lambda = 6.5270$,压子午线方程为:

$$1.2735\frac{\beta^2}{2}\left(\frac{\rho}{f'_c}\right)^2 + 6.527\frac{\beta\rho}{\sqrt{2}f'_c} + 3.1924\times\sqrt{3}\frac{\alpha\xi}{f'_c} - 1 = 0$$

混凝土的弹性模量退化模型表达式为:

$$\overline{E} = E_0(1 - 0.0126N)^{0.798} \tag{4.14}$$

项目中混凝土的初始泊松比取为 0.2,泊松比随着冻融循环作用次数的变化采用下式表示:

$$\bar{\nu} = \frac{1}{2} - \frac{1 - 2\times0.2}{2}(1 + 0.001N) = 0.2(1 + 0.001N) = 0.2 + 0.0002N \tag{4.15}$$

将式(4.14)和式(4.15)代入式(3.22)得到损伤演化方程为:

$$\left.\begin{aligned} D_1 &= \frac{(1 - 0.0126N)^{0.798}\times0.002N}{(1.2 + 0.0002N)(0.6 - 0.0004N)} \\ D_2 &= 1 - \frac{(1 - 0.0126N)^{0.798}\times1.2}{(1.2 + 0.0002N)} \end{aligned}\right\} \tag{4.16}$$

由于

$$\alpha = \frac{1}{1 - 3D_1 - D_2}, \beta = \frac{1}{1 - D_2} \tag{4.17}$$

因此可绘制得到不同干湿循环次数作用下的混凝土拉压子午线，见图4.7。

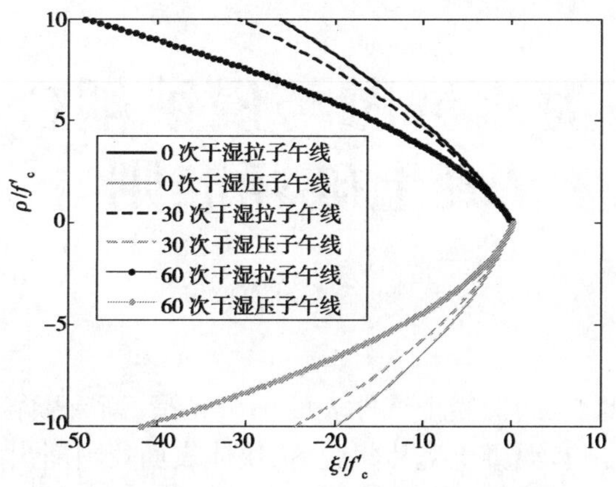

图4.7　混凝土干湿循环损伤破坏面拉压子午线

4.7　本章小结

本章主要研究了不同干湿循环次数下的混凝土弹性模量和单轴拉、压强度的变化规律。基于单轴强度，引入经典的K-P准则和Ottosen准则，经典强度准则的基础上进行修正，得到了考虑干湿循环次数的K-P准则和Ottosen准则，为后续的桥墩耐久性评估工作提供理论基础。

第5章　海水冻融与侵蚀耦合作用下的混凝土破坏准则

5.1　试验现象

随着冻融循环次数的增加,混凝土试件表面不再光滑,渐有颗粒脱落,边、角处脱落较快;循环次数到达100次时,渐有混凝土呈片状脱落,块体表面集料露出。冻融后试块随着侵蚀循环次数的增加,混凝土试件表面集料露出程度进一步加深,出现圆孔状腐蚀通道,侵蚀液中溶解了大量的水泥灰,表面集料较易脱落。分析认为,由于集料与水泥砂浆的物理性质不协调,在低温和温差循环作用下,使混凝土中产生膨胀性裂纹,导致表面水泥脱落。冻融循环后的混凝土在人工海水中,由于膨胀性裂纹的存在,人工海水中腐蚀性离子沿裂纹进入引起$Ca(OH)_2$滤出和在表面形成圆孔状腐蚀通道。

5.2　试件破坏形态

5.2.1　抗压破坏形态

对于表面剥蚀较为明显的混凝土试件,试验中可见裂缝首先出现在角端或表面剥蚀最严重的部位,裂缝不连续,多围绕粗集料延伸;之后在试件中部相继出现纵向短裂缝,进而延伸、扩展和相连,形成宏观斜裂缝,并贯穿全截面。某些混凝土试块因受压面的摩擦效应会产生明显的四角锥破坏形态,见图5.1。

图5.1　海水冻融与侵蚀后混凝土试快单轴受压破坏

5.2.2　劈拉破坏形态

受拉试件的断裂面凹凸不平,但轮廓清楚。断面上大部分面积是粗集料和水泥砂浆拉脱的界面,其余集料间的水泥砂浆被拉断,极少有粗集料被拉断,见图5.2。

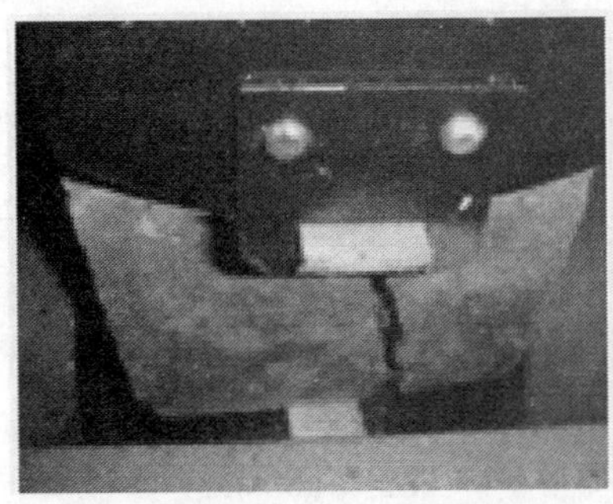

图5.2　海水冻融与侵蚀后混凝土试快单轴劈拉破坏

仔细观察试件破坏的表面，可以发现混凝土试块因冻融与侵蚀作用，由于氯离子和硫酸根离子等腐蚀性物质进入混凝土内部而产生的石膏和钙矾石等削弱混凝土强度的物质，见图5.3。

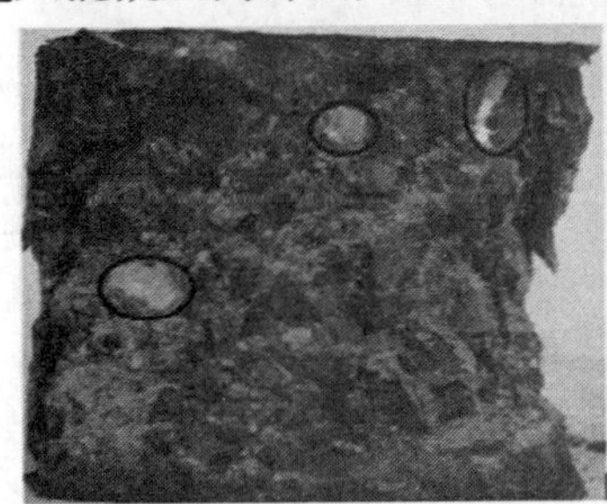
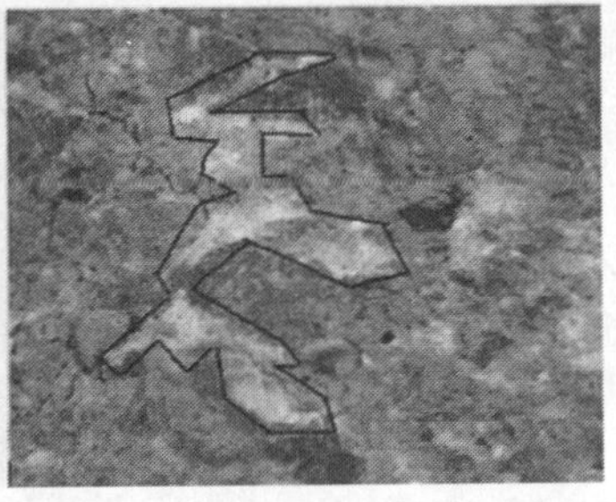

图5.3　海水侵蚀作用在混凝土内部生成的填充物

5.3　海水冻融与侵蚀耦合作用下的混凝土抗压强度退化模型

图5.4为海水冻融与侵蚀耦合作用下混凝土单轴压应力—压应变的测试结果。

表5.1为混凝土试块在不同循环次数后的抗压强度试验值。

混凝土在不同循环次数后的抗压强度试验值　　表5.1

循环次数	试块1抗压强度(MPa)	试块2抗压强度(MPa)	试块3抗压强度(MPa)
普通试块	55.44	48.73	56.48
100次冻融	47.53	45.28	40.52
冻融100+侵蚀10	48.37	45.65	40.67
冻融100+侵蚀20	43.24	37.75	39.26
冻融100+侵蚀30	38.24	33.75	36.26
冻融100+侵蚀40	34.24	32.75	30.26
冻融100+侵蚀50	30.24	27.75	31.26
冻融100+侵蚀60	28.24	26.75	22.26

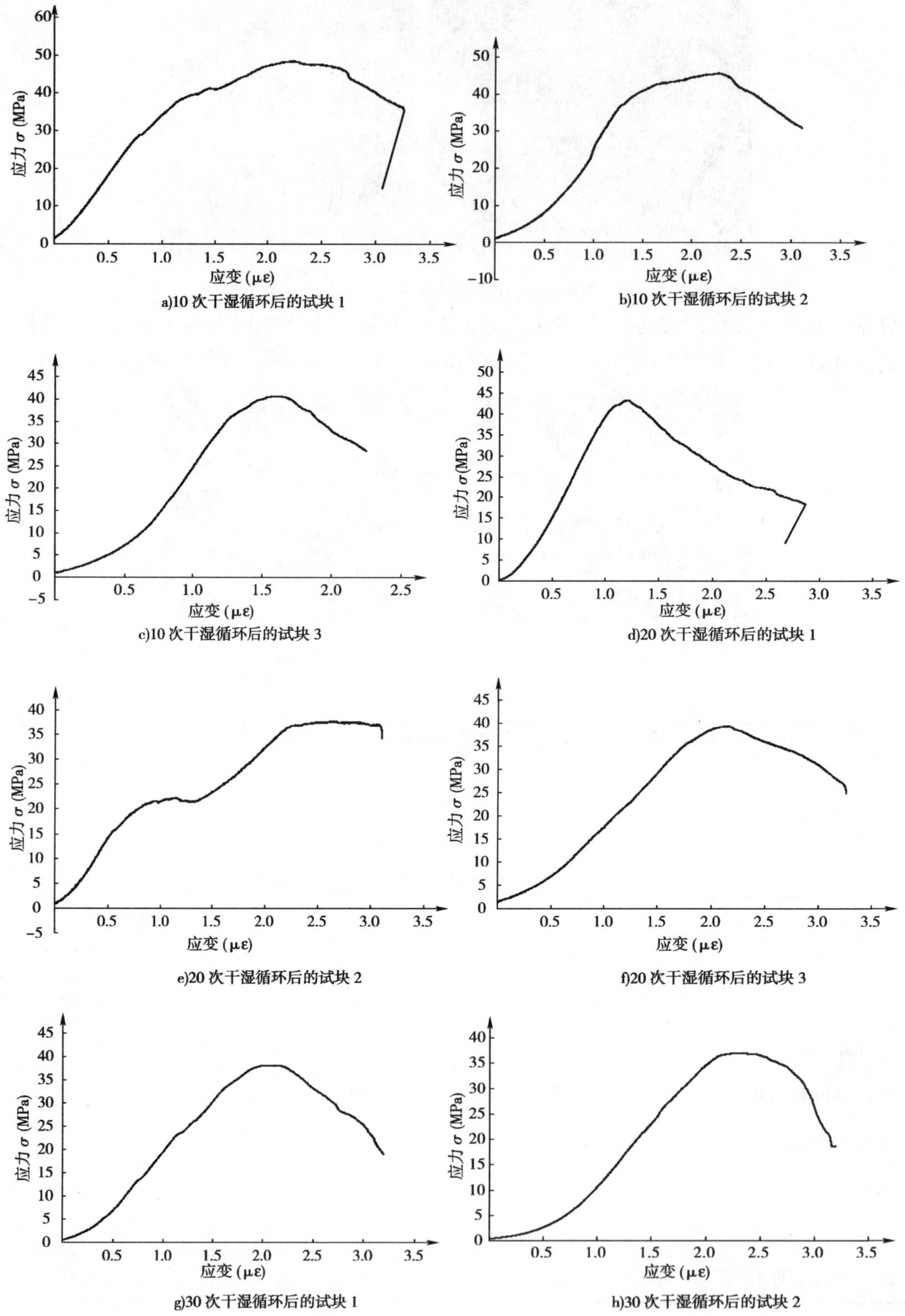
应力 σ (MPa)
应变 (με)
a)10 次干湿循环后的试块 1
b)10 次干湿循环后的试块 2
c)10 次干湿循环后的试块 3
d)20 次干湿循环后的试块 1
e)20 次干湿循环后的试块 2
f)20 次干湿循环后的试块 3
g)30 次干湿循环后的试块 1
h)30 次干湿循环后的试块 2

图 5.4

应力 σ (MPa)
应变 (με)
i)40 次干湿循环后的试块 1
j)40 次干湿循环后的试块 2
k)40 次干湿循环后的试块 3
l)50 次干湿循环后的试块 1
m)50 次干湿循环后的试块 2
n)50 次干湿循环后的试块 3
o)60 次干湿循环后的试块 1
p)60 次干湿循环后的试块 2

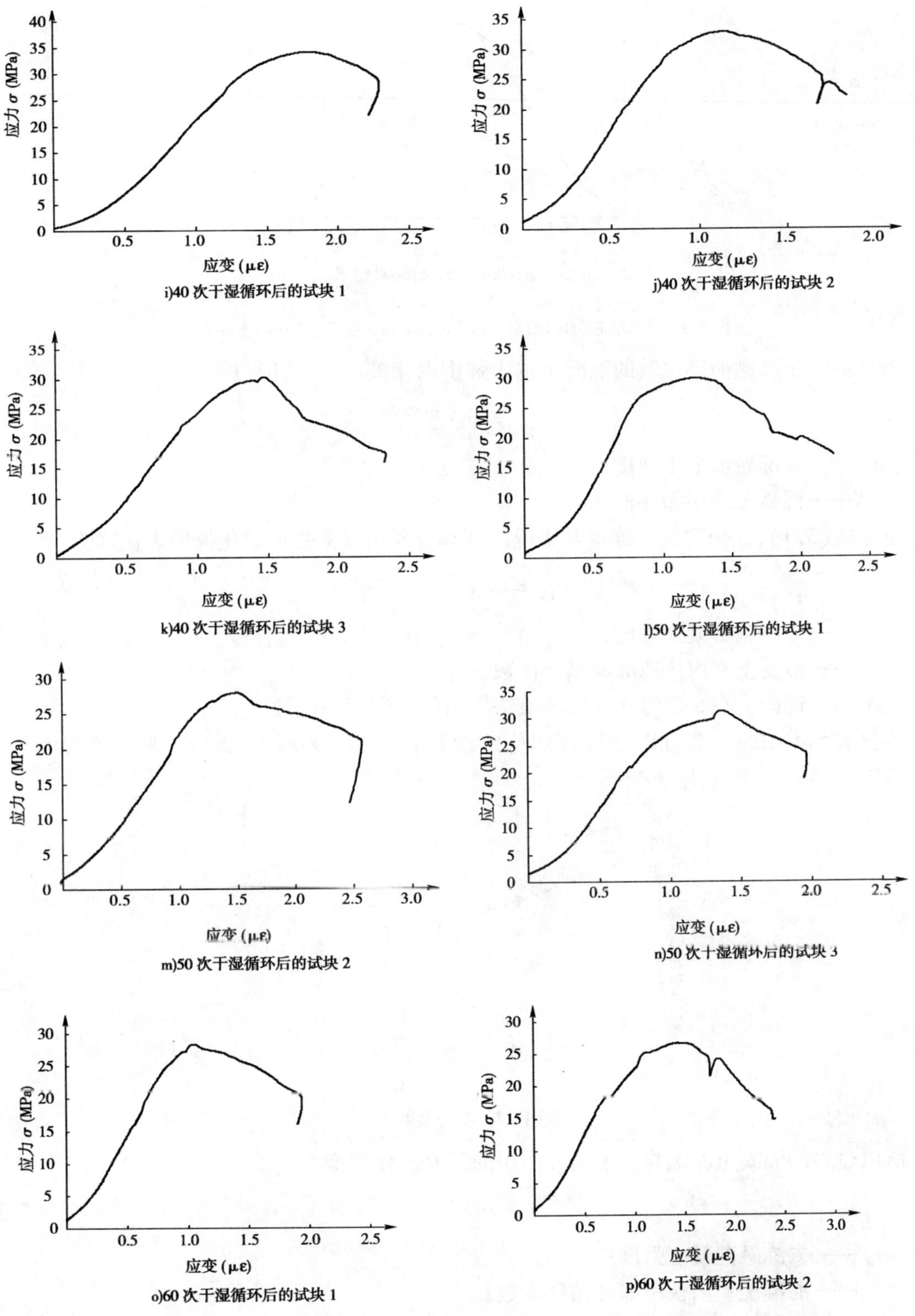

图　5.4

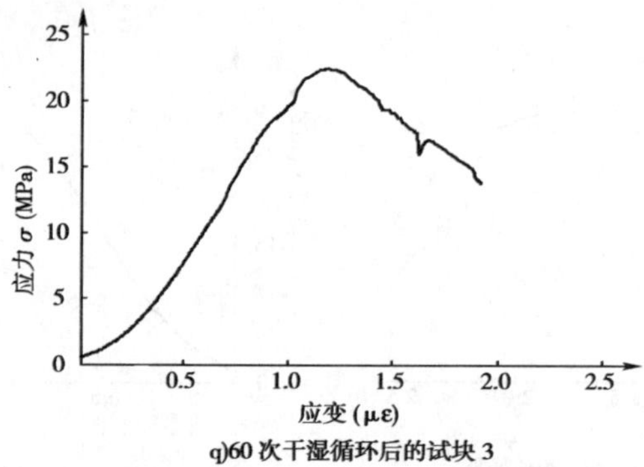

q)60 次干湿循环后的试块 3

图 5.4 海水冻融与侵蚀耦合作用下混凝土单轴压应力—应变曲线

考虑混凝土冻融循环次数的混凝土抗压强度退化模型，见式(5.1)。

$$\sigma_{pk} = \sigma_0 e^{-0.002N} \tag{5.1}$$

式中：σ_0 ——未冻融混凝土强度；

N——混凝土冻融循环次数。

基于式(5.1)，提出混凝土冻融与干湿循环耦合作用下的强度退化模型表达式为：

$$\sigma_{pk} = \sigma_0 e^{-0.002N_1 + pN_2} \tag{5.2}$$

式中：σ_0 ——未冻融混凝土强度；

N_1——混凝土室内快速冻融循环次数；

N_2——混凝土在 5 倍海水腐蚀溶液浓度下的干湿循环次数。

根据表 5.1 中的数据可以计算得到待定参数 $p = -0.007$。计算数值和拟合结果见图 5.5。

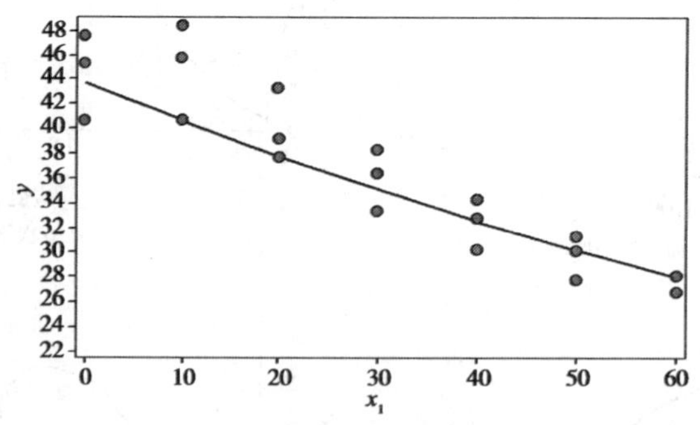

图 5.5 拟合结果

所以建立的混凝土冻融与侵蚀耦合作用的强度退化模型为：

$$\sigma_{pk} = \sigma_0 e^{-0.002N_1 - 0.007N_2} \tag{5.3}$$

式中：σ_0 ——未冻融混凝土强度；

N_1——混凝土室内快速冻融循环次数；

N_2——混凝土在 5 倍海水溶液浓度下的干湿循环次数。

5.4　海水冻融与侵蚀耦合作用下的混凝土抗拉强度退化模型

表5.2为冻融后的混凝土试块在不同干湿循环次数后的劈裂抗拉强度试验值。

混凝土在不同干湿循环次数后的劈裂抗拉强度试验值　　表5.2

循环次数	试块1抗拉强度(MPa)	试块2抗拉强度(MPa)	试块3抗拉强度(MPa)
普通试块	5.76	4.96	5.37
100次冻融	5.54	5.13	4.87
冻融100+侵蚀10	5.10	4.38	4.53
冻融100+侵蚀20	4.51	3.95	4.77
冻融100+侵蚀30	4.08	4.40	3.86
冻融100+侵蚀40	3.48	3.43	3.79
冻融100+侵蚀50	2.97	3.56	3.18
冻融100+侵蚀60	2.53	3.18	2.27

混凝土劈拉强度随冻融次数变化的数学模型表达式为：

$$f_{tsN} = f_{ts0}(-0.0011N + 0.9448) \tag{5.4}$$

式中：f_{tsN}——冻融循环N次后的混凝土劈拉强度；

f_{ts0}——未冻融的混凝土劈拉强度。

假定海水冻融与侵蚀耦合作用下混凝土的劈拉强度数学模型表达式为：

$$f_{tsN} = f_{ts0}(-0.0011N_1 + 0.9448)(A \times N_2 + 1) \tag{5.5}$$

式中：f_{tsN}——室内快速冻融循环N_1次后的混凝土劈拉强度；

N_2——混凝土在5倍海水浓度下的干湿循环次数；

f_{ts0}——未冻融与侵蚀的混凝土劈拉强度。

基于表5.2的试验结果，对数据进行拟合分析，得到计算参数$A = -0.0053$，拟合结果见图5.6。

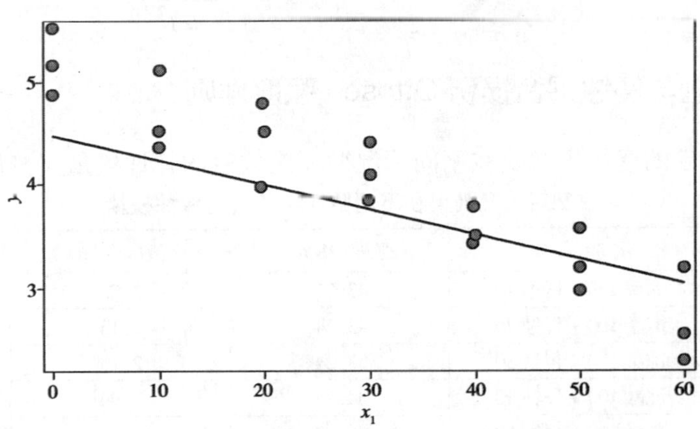

图5.6　拟合结果

根据叶见曙教授编著的《结构设计原理》(第二版)建议:混凝土劈裂试验得到的混凝土劈裂抗拉强度值换算成轴心抗拉设计强度时,应乘以换算系数0.9。

所以建立的混凝土冻融与侵蚀耦合作用的抗拉强度退化模型为:

$$f_{tsN} = 0.9f_{ts0}(-0.0011N_1 + 0.9448)(-0.0053N_2 + 1) \tag{5.6}$$

式中:f_{tsN} ——室内快速冻融循环 N_1 次后的混凝土劈拉强度;

N_2——混凝土在5倍海水浓度下的干湿循环次数;

f_{ts0} ——未冻融的混凝土劈拉强度。

5.5 混凝土冻融与侵蚀耦合损伤双轴强度准则

根据报告中已经提出的各个区段考虑冻融循环次数的表达式,分别在各个应力区中添加已有的干湿循环影响系数,可得到以下双轴混凝土冻融与侵蚀耦合损伤强度准则。

双拉区域(σ_1 = 拉应力,σ_2 = 拉应力,$1 \leqslant \alpha = \dfrac{\sigma_1}{\sigma_2} \leqslant \infty$):

$$\sigma_{1t} = \sigma_{2t} = 0.9f_{ts0}(-0.0011N_1 + 0.9448)(-0.0053N_2 + 1)$$

式中:f_{ts0} ——未冻融的混凝土劈拉强度;

N_1——室内快速冻融循环次数;

N_2——混凝土在5倍海水浓度下的干湿循环次数。

拉—压区域(σ_1 = 拉应力,σ_2 = 压应力,$\alpha = \dfrac{\sigma_1}{\sigma_2} \leqslant 0$):

$$\sigma_{1t} = 0.9f_{ts0}(-0.0011N_1 + 0.9448)(-0.0053N_2 + 1)\left(1 - 0.8\frac{\sigma_2}{f_0 e^{-0.002N_1 - 0.007N_2}}\right)$$

$$\sigma_{1t} = \alpha\sigma_{2c}$$

式中:f_0 ——未冻融与侵蚀的混凝土抗压强度。

双压区域(σ_1 = 压应力,σ_2 = 压应力,$0 \leqslant \alpha = \dfrac{\sigma_1}{\sigma_2} \leqslant 1$):

$$\sigma_{2c} = (e^{-0.002N_1 - 0.007N_2}) \times \frac{1 + 3.65\alpha}{(1 + \alpha)^2} f_c$$

5.6 混凝土冻融与侵蚀耦合损伤 Ottosen 强度准则

表5.3为冻融后的混凝土试块在不同干湿循环次数后的弹性模量实测值。

冻融后的混凝土在不同循环次数后的弹性模量　　表5.3

试块编号	试验方案	强度(MPa)	峰值应变(με)	弹性模量(GPa)
试块1	冻融100+侵蚀10	48.37	2.23	43.38
	冻融100+侵蚀20	43.24	1.13	76.53
	冻融100+侵蚀30	38.24	2.13	35.91
	冻融100+侵蚀40	34.24	1.94	35.30
	冻融100+侵蚀50	30.24	1.48	40.86
	冻融100+侵蚀60	28.24	1.12	50.43

续上表

试块编号	试验方案	强度(MPa)	峰值应变(με)	弹性模量(GPa)
试块2	冻融100+侵蚀10	45.65	2.42	37.73
	冻融100+侵蚀20	37.75	2.56	29.49
	冻融100+侵蚀30	33.75	2.36	28.60
	冻融100+侵蚀40	32.75	1.37	47.81
	冻融100+侵蚀50	27.75	1.59	34.91
	冻融100+侵蚀60	26.75	1.53	34.97
试块3	冻融100+侵蚀10	40.67	1.97	41.29
	冻融100+侵蚀20	39.26	2.18	36.02
	冻融100+侵蚀30	36.26	2.23	32.52
	冻融100+侵蚀40	30.26	1.55	39.05
	冻融100+侵蚀50	31.26	1.48	42.24
	冻融100+侵蚀60	22.26	1.32	33.73

冻融环境下混凝土的弹性模量退化模型表达式为：

$$\overline{E} = E_0(1+0.001N)^{-3.892} \tag{5.7}$$

项目中混凝土的初始泊松比取为0.2，泊松比随着冻融循环作用次数的变化采用下式表示：

$$\bar{\nu} = \frac{1}{2} - \frac{1-2\times 0.2}{2}(1+0.001N) \tag{5.8}$$

由于对混凝土试块进行快速冻融和加速侵蚀试验，都假定混凝土试块内部的损伤服从各向同性的假定。又考虑到实际海洋环境中的腐蚀离子对混凝土的损伤相比于冻融损伤要小，因此假定混凝土在海水冻融与侵蚀耦合作用下的混凝土泊松比退化与冻融后的保持一致。

为了进一步研究冻融与侵蚀耦合作用下混凝土的弹性模量退化规律，对混凝土试块经受不同冻融循环次数 N_1 和干湿循环次数 N_2 作用下的混凝土弹性模量退化模型假定为：

$$\overline{E} = E_0(1+0.001N_1)^{-3.892}(1+AN_2)^B \tag{5.9}$$

式中：E_0——未冻融与侵蚀的混凝土初始弹性模量；

N_1——室内快速冻融循环次数；

N_2——混凝土在5倍海水浓度下的干湿循环次数。

对表5.3中的数据进行参数拟合，得到参数 $A=1.359$，$B=-0.111$。

所以建立的混凝土冻融与侵蚀耦合作用的混凝土弹性模量退化模型为：

$$\overline{E} = E_0(1+0.001N_1)^{-3.892}(1+1.359N_2)^{-0.111} \tag{5.10}$$

基于冻融损伤的Ottosen强度准则和建立的混凝土在海水冻融与侵蚀耦合作用下的单轴混凝土强度退化模型，建立的混凝土冻融与侵蚀耦合损伤Ottosen强度准则为：

$$f(I_1,J_2,\cos3\theta) = 1.2735\frac{\beta^2 J_2}{f'^2_c} + \lambda\frac{\beta\sqrt{J_2}}{f'_c} + 3.1924\frac{\alpha I_1}{f'_c} - 1 = 0 \tag{5.11}$$

其中：

$$\begin{cases} \lambda = \dfrac{1}{\rho} = 11.725\cos\left[\dfrac{1}{3}\arccos(0.98\cos3\theta)\right], \cos3\theta \geqslant 0 \\ \lambda = \dfrac{1}{\rho} = 11.725\cos\left[\dfrac{\pi}{3} - \dfrac{1}{3}\arccos(-0.98\cos3\theta)\right], \cos3\theta < 0 \end{cases}$$

$$\alpha = \frac{1}{1 - 3D_1 - D_2}, \beta = \frac{1}{1 - D_2}$$

$$D_1 = \frac{(1 + 0.001N_1)^{-3.892} \times (1 + 1.359N_2)^{-0.111} \times 0.002N_1}{(1.2 + 0.0002N_1)(0.6 - 0.0004N_1)}$$

$$D_2 = 1 - \frac{(1 + 0.001N_1)^{-3.892} \times (1 + 1.359N_2)^{-0.111} \times 1.2}{(1.2 + 0.0002N_1)}$$

5.7 本章小结

本章主要研究了混凝土冻融、侵蚀耦合作用下的混凝土强度退化规律，基于混凝土冻融损伤模型，考虑混凝土干湿循环次数对混凝土力学性能劣化的影响，提出了混凝土在耦合作用下的力学性能退化模型，为后续的桥墩耐久性评估工作提供理论基础。

第 6 章 混凝土损伤劣化的室内和室外关联模型

6.1 胶州湾海域自然环境

干湿循环时温度升高将导致海水中离子扩散速度提高，同时也能加快反应速度。为了能够计算温度对混凝土损伤劣化速度的影响，先对青岛海湾大桥所处的胶州湾海域在自然条件下的温度进行了统计。

6.1.1 胶州湾海域气温统计资料

1）平均气温月变化

28 年的资料统计结果表明：多年平均气温为 12.5℃，年平均最高气温为 15.8℃，年平均最低气温为 9.8℃。最热月出现在 8 月，月平均气温 25.5℃，最高为 28.6℃；最冷月出现在 1 月，月平均气温为 -0.2℃，该月平均最高为 3.0℃，最低为 -3.3℃；其年变化呈单峰型（表 6.1）。

各月平均气温、平均最高（低）气温（℃）（1960 ~ 1987 年） 表 6.1

项目＼月	1	2	3	4	5	6
平均气温	-0.2	0.6	4.6	9.9	15	14.9
平均最高	3	4	8.2	13.7	18.7	23.3
平均最低	-3.3	-2.3	1.9	7.2	12.4	17.4
项目＼月	7	8	9	10	11	12
平均气温	23.5	25.5	22.1	16.8	9.9	2.7
平均最高	26.2	28.6	25.5	20	13	5.2
平均最低	21.6	23.3	19.4	13.8	6.6	-0.4

2）平均气温的年际变化

28 年的资料统计结果表明：气温在多年中呈不规则的周期变化（图 6.1）。1963 ~ 1964 年、1967 ~ 1972 年、1974 年、1976 ~ 1977 年、1979 ~ 1980 年、1984 ~ 1986 年，年平均值皆低于多年年均值。1969 年达最低值，年均气温为 11.1℃，其他年份均高于年均值。

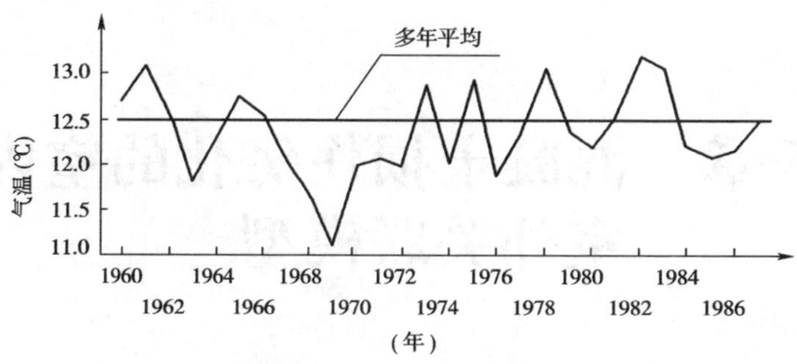

图6.1 胶州湾年平均气温逐年变化图

3）极端气温

29年的观测记录表明，在统计期间极端数最高气温为34.4℃，出现在1961年9月1日。7、8、9月都出现过高于34℃的气温；极端最低气温为－16.0℃，出现在1970年1月4日；1～2月，11～12月都出现过低于－10℃的低温（表6.2）。

各月极端最高（低）气温（℃）（1959～1987年）　　表6.2

项目＼月	1	2	3	4	5	6
极端最高	11.1	14.1	19.2	24.7	32.4	32.8
出现年份	1979	1978	1961	1967	1981	1965
极端最低	－16	－11	－7	－2.8	－1.2	11.6
出现年份	1970	1966	1974	1964	1961	1968
项目＼月	7	8	9	10	11	12
极端最高	34.2	34.3	34.4	30.1	25.3	16
出现年份	1968	1981	1961	1984	1984	1968
极端最低	15.2	10	1.4	2.6	－12	－13
出现年份	1976	1986	1969	1974	1984	1967

青岛冬季气温统计：

据1940～2000年61年冬季日平均气温资料统计，12、1、2、3月的月平均气温分别为2.16℃、－0.80℃、0.50℃、4.87℃；各月最低气温分别为－11.07℃、－12.18℃、－9.79℃、－6.40℃。图6.2为冬季逐年平均气温和最低气温。分别为逐年冬季各月月平均气温和月最低气温的变化，图6.3为各月月平均气温和月最低气温的另一种表示。

6.1.2 海水水样参数检测

从现场取样的海水，经过检测分析，与腐蚀相关的参数指标如表6.3所示。

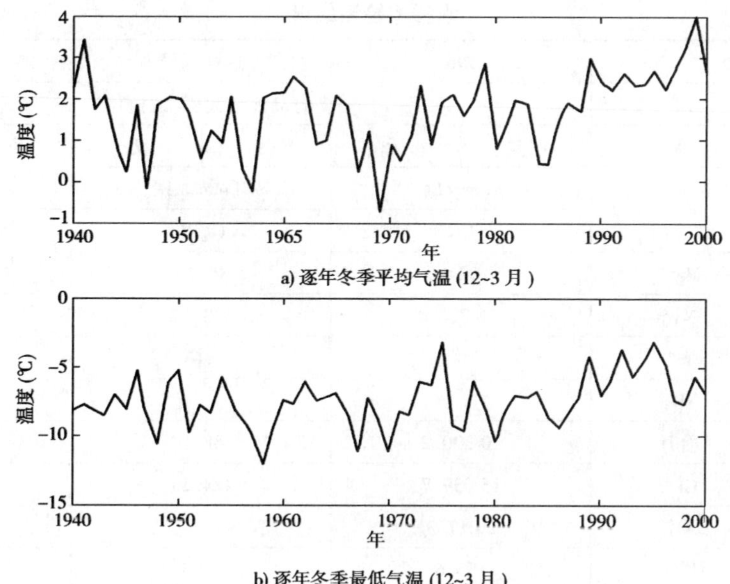

图6.2　青岛冬季逐年平均气温和最低气温

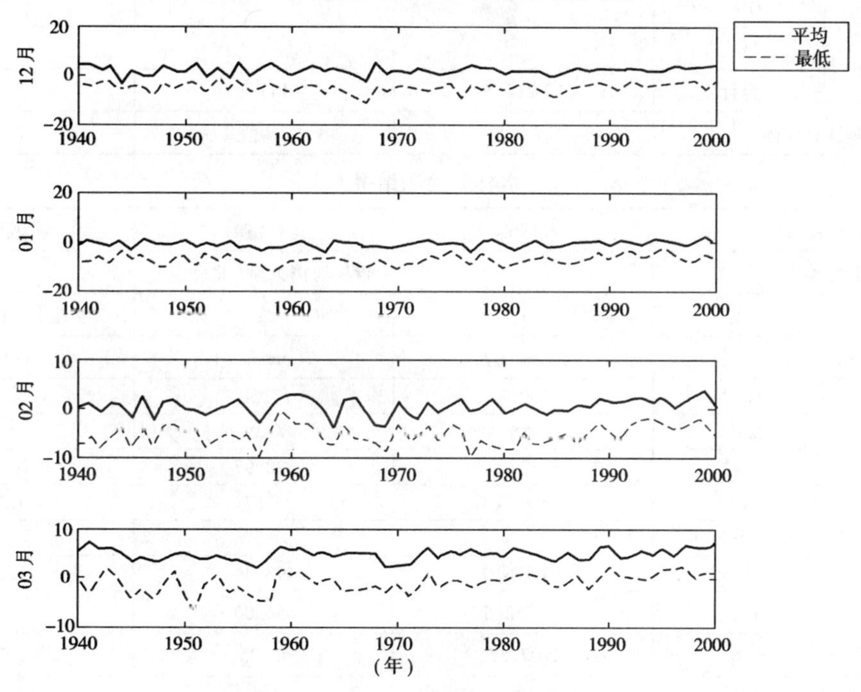

图6.3　逐年冬季各月月平均气温和月最低气温

相关参数指标　　表6.3

参数指标	溶解氧浓度(mL/L)	盐度(%)	pH值
数值	5.3	0.34	8.21

表6.4~表6.7为海水水样参数检测结果。

水样 1 检测结果 表 6.4

分析编号		196		送样编号		涨潮海水	
取样地点		青岛海湾大桥(北桥位)					
颜色	无	嗅觉	无	气味	无	浊度	透明
分析项目		ρ(mg/L)		C(mmol/L)		X(%)	
阳离子	Ca^{2+}	345.7		17.25		3.53	
	Mg^{2+}	1 024.5		84.25		17.26	
	Na^{+}	8 720		378.97		77.64	
	K^{+}	300		7.67		1.57	
	NH_4^{+}						
	合计	10 390.2		488.14		100	
阴离子	CL^{-}	15 039.7		424.25		90.5	
	SO_4^{2-}	2 017.3		42		8.96	
	HCO_3^{-}	155.6		2.55		0.54	
	CO_3^{2-}						
	OH^{-}					酚	
	NO_3^{-}						
	合计	17 212.5		468.8		100	
溶解性总固体		27 525		pH 值		7.97	

水样 2 检测结果 表 6.5

分析编号		196		送样编号		涨潮海水	
取样地点		青岛海湾大桥(北桥位)					
颜色	无	嗅觉	无	气味	无	浊度	透明
分析项目		ρ(mg/L)		C(mmol/L)		X(%)	
阳阳离子	Ca^{2+}	350.7		17.50		3.55	
	Mg^{2+}	1 085.3		89.25		18.09	
	Na^{+}	8 720.0		378.97		76.81	
	K^{+}	300.0		7.67		1.55	
	NH_4^{+}						
	合计	10 456.0		493.39		100.00	
阳阴离子	CL^{-}	15 952.5		450.00		90.73	
	SO_4^{2-}	2 077.3		43.25		8.72	
	HCO_3^{-}	1 64.8		2.70		0.54	
	CO_3^{2-}						
	OH^{-}						
	NO_3^{-}						
	合计	18 194.6		495.95		100.00	
溶解性总固体		28 568		pH 值		7.87	

水样 3 检测结果　　　表 6.6

取样地点		青岛海湾大桥(北桥位)					
颜色	无	嗅觉	无	气味	无	浊度	透明
分析项目		ρ(mg/L)		C(mmol/L)		X(%)	
阳离子	Ca^{2+}	363.1		18.12		3.51	
	Mg^{2+}	1 170.4		96.25		18.64	
	Na^{+}	9 080.0		394.61		76.42	
	K^{+}	290.0		7.42		1.44	
	NH_4^{+}						
	合计	10 903.5		516.40		100.00	
阴离子	CL^{-}	16 373.6		461.88		89.56	
	SO_4^{2-}	2 461.5		51.25		9.94	
	HCO_3^{-}	158.7		2.60		0.50	
	CO_3^{2-}						
	OH^{-}						
	NO_3^{-}						
	合计	18 993.8		515.73		100.00	
溶解性总固体		29 818		pH 值		7.49	

水样 4 检测结果　　　表 6.7

取样地点		青岛海湾大桥(北桥位)					
颜色	无	嗅觉	无	气味	无	浊度	透明
分析项目		ρ(mg/L)		C(mmol/L)		X(%)	
阳离子	Ca^{2+}	190.4		9.50		44.94	
	Mg^{2+}	31.6		2.60		12.30	
	Na^{+}	208.0		9.04		42.76	
	K^{+}	0.0		0.00		0.00	
	NH_4^{+}						
	合计	430.0		21.14		100.00	
阴离子	CL^{-}	413.0		11.65		56.55	
	SO_4^{2-}	319.4		6.65		32.28	
	HCO_3^{-}	140.3		2.30		11.17	
	CO_3^{2-}						
	OH^{-}						
	NO_3^{-}						
	合计	872.7		20.60		100.00	
溶解性总固体		1 233		pH 值		6.76	

6.2 浸烘循环加速系数计算

6.2.1 考虑温度的加速系数

(1)气候模拟:胶州湾29年的观测记录表明,在统计期间极端数最高气温为34.4℃,出现在1961年9月1日。7、8、9月都出现过高于34℃的气温。因此,青岛海湾大桥桥墩浪溅区在夏天主要承受干湿交替,为此,采用浸烘循环制度来模拟当地夏季最严酷的气候特点。烘干温度选择80℃。

(2)损伤加速:海洋环境中混凝土受到SO_4^{2-}、Mg^{2+}、Cl^-等腐蚀离子浸泡腐蚀,混凝土损伤劣化过程是本文研究的内容。但值得注意的是:混凝土在较低浓度的硫酸盐溶液中,特别是Na_2SO_4腐蚀溶液中的腐蚀过程是一个长期的过程,如美国采用2.1% Na_2SO_4溶液进行长期浸泡试验,部分混凝土的腐蚀试验时间持续了40年。因而采用合理的加速制度是研究混凝土在硫酸盐溶液中腐蚀的必要手段。

(3)干湿制度的不统一:当前关于混凝土损伤研究中,大都使用了干湿加速制度,然而综观文献,干湿制度并没有统一。如Kosa和Naaman[96]采用三干三湿的干湿交替制度。Huang[97]采用水中浸泡24h,炉中烘24h,温度40℃为一个循环;Atkinson采用54℃烘8h,2.1% Na_2SO_4中浸泡16h。南京水科院采用1d干,13d浸泡的腐蚀制度;李果等[98]采用清水中浸泡24h,然后取出自然干燥48h为一个循环。王素瑞等[99]采用60℃干燥12h,然后20℃浸泡12h为一个循环。乔宏霞等[100]采用浸泡12h,65~76℃下烘干12h为一个循环。另外,还有其他一些干湿循环制度,都各不相同[101-103]。显然,对于混凝土在腐蚀作用下的损伤研究,其试验加速制度并没有一个明确的规定。

(4)浸烘循环的确定:由于Atkinson的循环制度建立了快速试验与长期浸泡的对应关系,在此,课题组对其浸烘循环制度进行了改进。浸烘循环制度采用最高温度80℃;同时为防止激冷激热导致的温度应力,我们将试件自然冷却1h后,再浸泡到溶液中。为此设计混凝土的浸烘循环制度如下:混凝土试件在80℃烘箱中烘16h,室温冷却1h,然后浸泡到腐蚀溶液中7h,这为浸烘循环一个周期。

(5)浸烘循环加速系数确定:混凝土在硫酸盐,镁盐以及复合盐中损伤劣化过程,是一个腐蚀离子扩散与反应共存的过程。因而损伤的总速度应为扩散速度与反应速度的并联,即:

$$\frac{1}{V_{总}}=\frac{1}{V_{扩散}}+\frac{1}{V_{反应}}$$

温度对于反应系数的加速方程为Arrhenius速度方程:

$$K=K_0\exp(-E/T)$$

温度对于扩散系数的加速方程为:

$$D=D_0\exp[-Q/(RT)]$$

式中:E——活化能;

R——气体常数;

T——温度。

显然，温度对于混凝土的硫酸盐腐蚀反应和扩散的加速形式一致，因而可以得到温度对混凝土硫酸盐腐蚀的加速系数：

$$\frac{K_2}{K_1}=\exp\left[\frac{E}{R}\left(\frac{1}{T_1}-\frac{1}{T_2}\right)\right]$$

该活化能 E 既包括了扩散活化能，又包括反应活化能，因而得到该活化能，就可以计算混凝土在另一温度制度下的加速系数。

Atkinson 通过试验得到了混凝土在浸烘循环(最高温度为 54℃，浸泡温度为 16℃，$T_{浸泡}:T_{烘干}=2:1$)，则该腐蚀制度下平均温度为：

$$T_{均}=(8\times54+16\times16)/24=28.7℃$$

浸泡腐蚀制度下的加速系数为 8。

如果假设活化能包括反应活化能和扩散活化能，以及干湿交替导致的活化能，因而可以计算该腐蚀制度下的活化能。

$$\frac{K_2}{K_1}=8=\exp\left[\frac{E}{R}\left(\frac{1}{T_1}-\frac{1}{T_2}\right)\right]=\exp\left[\frac{E}{R}\left(\frac{1}{273+16}-\frac{1}{273-28.7}\right)\right]$$

则：$\frac{E}{R}=14\ 242$。

由于课题组的腐蚀制度是其腐蚀制度的扩大，$T_{浸泡}:T_{干燥}\approx2:1$，因而，Atkinson 得到的活化能应适合与项目采用的浸烘循环制度。

(1)青岛胶州湾年平均温度 12.5℃。

(2)浸烘循环制度：80℃下烘 8h，室温冷却 1h，浸泡 15h。

(3)浸烘下平均温度为：

$$T_{均}=[8\times80+12.5\times15+1\times0.5\times(80+12.5)]/24=36.4℃$$

则本文浸烘循环制度加速系数为：

$$\frac{K_2}{K_1}=\exp\left[\frac{E}{R}\left(\frac{1}{T_1}-\frac{1}{T_2}\right)\right]=\exp\left[14\ 242\left(\frac{1}{273+12.5}-\frac{1}{273+36.4}\right)\right]=47.2$$

因而，不考虑溶液浓度的浸烘循环和普通浸泡的加速系数估算为 47.2。

6.2.2　考虑腐蚀溶液浓度的加速系数

考虑采用普通海水对混凝土试块进行干湿循环试验，在很长时间(一般 2 年左右)内混凝土的力学性能都不会发生明显的劣化。因此，课题组对于腐蚀溶液浓度对混凝土试块的加速腐蚀系数主要参考国内外已有的研究成果，应用巳有研究成果进行青岛海湾大桥的海水腐蚀溶液浓度的加速腐蚀系数。

对课题组采用的人工海水的 SO_4^{2-} 浓度进行统计计算，得到浓度为：

$7.7\times96.056/246.464\ 6(MgSO_4\cdot7H_2O)+12.15\times96.056/172.165\ 6(CaSO_4\cdot2H_2O)=9.779\ 788(g/L)$

胶州湾海水中的 SO_4^{2-} 浓度为 2.077g/L。

因此 SO_4^{2-} 浓度的增大系数为 4.709 倍。

国内已有针对 C30 混凝土在硫酸钠溶液中的加速腐蚀研究结果，该表达式为：

$$\begin{cases} t\in[0,28],\phi=1-0.00536t \\ t\in[28,T],\phi=0.85+A_0(t-28)+K_{SO_4}A_1(5\%\,Na_2SO_4)(t-28)^2 \\ A_0(5\%\,Na_2SO_4)=0.00176 \\ A_1(5\%\,Na_2SO_4)=-6.9261\times10^{-6} \\ K_{SO_4}=m(C_{SO_4}/5)^n \\ m=0.976,n=0.44 \end{cases} \tag{6.1}$$

式中：ϕ——损伤系数；

C_{SO_4}——溶液(SO_4^{2-})浓度；

T——计算时间(d)；

t——腐蚀时间。

根据已有文献中C30混凝土在不同SO_4^{2-}浓度中的劣化模型，具体参见表6.8。

C30混凝土在不同浓度Na_2SO_4溶液中浸烘循环的损伤演化方程 表6.8

浓度(%)	演化方程(第2、3阶段)	相关系数R
2.5	$0.85+0.0014t-4.0763\times10^{-6}t^2$	0.98
5.0	$0.85+0.00176t-6.9261\times10^{-6}t^2$	0.99
10	$0.85+0.00177t-9.062\times10^{-6}t^2$	0.989

对表6.8的表达式进行重新整合，课题组提出以下考虑混凝土干湿循环时间和腐蚀溶液(SO_4^{2-})浓度的模型，考虑损伤程度与溶液浓度呈线性关系，与腐蚀时间呈二次抛物线关系，假定损伤演化模型为：

$$\phi=A\times(p_1t^2+p_2t)\times C_{SO_4} \tag{6.2}$$

式中：p_1、p_2、A——待定系数。

通过参数拟合得到待定系数数值为：$p_1=-2.664$；$p_2=142.052$；$A=-3.56\times10^{-7}$。

1 000d内的腐蚀系数计算参见图6.4。

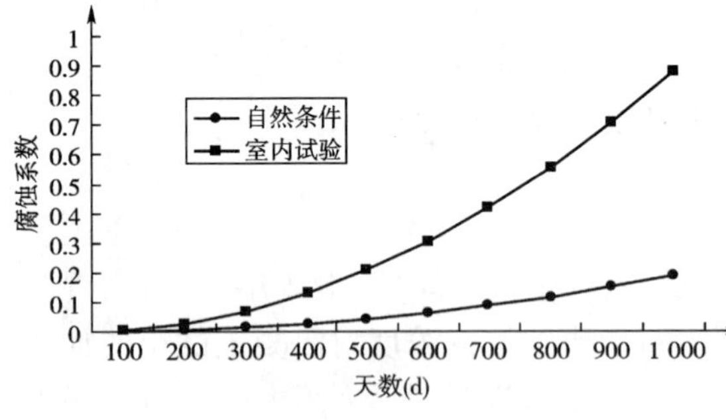

图6.4 不同时间的腐蚀系数比较

根据图6.4，针对青岛海湾大桥自然条件下的溶液(SO_4^{2-})浓度和室内加速腐蚀试验溶液(SO_4^{2-})浓度，计算得到考虑腐蚀溶液的室内加速腐蚀系数$K_1=4.7$。

因此，综合考虑自然条件下的温度和腐蚀溶液浓度对化学腐蚀速度的影响，对于青岛海湾大桥浪溅区混凝土，课题组的室内试验加速腐蚀系数$K=4.7\times47.2=221.84$。

同时考虑混凝土在夏季的腐蚀情况为浸烘循环制度模拟，其他季节为普通浸泡制度模拟。青岛海湾大桥使用寿命为100年，实际进行桥梁服役性能评估时，近视假定只考虑夏季干湿循环侵蚀时间(25年)。

6.3 现场环境下混凝土冻融耐久性预测评估

已有的冻融研究积累了大量标准试验数据，但由于现场冻融环境和室内冻融环境间的巨大差异，大量标准冻融试验数据难以直接应用于现场混凝土冻融耐久性预测。如何利用混凝土冻融标准试验数据模拟现场冻融环境下混凝土的冻融过程并给出冻融耐久性预测，是工程实践中迫切需要解决的问题。

李金玉等[104]通过研究得出室内外冻融循环次数之间的对比关系在1∶10～1∶15之间，平均为1∶12.5，即室内一次快速冻融循环相当于自然条件下12.5次冻融循环。林宝玉等[105]调查了我国不同地区混凝土每年的天然冻融次数，指出青岛地区混凝土每年天然冻融次数约为47次。由此可以得到青岛海湾大桥一年所遭受的冻融循环次数相当于室内快速冻融次数为47/12.5＝3.76次。

6.4　本章小结

本章主要研究了混凝土干湿循环作用的温度加速系数和腐蚀溶液的浓度加速系数。基于温度Arrhenius速度方程及已有研究的混凝土活化能，提出了温度加速腐蚀系数。同时，基于国内已有的关于不同硫酸盐腐蚀溶液浓度对混凝土力学性能劣化的影响研究，提出了青岛胶州湾自然条件下的溶液浓度和本文试验室内腐蚀溶液浓度对混凝土力学性能劣化速度的对应关系，为现场条件下的混凝土耐久性评估提供了理论基础。

第7章　桥墩冰荷载作用分析

在有结冰的海域建造海洋工程结构时，应考虑冰对结构的作用。冰荷载的主要作用形式有：①巨大的冰原包围结构、整个海面处于冰覆盖状态。在潮流和风作用下的大面积冰原呈整体移动挤压结构。若结构强度足够，则冰原将被切入或破断而移动，荷载呈周期性变化，结构发生振动。②自由漂流的冰对结构的冲击力。③由于气温骤变引起整体冰盖层对结构的挤压力。④冻结的冰盖层因水位变化而产生对结构的上拔力或下曳力以及冰块对结构的摩擦力等。上述第一种作用对结构具有更大的危险性。例如1969年春，中国渤海出现的特大冰封即以这种形式将一座固定平台推倒。

影响冰荷载大小的因素很多，如水文气象、地理位置、冰和结构的特性等。目前，提出了基于桩柱切入大面积冰原理论的冰荷载计算方法，其计算公式大部分是经验性的或半经验半理论性的，因而有一定的误差。

7.1　概述

7.1.1　工程概况

在整个桥位线上，设三个通航孔：沧口航道、红岛航道、大沽河航道。通航孔桥跨度较大，根据船型尺度和通航要求不同，跨度在100～600m范围内。通航孔桥一般为斜拉桥或提篮桥，桥墩尺度较大。非通航孔跨度约50m，采用多跨一联等截面预应力混凝土连续梁结构。

桥墩形状为矩形或圆形，下部为六角形承台，承台下部为多根直径2.5m钻孔灌注桩支撑。非通航孔桥墩和承台尺度较小，承台下钻孔灌注桩数量也较少，一般为4根。通航孔桥墩和承台尺度较大，承台下钻孔灌注桩数量较多，可达30多根。

青岛海湾大桥处于胶州湾顶浅水区，冬季经常发生结冰情况，历史上发生过多次严重的冰情，海冰是大桥的主要环境因子和主要荷载之一。

7.1.2　大桥海区的地理环境

胶州湾为一个伸入内陆的天然海湾，湾内水深域阔，其东西宽约28km，南北长约33km，其0m等深线以下的面积有298km^2，湾口与湾的中部为深水区，水深可达30m以上，最深处可达64m。湾的北部和西北部为平原；其余皆为由崂山山脉和小珠山脉构成的丘陵地带。青岛市及黄岛区即位于这些丘陵地带之中，湾口在湾的东南部，是一条宽约3km的海峡，把胶州湾和黄海连接起来。

大桥位于胶州湾北部浅水区域，海图水深一般在3m左右，沧口水道局部区域海图水深接近5m。

7.2 胶州湾冰的基本特征

胶州湾每年冬季和初春(12～3月)都有不同程度的结冰现象。在气候正常的年份里,冰情并不是一个严重的问题,但在特别严寒的年份里,冰情对军事行动、海上交通、渔业及海产养殖等方面影响很大,往往造成严重的损失。

根据丁本忠先生对1915～1982年度(12～3月)共计68年冰情实测资料的分析,找出了胶州湾结冰较重和特征年份及周期,分析了冰期、冰的类别及范围。

7.2.1 冰期

由于气象、水文因素的影响和地形、地理位置的差异,胶州湾历年初、终冰日期亦不一致。北部及西部沿岸,由于滩涂大,河流多(有白沙河、石桥河、大沽河等),淡水注入多,因而海水盐度小,结冰也早。东南沿岸及湾口则相反。在一般年份,12月下旬开始结冰,2月中旬消失。在特殊年份,最早初冰期在12月上旬,最晚结冰期在1月下旬;最早终冰期在1月中旬,最晚终冰期在3月上旬(表7.1)。最长结冰期出现在河口入海处。一般说来,1月上旬至2月上旬为胶州湾的重冰期。应指出的是,一般年份里,胶州湾冰情日变化较大,有的年度有返冻现象。

胶州湾重冰年度的间隔、冰期及冰情　　表7.1

间隔(年)	年度	初冰期	终冰期	严重冰期内冰情
1	1916～1917	12月下旬	3月上旬	大港内外全部结冰,大港口外最大冰厚100cm,舰船入港困难
2	1917～1918	12月中旬	1月下旬	大小港进出口被冰积塞
7	1919～1920	12月下旬	2月下旬	胶州湾沿岸均结冰
3	1926～1927	12月上旬	2月上旬	胶州湾沿岸全部结冰,栈桥附近的船只周围结冰
3	1929～1930	1月上旬	2月上旬	大港入口处堆积较重
1	1932～1933	1月中旬	2月中旬	四方及黄岛沿岸均结冰,小港以北海面结冰
2	1933～1934	1月上旬	2月上旬	湾内几乎全部结冰
9	1935～1936	12月中旬	3月上旬	港内外结冰,大港入口处被冰封闭,船舶不能进出
2	1944～1945	12月上旬	2月中旬	沿岸及湾内结冰
10	1946～1947	1月上旬	2月下旬	四方、沧口、阴岛一带全部结冰,冰面延至团岛西岸,冰势严重
6	1956～1957	1月下旬	3月上旬	港内外结冰,大港入口处被冰堵塞,1～6号码头全部冰封
1	1962～1963	(12月上旬)	2月中旬	浮冰达马蹄礁一带港内各码头间均结冰
4	1963～1964	(1月上旬)	2月下旬	湾内结冰
1	1967～1968	12月下旬	(2月下旬)	无观测
8	1968～1969		(3月上旬)	无观测
1	1976～1977		2月中旬	湾内结冰

7.2.2 冰的类别及范围

1)固定冰

胶州湾的固定冰多出现在严重冰期内。湾内冰层随温度降低或降雪而增厚,其范围一般沿2m等深线(海图水深)以内分布,多以灰白冰及厚冰为主。因降雪所造成的固定冰厚度可达100cm以上。北岸及西岸如前所述,由于滩浅河多,固定冰比东南沿岸出现的早,持续时间也长。

2)堆积冰

一般年份,胶州湾的海冰堆积并不严重。在较重和特重年份,由于冷空气的频繁影响,造成长时间的低温;因气温急剧下降,促使水温降到冰点;若继续冷却,便出现海冰。在向岸风和潮流作用下,海面上的大量流冰被推向岸边,形成严重的堆积现象。加之被风浪打上的海水,在岸边的冰层上迅速冻结,重重叠叠,冰层逐渐增厚。黄岛前湾、后湾、沧口湾是堆积冰较重的地方。特重年份,大小港出入口也常因海冰堆积而阻塞,大港入口处冰厚可达100cm。9号和10号灯标附近海面,在历次冰情较重或特重年份,堆积都很严重。胶州湾北岸的石桥河、白沙河、大沽河一带,堆积高度一般在50~100cm,最高可达300cm以上。1980年不算重冰年,但2月1日在沧口湾调查,发现了高300cm、周长为2 100cm的冰丘。

3)浮冰

正常年份的12月下旬,胶州湾的北部(特别是北偏东和北偏西部)就有冰情出现。在初期,多以初生冰和饼冰为主;在严重冰期,多以皮冰和板冰为主。一般年份,浮冰边缘线基本沿5m等深线以内分布;在较重年份的重冰期内,浮冰边缘线离红岛南岸3.5n mile左右,离大沽河口约8n mile左右;黄岛前湾浮冰边缘线离岸4n mile左右,大致沿10m等深线以内分布。在特重年份,胶州湾封冻可达十分之九以上,只有湾口有很少的水域(图7.1)。应该指出的是:胶州湾的浮冰范围日变化较大。基本特点是:早晚重,中午轻,吹西北风时冰量变化大。如1980年2月6日下午1时30分,小港至黄岛的航线上除近岸外几乎无冰,而傍晚6时前后则布满了初生冰。

7.2.3 胶州湾海冰及其危害

1915~1982年的68年中,胶州湾海水结冰较重和特重年份共16次,其中较重年份12次,分别出现在1917~1918年、1919~1920年、1926~1927年、1929~1930年、1932~1933年、1933~1934年、1944~1945年、1946~1947年、1962~1963年、1963~1964年、1967~1968年、1976~1968年。平均4年多出现一次。最长间隔8~10年,最短连续2年多均为较重年份。特重年份最长间隔21年,最短12年(表7.1)。值得指出的是,20世纪以来,尾数是7的年份或其前后1年,都是海水结冰的较重或特重年份,周期约10年左右。4次特重海冰,有3次发生在这样的年份。其中1917年1月份,全湾封冻十分之九;1957年春,几乎全部封冻(图7.1),个别年份,如1934~1935年、1945~1946年、1978~1979年、1982~1983年除河口外,无结冰现象。

胶州湾在冰情较重年份,冰冻对中小型舰船航行有影响。如1963年元月下旬,在小港入口处有厚度为40~50cm的重叠冰,阻塞航路,中、小型船只均不能破冰驶出。大港的中型船只在靠离码头时发生困难。胶州湾沿岸其他港口更为严重。在特重年份，不仅小型船只不能出入港口，大型船只出入港口也很困难。如1917年1月9日内，日本货船“西京丸”因大港口外的堆积冰(最厚100cm)阻碍而入港困难。再如1957年2月13日，有两只船出航，至港口受冰所阻，无法返回，某舰离码头半小时未能把冰推开。

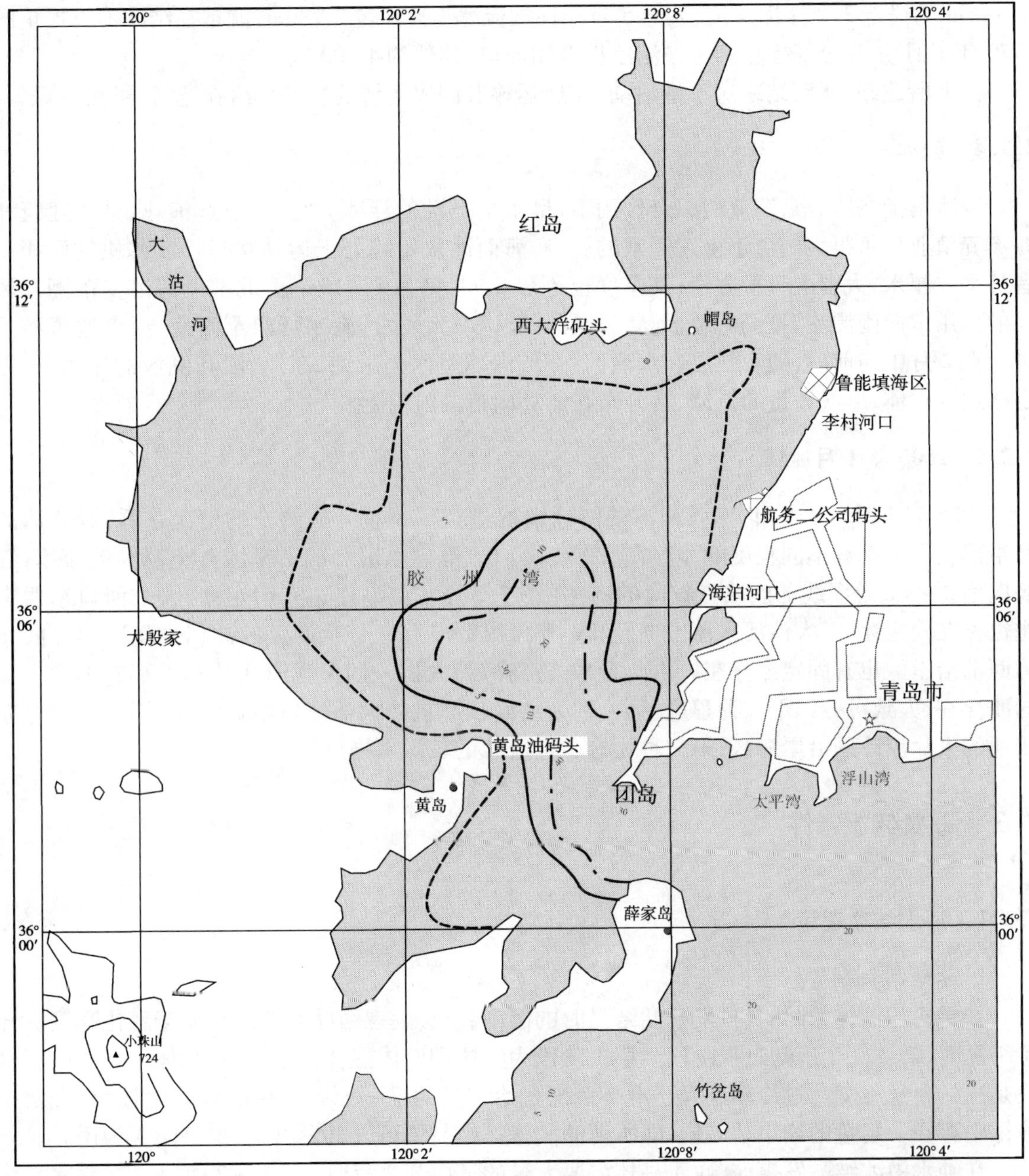

图7.1　胶州湾结冰示意图

另外，流冰会使小型舰船造成损伤，给渔业、海带养殖业造成很大的损失，对航运威胁甚

大。1957 年,黄岛有 14 只帆船被流冰冲跑,不知去向。流冰还把海带漂绳割断,将海带和浮漂拖走。自有海带养殖业以来,在历次海冰较重和特重年份,各养殖单位都遭到了不同程度的损失。如 1957 年,台西渔业社在棉花石一带海区养殖的 240 亩海带,部分大缆绳被流冰割断,玻璃漂被撞碎或带走。流冰严重时,还能损坏航标或使航标移位。如 1957 年 2 月,流冰冲断了 1.5in 的锚链 3 个浮标移位,大港 5 号浮标被流冰拖离原位 2 780m,就是在结冰不算严重的 1970 年 1 月份,8 号灯标竟然也被流冰推至团岛口,移位约 4 000m。

由上所述,胶州湾结冰对军事活动、交通运输及国民经济的影响和潜在危害,可见一斑。

7.2.4 流冰

流冰是指在风、浪、潮流的综合作用下,呈水平运动的浮冰。它对航运、渔业、港工建筑和海产养殖业危害很大。由于上述因素的影响,海面冰块始终处于运动状态。流冰块的面积小者几平方厘米,大者上千平方米;其厚度也不尽相同,多为 5 ~ 10cm。北部的海冰受落潮及风浪的作用常向南漂流,抵马蹄礁及大、小港一带。东北风时,流冰则漂至西南方,直达黄岛一带。在 2 月中旬前后,随着气温和水温的回升,海冰进入消融期,在风、浪和潮汐的作用下,固定冰逐渐解体,形成大量的流冰,常分布在团岛附近的航道上。

7.2.5 2005 年 1 月冰情

2005 年 1 月 9 ~ 10 日,对胶州湾的海冰情况进行了调查。从调查的情况来看,胶州湾的北半部基本上都有不同程度的冰存在[图 7.2a)]。沧口水道北部沿岸区有小范围的流冰,红岛以南 2 ~ 3m 等深线的区域有较薄的皮冰[图 7.2b)],红岛岸边有固定冰,大沽河口东西岸边也存在固定冰,沿大沽河水流方向至 5m 等深线区域有一带状的莲叶冰[图 7.2c)]。胶州湾西部沿岸区也有固定冰存在。由此看来,青岛海湾大桥一期工程海区基本上都有不同程度的冰存在,大致可分以下三种程度:第一种为结冰较严重的大沽河口附近海域;第二种为存在较薄的大片流冰的沿岸海区;第三种为有少量流冰的较深水槽海区。

7.3 海水结冰条件

7.3.1 海水结冰理论

1)冰结晶机制

如果冷却液体,并测量自发开始结晶时的温度,就会发现结晶温度总是低于融化程度。开始结晶时,需要一个冷却过程阶段。第二阶段为液体和固体混合物,对应着晶体生长。第三阶段是冰的自身冷却。过冷却过程还不是系统开始结晶的唯一原因。在晶体能生长前,肯定在液体中存在一定量的细小结晶核,即所谓的晶核。结晶既可以自发出现,也可能人为诱导。

在纯水中冰结晶发生前,均质晶核需要大量的过冷却过程[(−4.0 ±2)℃]。一般冰晶核由降雪或大气冰形成。有了这样的外界晶核,冰结晶就大大缩短了过冷却过程。

2)海水结冰温度与最大密度的温度

所谓海水结冰温度 θ_f 是指纯冰与海水处于热力学平衡状态时的温度,而且结冰温度随海水盐度的增加而降低，海水压力增大时，结冰温度也会降低。在研究海面热过程时，结冰温度乃是必不可少的因素。

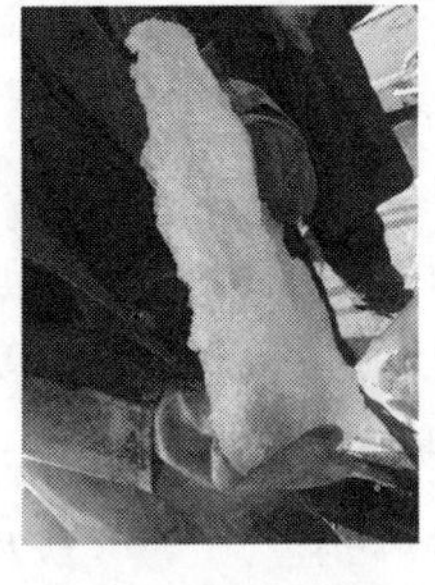
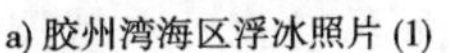
a) 胶州湾海区浮冰照片 (1)

b) 胶州湾海区皮冰照片 (2)

c) 胶州湾海区莲叶冰照片 (3)

图 7.2　胶州湾冰情

Doherty 与 Kester（1974 年）对海水的冻结点温度与盐度的关系进行了精密的试验，同时探讨了压力对冻结点温度的影响，得到的结果如下：

$$\theta_f(℃) = -0.0137 - 0.051990S_w - 0.00007225S_w^2 - 0.0007582Z \tag{7.1}$$

式中：S_w——海水盐度；

Z——以米表示的深度，使用此式的条件为 $S_w = 4 - 4\%$，$Z \leqslant 500$m 时，精确度可在 0.002℃以内。

由式(7.1)求得的几个冻结点温度值如表 7.2 所示（$Z=0$m）。

给定盐度下的冻结点温度　　表 7.2

S_w	20	25	30	32	33	35	35
θ_f（℃）	-1.082	-1.359	-1.638	-1.751	-1.808	-1.865	-1.922

纯水在 3.98℃时密度最大，在纯水中溶解的盐分与盐度成正比，密度达最大时的温度降低。海水呈最大密度的温度 $\theta_{\rho\max}$ 与 0℃的海水密度 ρ_0 的关系式为（增泽让太郎等，1970）：

$$\theta_{\rho\max}(℃) = 3.95 - 0.266\rho_0 \tag{7.2}$$

若盐度 S_w 代替 ρ_0 时，即式(7.2)变为：

$$\theta_{\rho\max}(℃) = 3.95 - 0.200S_w - 0.0011S_w^2 + 0.00002S_w^3 \tag{7.3}$$

由式(7.2)与式(7.3)的关系可知，因盐度增加，$\theta_{\rho\max}$ 的降低斜度要比 θ_f 的降低斜度还陡，并且两者是相互交叉的。此交点上的盐度为 $S_w=24.6$ 时，温试为 -1.35℃。即海水的盐度低于 24.6 时，表示最大密度的温度高于冻结点温度；但在盐度高于 24.6 时，表示最大密度的温度低于冻结点温度。这一温度，对海洋与大气的热交换——尤其是对海冰的生成都是极为重要的。

当海水被冷却时，因冷却而引起的对流使水温在上下方向上的温差减少，同时海水温度逐渐降低。假如海水的盐度低于 24.6，水温从表层至海底都高于冻结点温度时，那么这部分海水就达到最大密度，因此对流产生的垂直环流就完全停止。由于冷却，表面温度再降低时，过程正好相反，密度变小，不再下沉，结果只是表面很薄的一层被冷却，很快就会变冷而结冰。

在盐度高于 24.6 的海水中，对流引起的垂直环流一直可持续到密度跃层所在的深度为止。使得这部分的海水达到结冰温度，然后就从表面开始冰结。即高盐度的海水，为了形成结冰所需要的冷却深度要比低盐度海水所需要的冷却深度更深,其所需要的温度也要求持续冷却到比低盐度水更低的程度,才能结冰。

这样一来,盐度高于24.6的海域,同与其盐度低的海域相比就更难冻结。而且,海水冻结温度并不是因盐度增加而降低,而是取决于最大密度的温度及冻结温度与水的盐度。

3)冻结前的垂直对流深度

海洋中垂直稳定度一般是正值,即海水的密度通常是越往下层越大。但如果由于某种原因,使表面水的密度比其下面海水的密度还大时,为了达到平衡状态,上面密度大的海水就要下沉,下面的海水就要浮上来取而代之,这就叫做垂直对流。表面海水密度增大的原因是:一方面由于温度降低,另一方面是由于蒸发或海水结冰而取决于海水的成层状态。由于冷却或蒸发、海水结冰等原因使密度增大的海水下沉到与其密度相等的水层上,而下层的海水就浮上来。因此,垂直对流持续不长时间后就会形成均匀的水团。形成这种均匀水团的深度取决于初始时海水的成层状态、引起对流的剧烈程度及其持续时间等。此外,表面附近的均匀水团(除温盐环流外)还取决于风等引起的动力学扰动。

7.3.2 影响海水温度的因素

海水成冰,是一种物理变化过程。其根本原因是海水温度下降到结冰水温继续冷却而成。促使海水损失热量,温度降低的原因是多方面的。

1)气温的影响

水、气热量交换是引起海水温度变化的一个主要原因。每年入冬后,气温下降剧烈,与海水表层温度出现很大温差。水、气之间的热交换为$Q=K(\theta_w-\theta_a)$。

2)蒸发的影响

海水表面的蒸发过程时刻在进行。进入冬季之后,大气的湿度变小,海水的蒸发也实质随之加剧。因此,大量的热量消耗在蒸发上,使海水本身温度降低。

3)风的影响

风速和水、气热量交换与海水的蒸发,都有直接的作用。当气温低于水温时,风速越大,海水表层的热量损失越快;风速越大,海水的蒸发速度也越大,本身消耗的热量也越多。

4)降雪的影响

大量降雪直接和间接地影响着海水温度的降低。大量的雪直接降落的海水中,由于融化,使大气温度偏低,间接影响海水温度下降。

5)河流的影响

入冬之后,江河中的水受气候条件的影响,温度很快降低或结冰。大量的冷水和冰块注入海中,也必然导致海水温度的降低。秋季降水量的大小,决定了冬季径流量的大小,从而影响了海水温度的偏低或偏高。

7.3.3 影响海冰形成和发展的因素

海冰的形成和发展显然与海区状况和大气条件有关。影响海冰出现和分布的因素可概括为气象要素和物理海洋要素两大类。气象要素包括气温、风向、风速和降雪量;物理海洋要素包括海水的温度、密度、盐度、水深、湍流等。

1）气象要素的影响

气温：持续的低于冰点水温和过冷水温的负气温是海冰形成和发展的必要条件。冻结指数越大，海冰形成和发展得越快。

降雪作用：频繁降雪和降雪量大，是海冰快速形成和发展的必要条件之一，也是形成重冰年的必要条件。大量降雪可直接形成海冰和助长海冰的发展。

2）物理海洋要素的影响

水深的影响较为明显，浅水域热容量小，而深水处热容量大。在浅水域或混合层内，充分发展的湍流运动使整层的海水温度几乎一致，因此海冰的冻结都是从沿岸浅水海域开始，逐渐向深水海域扩展。

盐度对海冰形成的影响很复杂。一方面，冰点是盐度的函数，冰点随着盐度的增大而降低，因此盐度低的表层海水先结冰，盐度高的表层海水后结冰，所以河流入海口处，大量淡水的加入使海水盐度较低，是造成该区早于其他海区结冰并且冰情较重的一个原因。另一方面，冰密度达到最大时的温度随盐度的增大而降低，当盐度大于24.6时，最大密度的温度低于冰点，而小于24.6时，冰点低于最大密度时的温度。盐度超过24.6的表层海水受大气等因素冷却后，形成温盐垂直对流并伸展到海底或混合层底部，整层海水降温到或接近于冰点后面海水才开始冻结。由于温盐垂直对流，结冰前需要冷却更多的海水，因此延迟了结冰的时间。

7.4　海冰的设计厚度

海冰厚度是冰荷载计算中的一个重要参数，由于其时空上的特殊性和获取极端条件实测数据的困难，对其设计值的研究，至今仍是我国海冰界人士和工程设计部门极为关注的一项课题。根据胶州湾海区冰的特征和特征冰型，工程上主要关心平整冰厚度的确定。目前，胶州湾海域虽然有少量的海冰实测数据，但远远不能满足工程设计上的需要，因此，只能通过由日平均气温计算海冰冻冰度日和融冰度日，从而推算历年平整冰厚的方法，再采用PearsonⅢ型概率分布确定海冰不同重现期的设计厚度（图7.3～图7.5）。

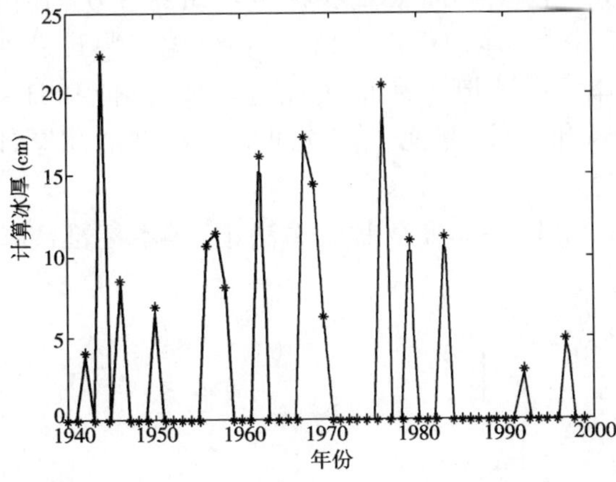

图7.3　由气温资料计算的大沽河口附近海区历年冰厚

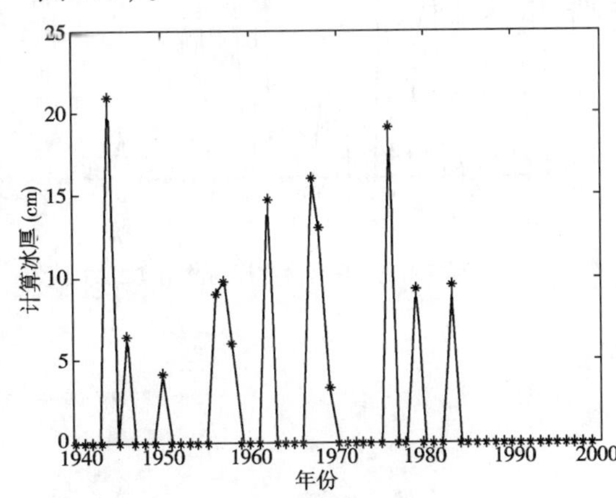

图7.4　由气温资料计算的沿岸海区历年冰厚

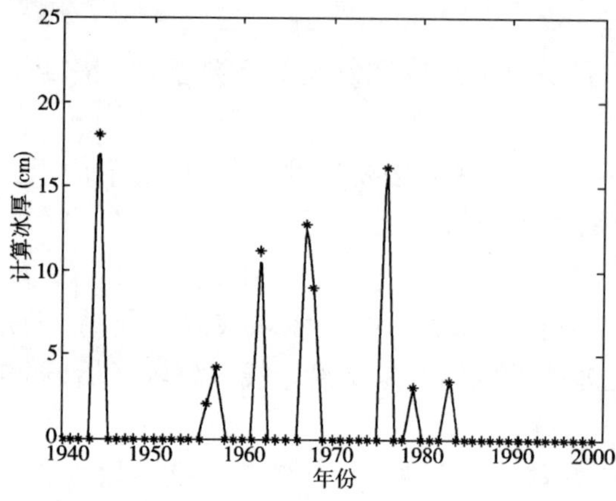

图 7.5 由气温资料计算的深水区域历年冰厚

7.4.1 不同重现期设计冰厚的推算

根据历年冰厚,由 Pearson Ⅲ 型曲线推算的大沽河口附近海区平整冰多年一遇冰厚极值,百年一遇平整冰厚为 27.60cm。

根据历年冰厚,由 Pearson Ⅲ 型曲线推算的沿岸海区平整冰多年一遇冰厚极值,百年一遇平整冰厚为 25.15cm。

对较深水槽区域,平整冰多年一遇冰厚极值推算结果见表 7.3,百年一遇平整冰厚为 19.34cm。

表 7.3 给出了大沽河口附近海区、沿岸区域和较深水槽区域 20 年、50 年、100 年重现期的工程设计冰厚。

胶州湾 20 年、50 年、100 年重现期的工程设计冰厚 表 7.3

区　域	重现期极值冰厚(cm)		
	20 年	50 年	100 年
大沽河口附近海区	14.11	21.63	27.60
沿岸区域	12.19	19.36	25.15
较深水槽区域	7.95	14.15	19.34

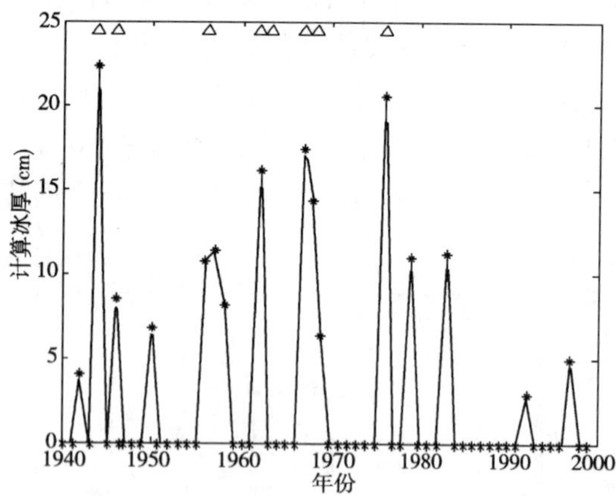

图 7.6 大沽河口附近海区计算冰厚与冰情实况的比较

7.4.2 设计冰厚推算的合理性分析

图 7.6 为大沽河口附近海区计算冰厚与冰情实况的比较。根据丁本忠“胶州湾近七十年的海水结冰分析”一文,在 1940 ~ 1982 年期间,胶州湾海水结冰较重和特重年份有 8 次,在图 7.6 中上部标为“正三角”。由气温资料计算的沿岸海区冰厚与冰情实况符合较好,除1963 ~ 1964 年度外,其他 7 次均对应于较高的冰厚计算值。

在 Pearson Ⅲ 型曲线算法中,样本标准离差 c_v 为:

$$c_v = \sigma / \bar{x} = \left[\frac{\sum_{i=1}^{n} (K_i - 1)^2}{n-1} \right]^{1/2} \tag{7.4}$$

其中,$\bar{x} = \frac{1}{n}\sum_{i=1}^{n} x_i$ 为样本均值,$\sigma^2 = \frac{\sum_{i=1}^{n}(x_i - \bar{x})^2}{n-1} = \frac{\sum_{i=1}^{n}(K_i - 1)^2}{n-1}\bar{x}^2$ 为样本方差,$K_i = \frac{x_i}{\bar{x}}$ 为样本与样本均值之比。

样本偏度系数 c_s 根据经验和实际数据与 PearsonⅢ型曲线拟合情况，取为 c_v 的 2 倍，最为合理。

7.5　冰的物理性质及力学参数

7.5.1　物理性质

1）工程设计冰温

工程上设计冰温是相对于年气温最低时的冰体平均温度，称为等效冰温。根据单站的极端和平均最低气温资料，以及不同重现期的设计冰厚，可推算出与历年对应的系列有效冰温：

$$T_i = (T_{iw} + T_{ia})/2 \tag{7.5}$$

其中冰层下界面温度和冰层上界面温度分别为：

$$\left.\begin{aligned} T_{iw} &= T_w - K(T_w - T_a)/\alpha_1 \\ T_{ia} &= T_a + K(T_w - T_a)/\alpha_2 \end{aligned}\right\} \tag{7.6}$$

式中：T_w——海水结冰温度(℃，冰点)；

T_a——最低气温(℃)；

α_1——冰盖底层放热系数[$W/(m^2 \cdot ℃)$]；

α_2——冰盖表层放热系数[$W/(m^2 \cdot ℃)$]；

K——冰盖传热系数；

$$K = (1/\alpha_1 + h/\lambda + 1/\alpha_2)$$

h——不同重现期的平整冰设计厚度(m)；

λ——冰盖导热系数，取为 2.326W/(m·℃)。

1987 年 1 月在辽东湾鲅鱼圈港用冰温梯度测量仪观测寒潮期间（当年最低气温时）的平整冰垂直温度分布，与热流的方程组最优拟合得出 $\alpha_1 = 145.38$，$\alpha_2 = 5.45$（孟广琳等，1989 年）。这两个系数对不同区域和不同冰厚的冰是不同的，在胶州湾暂取以上值。

重叠冰设计冰温的计算公式与平整冰相同，冰厚数据应取重叠冰的设计冰厚。

将计算的百年一遇极值冰厚代入式(7.5)，分别得到大沽河口附近海区、沿岸海区和较深水槽区域的有效冰温为 -3.98℃、-3.88℃和 -3.60℃。

2）平整冰盐水体积

平整冰盐水体积采用下式计算：

$$V_b = S_i(0.532 - 49.185/T_i) \quad (-22.9℃ < T_i < -0.5℃) \tag{7.7}$$

式中：T_i——平整冰温度；

S_i——平整冰盐度；$S_i = 19.007h^{-0.387}$，h 为平整冰厚。

7.5.2　海冰力学参数

考虑在计算工程设计参数时所采用的经验系数均不是胶州湾海区的测量值，而胶州湾由于冰期较短，地理位置偏南，因此推荐的胶州湾大沽河口 100 年一遇的抗压强度可作适当下调，大沽河口附近区域为 1.90MPa，其他推荐值同表 7.3。

7.6 有关冰荷载的设计计算

7.6.1 青岛海湾大桥工程海区冰作用力的特点

青岛海湾大桥一期工程设 3 个通航孔桥，其余为非通航孔桥。通航孔桥桥墩尺度大，顺桥向宽度一般不小于 20m，横桥向宽度不小于 40m。非通航孔的桥墩尺度较小。承台顶面在平均海面以下，但低潮时可部分出露。桥墩、承台都将受到冰荷载的作用，钻孔灌注桩基本不受海冰荷载作用。

一般而言，作用于工程构筑物的冰荷载包括：

(1)大面积冰场运动时产生的静冰压力；

(2)流冰产生的撞击力；

(3)冻结在结构上的冰因水位升降产生的竖向力；

(4)结构内、外的冰因温度变化产生的膨胀力。

此外，还有作用于斜面的荷载、冰片爬升及堆积的作用力、冰与建筑物联合振动作用力等。

由于海湾大桥(北桥位)工程海区的流速较小，波浪作用程度较弱，海冰流动对建筑物产生的撞击力可以不考虑。至于冻结在结构物上的冰因水位上升所产生的上拔力，因工程海区的冰厚较薄，桥墩体积较大，冰的上拔力对建筑物的影响是很小的，因此在计算冰荷载时也可不考虑冰的上拔力作用。另外，因大桥桥墩是实心结构，结构内没有冰，不存在结构内、外的冰因温度变化产生的膨胀力。因此，作用在大桥桥墩上的冰荷载主要就是大面积冰场运动时产生的静冰压力。

在桥区水域，大面积冰场运动的主要动力是潮流和风，而最为主要的是潮流。本区的潮流基本为往复流，基本垂直于桥轴线方向，仅在红岛以南局部水域交角较小。海冰的结冰区大都在桥位以北，大面积海冰在落潮流拖曳作用下沿横桥向对桥墩或承台产生水平静冰压力，是冰荷载的主要作用方式。顺桥向的静冰压力是次要的，可以忽略。本章主要讨论水平静冰压力的计算方法，并针对大小尺度桥墩的情况分别进行讨论。

7.6.2 我国有关规范中冰荷载的计算方法

1)港口工程荷载规范(JTS 144-1—2010)中关于冰荷载的计算方法

规范中给出了大面积冰场对桩或墩产生的极限冰压力标准值的计算公式：

$$F_1 = mAbhR_y \tag{7.8}$$

式中：F_1——极限冰压力标准值(kN)；

m——桩或墩迎冰面形状系数；

A——冰温系数；

b——桩或墩迎冰面投影宽度(m)；

h——计算冰厚(m)；

R_y——冰的抗压强度标准值(kPa)。

冰的抗压强度标准值，可取当地冰温为0℃时的冰抗压强度。当缺乏实测资料时，对海冰

可取 $R_y = 750\text{kPa}$。

冰温系数在冰温0℃、-10℃、-20℃时分别取值1.0、2.0、4.0,并根据冰温值线性内插。冰温取结冰期最低冰温。

青岛海湾大桥海区冰温取其结冰期最低冰温,因缺乏长期冰温实测资料,故采用本海区最低气温和冰底层的冰点温度的平均值作为本海区的冰温。本海区的最低气温为-16.0℃,设计冰点温度为-1.8℃,平均值近似为-9.0℃,即本海区的冰温为-9.0℃。按照这一冰温确定本海区的冰温系数为1.8。

2)《公路桥涵设计通用规范》(JTG D60—2004)中有关冰荷载的设计

规范中有关冰荷载内容与港工规范的内容基本相同,计算方法完全相同。

7.6.3　国外有关冰荷载的计算方法

1)国际上有关计算方法综述

冰与垂直结构物的主要破坏模式包括:挤压、屈曲、弯曲、剪切及断裂等。冰的特性与形态的多样性使冰与直立式结构物作用的破坏模式错综复杂,对于宽体的垂直结构更是如此,几种破坏模式可能同时存在。目前,国际上选作设计荷载的冰破坏模式通常是保守的。

世界各国特别是德国、日本、前苏联、美国、加拿大等国对海冰作用力开展了大量的研究,冰作用力计算方法多种多样。一般根据海冰破坏模式不同采用不同的计算模式。

(1)劈裂破坏模式

劈裂破坏模式通常发生在不因受结构物阻挡而停止运动的大冰盘和不发生挤压破坏的中尺度冰盘上。

Michel(1978年)不考虑摩擦力,并假设裂纹为直线,给出的劈裂破坏冰力计算模型为:

$$F_s = 2\tau_0 Bh\tan(\alpha/2) \tag{7.9}$$

式中:τ_0——冰的平均剪切强度;

α——楔形结构物的楔角。

(2)屈曲破坏模式

在极区,屈曲破坏模式通常发生在初冰期。在我国辽东湾环境条件下,整个冬季冰与结构物的作用都有发生屈曲破坏模式的可能。Sodhi(1977年)给出的作用于宽度为 D 的垂直结构物屈曲破坏的冰荷载计算式为:

$$F_b = Kl^3\{(D/l) + 3.32[1 + (D/4l)]\} \tag{7.10}$$

式中:K——基础模量;

l——冰的特征长度,$l = [Eh^3/12(1-\nu^2)K]^{0.25}$;

D——结构物宽度;

E——冰的弹性模量;

ν——泊松比

(3)挤压破坏模式

冰对垂直结构物作用危害最大,最受结构物设计者重视的为挤压破坏荷载,其计算公式分为两大类。

第一类公式形式为：

$$F = \alpha D h \sigma_c \tag{7.11}$$

式中：D——桩径；

h——冰厚；

σ_c——冰单轴抗压强度；

α——影响冰力的各项因素的修正系数，它可能代表一个综合修正系数，也可能代表 n 个分项修正系数。

第二类公式形式为：

$$F = \beta D^{0.5} h^{\tau} \sigma_c \tag{7.12}$$

式中：β——修正系数；

其余符号含义同上。

2）日本的设计计算资料（冰海域海岸、海洋建筑物设计手册）

作用于直立面的水平荷载包括劈裂破坏荷载、压屈极限荷载、压坏荷载，分别对应三种相应的海冰破坏模式。

上述三种破坏模式的选择取决于冰的形状、物性长宽比（建筑物的宽/冰厚）等。

（1）劈裂破坏荷载

劈裂破坏荷载 F_s，按下式计算：

$$F_s = n \cdot L_s \cdot h \cdot \sigma_s \tag{7.13}$$

式中：n——龟裂系数；

L_s——龟裂长度；

h——冰厚；

σ_s——剪切强度。

劈裂破坏荷载是冰板较小时发生的剪切裂缝。n 是根据建筑物及冰的形状、二者接触点的位置而定的系数，使 F_s 最小。

（2）压屈极限荷载

压屈极限荷载 F_c，按下式计算：

$$F_c = K_b \rho_w g D L^2 \tag{7.14}$$

式中：K_b——压屈系数；

ρ_w——水的密度；

g——重力加速度；

D——建筑物的宽度；

L——冰板的特性长，$L^4 = E \cdot h^3 / [12(1-\mu^2)\rho_w \cdot g]$（$E$ 为弹性模量，μ 为泊松比）。

压屈系数 K_b 根据接触面的边界条件、压屈长宽比 D/L 决定。

压屈破坏在长宽比 D/h 较小的情况下不必考虑，长宽比大于 40 时应该给予考虑。

（3）压坏荷载

挤压破坏是海冰破坏的主要破坏模式。

压坏荷载 F_c，按下式计算：

$$F_c = C_1 C_2 C_3 D h \sigma_c \tag{7.15}$$

式中：C_1——回弹系数；

C_2——形状系数；

C_3——接触系数；

h——冰厚；

D——建筑物的宽度；

σ_c——压缩强度指标。

压缩强度指标 σ_c 取单轴压缩试验强度较好，采用与冰破坏条件相吻合的、与冰板内平均应变速度相对应的单轴抗压试验强度。

形状系数只是在长宽比小的情况下才考虑的系数，平面为1.0，圆形断面为0.9，楔形断面推荐取0.7，忽略亦可。

接触系数很难定义，速度慢且建筑物小的情况取1，速度快建筑物大的情况取0.2左右较好，中间部分可考虑建筑物和冰板的相互作用在0.2～1.0中取值。

(4)作用于宽幅建筑物的荷载

作用于宽幅建筑物的荷载取压屈荷载和按下式计算得出的压坏荷载较小的值。

$$F = CDh\sigma_c \tag{7.16}$$

由于难于对宽幅建筑物作出规定，在此将形状比（建筑物宽度与冰层的比值）超过30的建筑物作为宽幅建筑物考虑较宜。由于形状比存在发生压屈破坏的可能性，因此必须对其进行核查。引起压坏的情况有必要适用Kry(1978年)的复数破坏领域的概念。Kry的概念虽然难于进行数值化，但是大体积建筑物的平均压力降低是一般性规律。即式(7.16)中的 C 取值小于1。另外，考虑接触面状态的不完整性，C 的取值应在0.5左右。

7.6.4　大尺度结构物各种规范规程计算公式

由于冰荷载计算与各种环境因素、结构尺寸及试验条件相关，因此第一种表达式中的有效冰压力的表达方式多种多样，不同国家以及不同行业提出了不同的计算公式，以下列出部分规范公式。

1)日本的设计计算资料(冰海域海岸、海洋建筑物设计手册)

压屈极限荷载 F_c，按式(7.14)计算。

作用于宽幅建筑物的荷载取压屈荷载和按下式计算得出的压坏荷载较小的值。

$$F = CDh\sigma_c$$

考虑接触面状态的不完整性，C 的取值应在0.5左右。

2)加拿大灯塔规范公式(1975年)

$$F = m'Dh\sigma_c$$

式中：m'——考虑形状、接触条件的综合系数，取0.4～0.7；

σ_c——冰的单轴抗压强度，取1.38～1.72MPa。

3)中国固定平台计算公式

$$F = ImKDh\sigma_c$$

式中：I——局部挤压系数，取2.5；

m——形状系数，圆柱取0.9，方柱取1.0；

K——接触灵敏系数,取0.45。

4)中国渤海计算公式

$$F = mIf_c\sigma_c Dh$$

式中:m——形状系数,圆柱取0.9,方柱正向取1.0,斜向取0.7;

I——嵌入系数;

f_c——接触系数。

If_c 推荐值如表7.4所示。

If_c 推荐值 表7.4

结构尺度(m)	If_c
2.5~10	0.4
10~100	0.40~0.25

5)美国API2A规范公式(1984年)

$$F = CDH\sigma_c$$

式中:C——综合流冰力影响系数,取值为0.3~0.7;

σ_c——冰的单轴抗压强度,取1.12~2.81MPa。

国内《公路桥涵设计通用规范》(JTG D60—2004)给出冰荷载设计公式,限于篇幅,不再详述。

7.6.5 对本工程中冰荷载计算方法的建议

由上述分析可见,按破坏形式分类的静冰压力的计算方法比较复杂。在破坏模式难以确定的情况下,在计算模式选用上,建议采用尽量简单的模式。

具体来说,对非通航孔桥墩,桥墩尺度小,适用于港工规范(及桥涵规范)中的条件,因此建议选用上述规范方法进行冰荷载计算。

对通航孔桥墩,其平面尺度较大,我国规范中未有明确的计算方法。

7.7 宽幅承台冰荷载研究

冰荷载与承台的碰撞分析可采用瞬态非线性分析有限元技术,有限元法可反映的碰撞物理现象最为完备,得到的计算结果也最为准确。

在有限元方法中,碰撞问题的运动方程可以一般地表示为:

$$Ma + Cv + Kd = F$$

式中:M——质量矩阵;

C——阻尼矩阵;

K——刚度矩阵;

a——加速度向量;

v——速度向量;

d——位移向量;

F——包括碰撞力在内的外力向量。

经有限元离散处理后形成的瞬态动力学问题，宜采用显式直接时域解法。该方法不需要进行矩阵分解或求逆，无须求解联立方程组，计算速度快，通过自动控制计算时间的步长，可以得到稳定解并保证时间积分的精度。应用显式中心差分法求解碰撞问题时，一个特别值得注意的问题就是时间步长的选取，因为中心差分法是条件稳定的，其时间步长不能超过临界时间步长。实用中常以最小有限单元网格的特征长度除以应力波速来近似临界时间步长，即：

$$\Delta t \leqslant \Delta t_{cr} = \min(L/c)$$

式中：L——单元长度；

c——材料波速。

对通航孔桥墩，其平面尺度较大，我国规范中未有明确的计算方法。因此，为了有效确定通航孔桥的冰荷载作用力，进行以下分析研究。日本设计计算手册中对宽幅建筑物海冰计算方法进行描述，其主要影响参数有三个：建筑物的宽度 D、冰厚 h 和冰压缩强度指标 σ_c。

有限元分析方案如下：给冰面一个初始速度，让冰面和承台产生接触，由于碰撞分析属于强非线性分析问题，因此项目采用显式非线性分析方法进行求解（图7.7）。通常为了达到较高的精度，显式分析的时步取值都很小。为了节约分析时间，提高分析效率，海水区域模拟成刚性体单元。

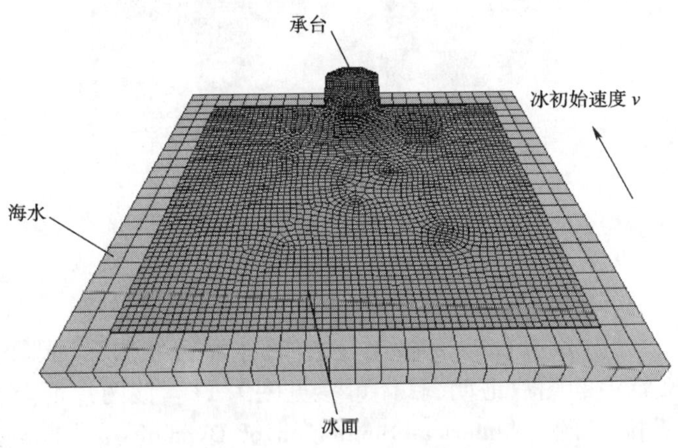

图7.7　有限元模型示意图

7.7.1　碰撞过程中的冰面力学效应描述

对承台宽度 $D=23.25\text{m}$，冰厚 $h=0.25\text{m}$ 的模型进行详细描述，取冰面移动速度 $v=2\text{m/s}$，具体结果如下。

图7.8为各个阶段冰面的第一主应力分布示意图。

由图7.8可以看出，冰面与承台碰撞初期，接触部位出现较大应力，随着接触面积增大，整体的冰面应力开始由接触部位向周围传播，冰面在接触部位发生损伤，接触部位出现了与承台周边形状平行的“应力圈”现象。具体的“应力圈”可参见图7.9和图7.10局部应力显示图。

由图7.9和图7.10可以看出，“应力圈”的等值应力部位表现为最大压应力。因此，可

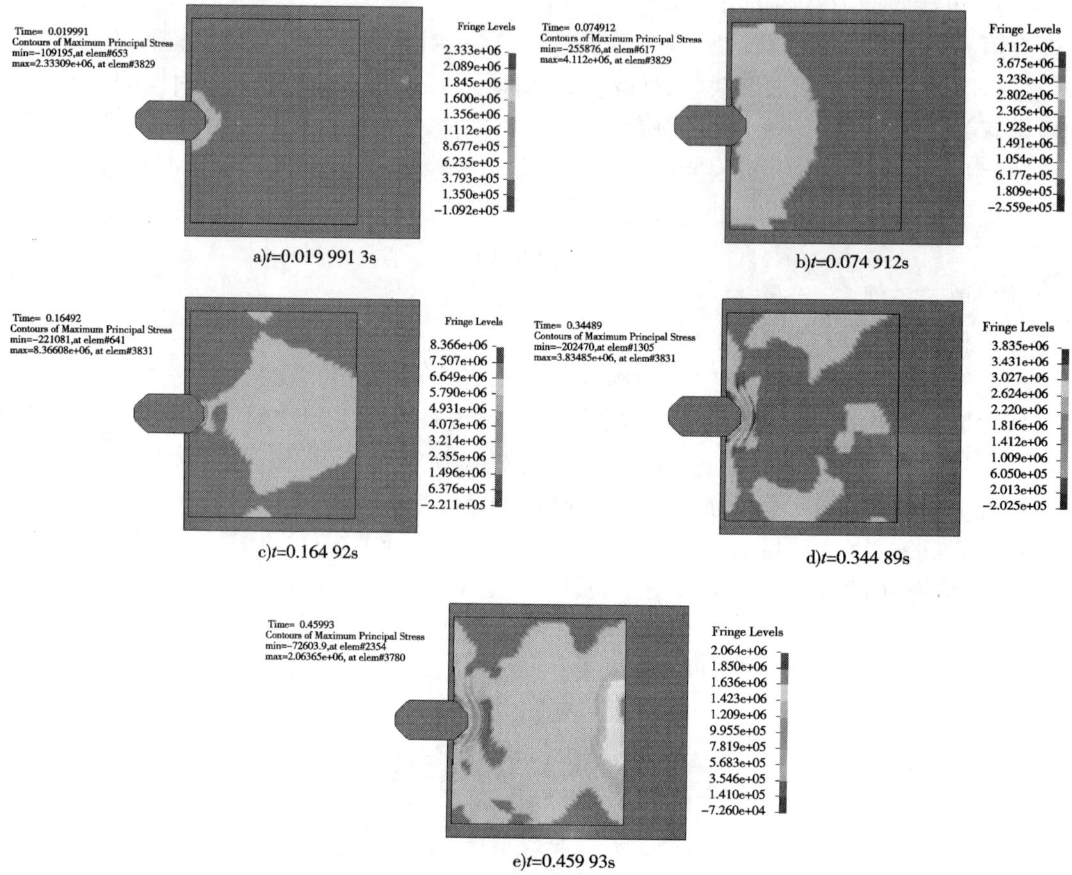

a)t=0.019 991 3s

b)t=0.074 912s

c)t=0.164 92s

d)t=0.344 89s

e)t=0.459 93s

图 7.8　各个阶段冰面的第一主应力分布示意图(单位:Pa)

以得到以下结论:随着冰面和承台的接触效应增加,冰面会在“应力圈”部位首先破坏。该结论同样可由已有文献中的图片证明,具体可参见图 7.11。该图片取至 University of Florida 的 Jason Blackerby 所撰写的“Numerical Simulation of Dynamic Ice Forceson Offshore Structures”。由冰模型试验图片可以看出,冰的破坏呈现一个圈状,与有限元计算出的“应力圈”现象吻合。

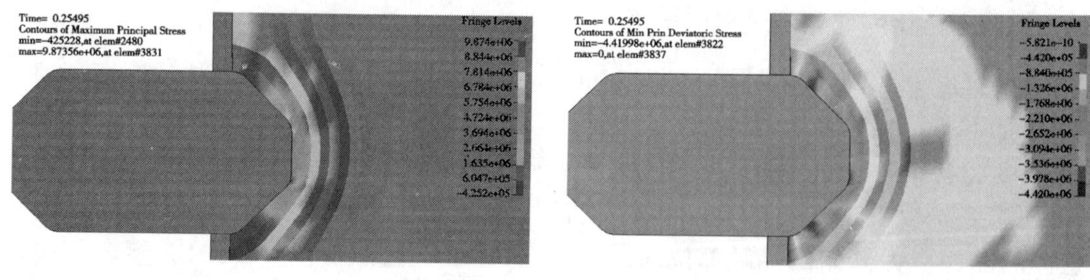

图 7.9　第一主应力(单位:Pa)　　图 7.10　第三主应力(单位:Pa)

对于冰荷载的研究,实际工程设计人员更为关心冰对承台的作用力,因此对有限元计算结果进行整理得到图 7.12。

由图 7.12 可以看出：冰面与承台碰撞初期，碰撞力呈不断增加趋势，但是随着接触效应增加，冰面剧烈变形，开始发生损伤，随后碰撞力又逐渐降低，直至最终消失。

7.7.2　冰面初始移动速度对荷载的影响

v 分别取值为 0.1m/s、0.3m/s、0.7m/s、1.3m/s 和 2m/s 不同冰面速度分别进行碰撞分析，得到如图 7.13～图 7.16 所示结果。

图 7.11　冰模型试验中冰面破坏形态

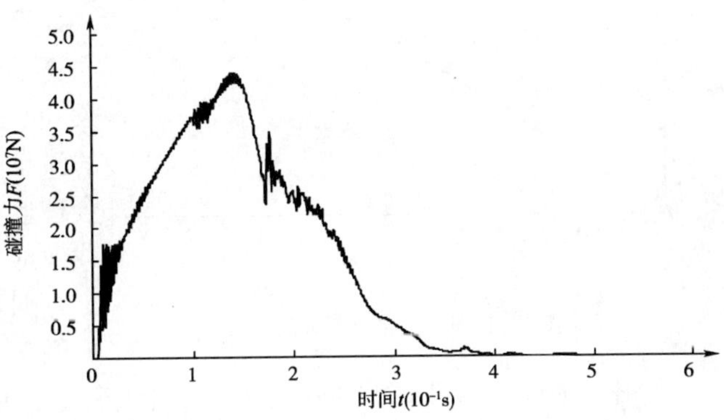

图 7.12　冰面速度 $v=2$m/s 时的碰撞力时程曲线

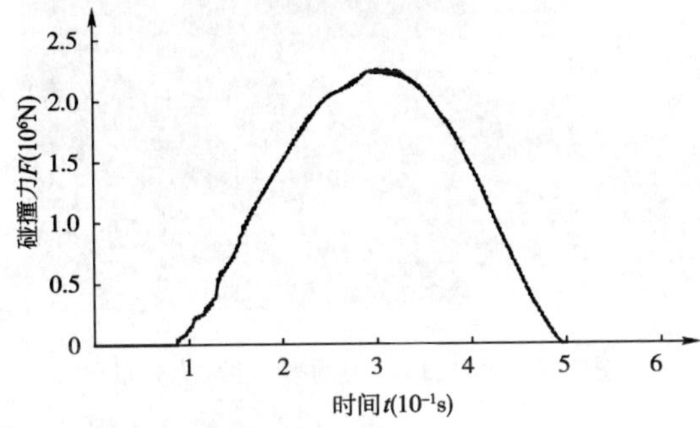

图 7.13　冰面速度 $v=0.1$m/s 时的碰撞力时程曲线

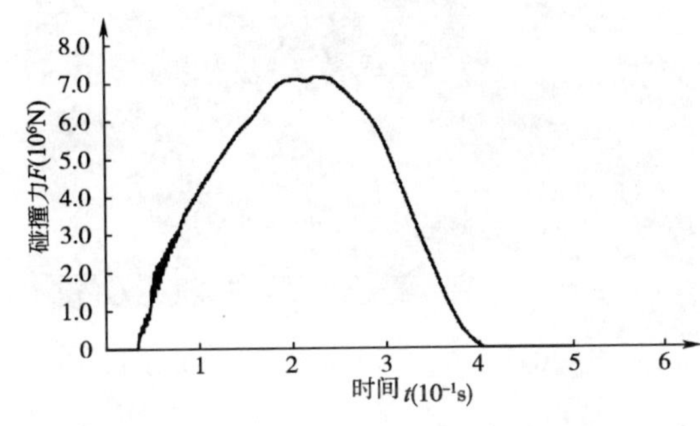

图 7.14　冰面速度 $v=0.3$m/s 时的碰撞力时程曲线

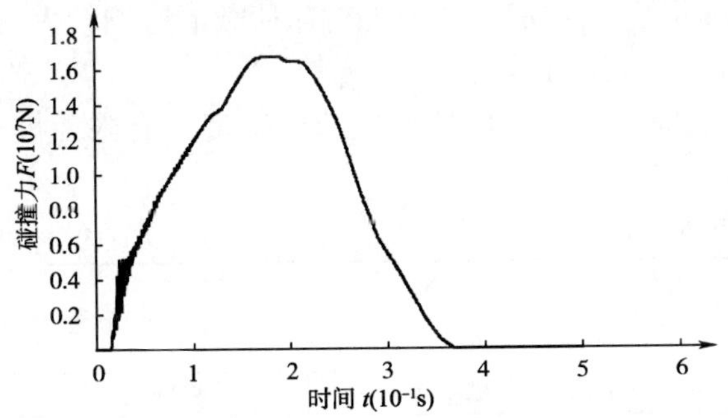

图 7.15　冰面速度 $v=0.7$m/s 时的碰撞力时程曲线

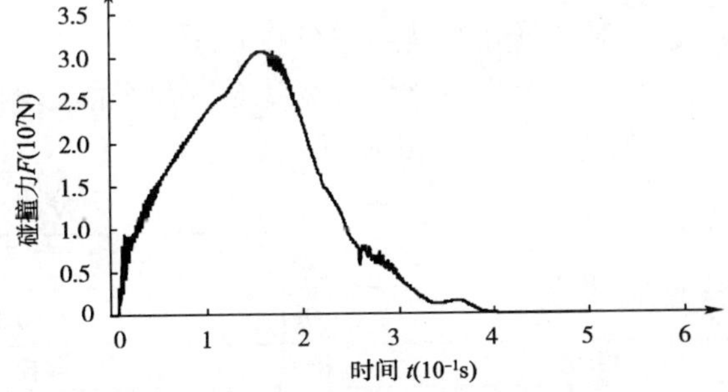

图 7.16　冰面速度 $v=1.3$m/s 时的碰撞力时程曲线

由图 7.12～图 7.16，可以得到以下结论：随着冰面移动速度增加，冰面与承台间的碰撞力呈现增加趋势。

对图 7.12～图 7.16 中的最大碰撞力进行整理，得到表 7.5 和图 7.17。

冰面移动速度和冰荷载的关系　　表 7.5

冰面移动速度 v(m/s)	0.1	0.3	0.7	1.3	2
冰荷载 F(N)	2 250 960	7 147 670	16 739 000	30 641 400	43 953 700

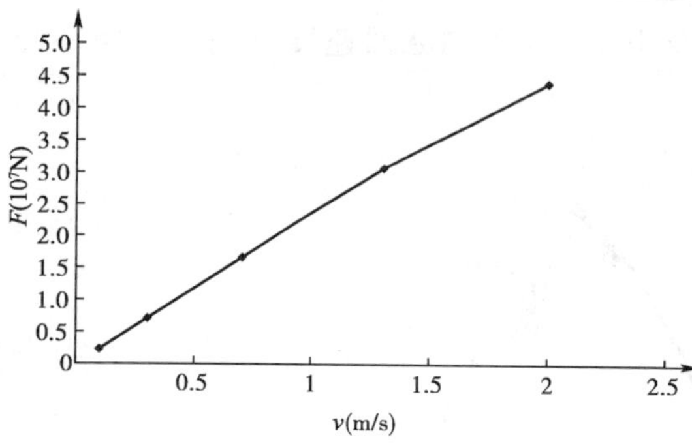

图 7.17　v 与 F 的关系曲线

由表 7.5 和图 7.17 可以得出以下结论：冰面移动速度和最大碰撞力几乎成正比关系。

考虑到项目主要研究静冰荷载作用力，冰面移动速度应该主要与所属水域的水流速度有关，同时应该注意的是，海面大面积封冰时，冰的流动速度应该要小于水流速度。综上所述，合理监测桥梁所属水域的水流流速对设计冰荷载效应具有十分重要的意义。

对不同速度下的冰面应力状况进行比较，见图 7.18 和图 7.19。

对比分析图 7.9、图 7.18 和图 7.19，可以看出，“应力圈”现象随着冰面移动速度增加而更为明显，在冰面移动缓慢时（v < 0.3m/s），该力学现象会最终消失。

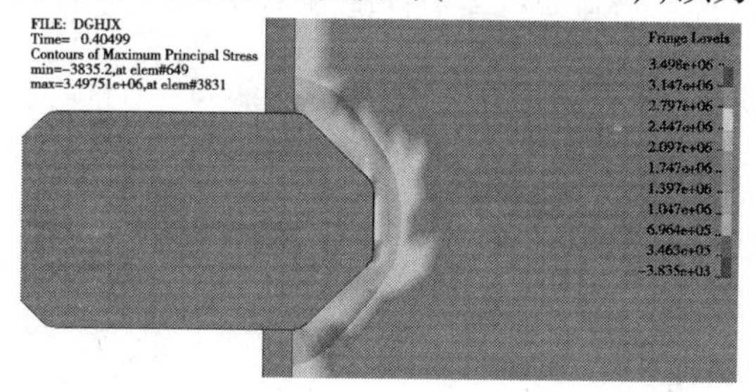

图 7.18　v = 0.7m/s 时的第一主应力分布

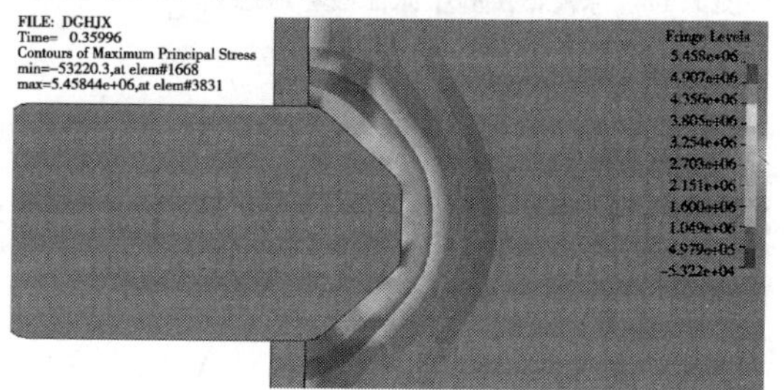

图 7.19　v = 1.3m/s 时的第一主应力分布

7.7.3　冰厚及承台宽度对冰荷载的影响

通过上节对冰面初始速度对冰荷载的影响分析可知，冰面初始速度对冰荷载的影响较大，考虑到项目研究的是静冰荷载效应，所以取 v = 0.3m/s 进行分析。

为了分析冰厚及承台宽度对冰荷载的影响，分别建立了不同冰厚及承台宽度的有限元模型，分析方案如表 7.6 所示。

分 析 方 案　　表 7.6

承台宽度 D(m)	冰厚 h(m)			
	0.1	0.25	0.35	0.5
13.95	模型 1	模型 5	模型 9	模型 13
23.25	模型 2	模型 6	模型 10	模型 14
32.55	模型 3	模型 7	模型 11	模型 15
37.2	模型 4	模型 8	模型 12	模型 16

以下分别对 16 个模型的碰撞力时程曲线（图 7.20）进行分析。

对图 7.20 的最大碰撞力进行统计得到表 7.7。

不同承台宽度和冰厚的碰撞力(单位:N) 表7.7

承台宽度 D(m)	冰厚 h(m)			
	0.1	0.25	0.35	0.5
13.95	3 064 170	7 383 910	10 254 100	14 170 900
23.25	3 309 760	8 170 760	11 301 100	15 847 500
32.55	3 878 730	8 632 150	11 869 600	16 584 800
37.2	3 793 910	8 742 770	11 943 300	16 587 500

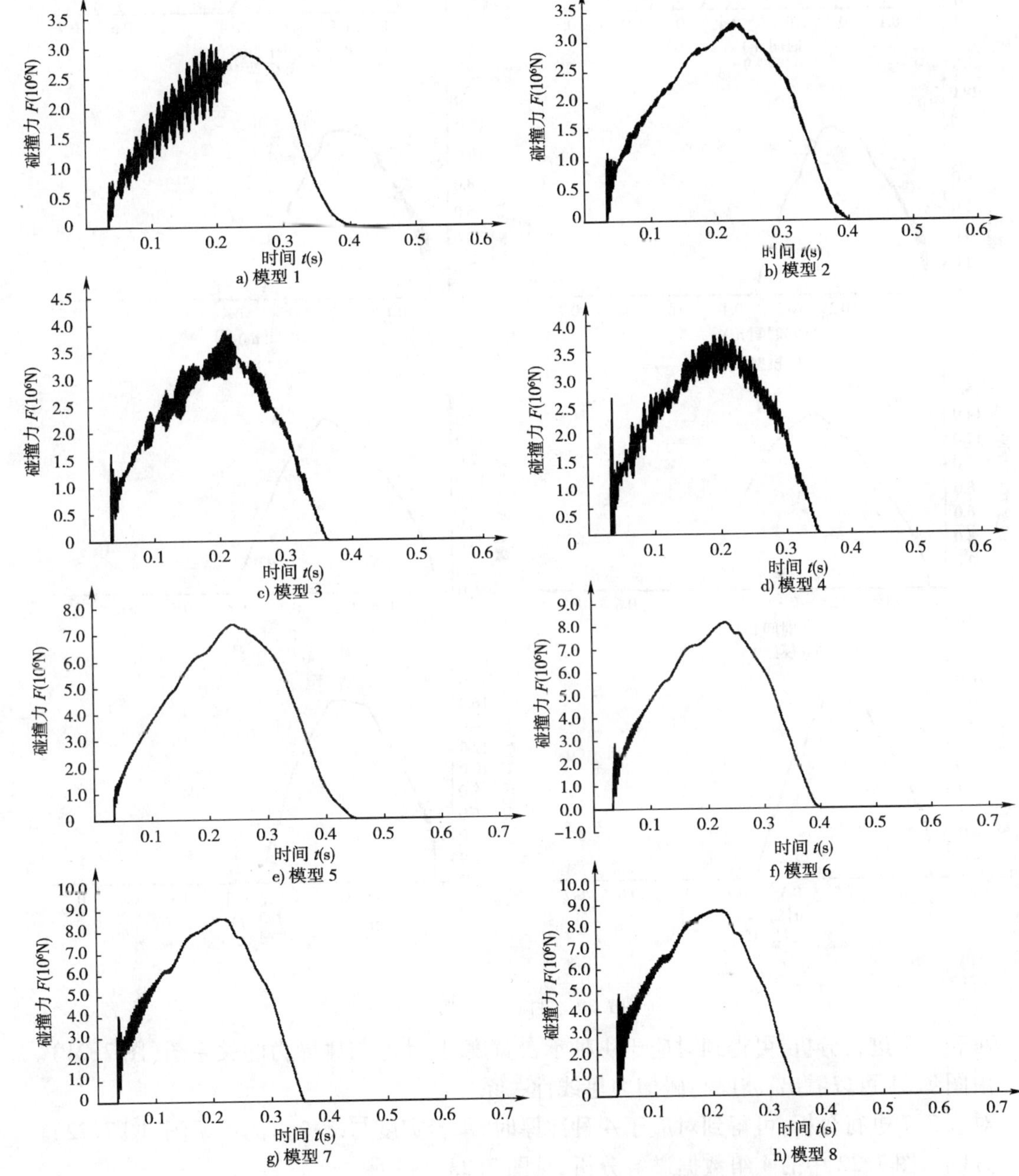

图 7-20

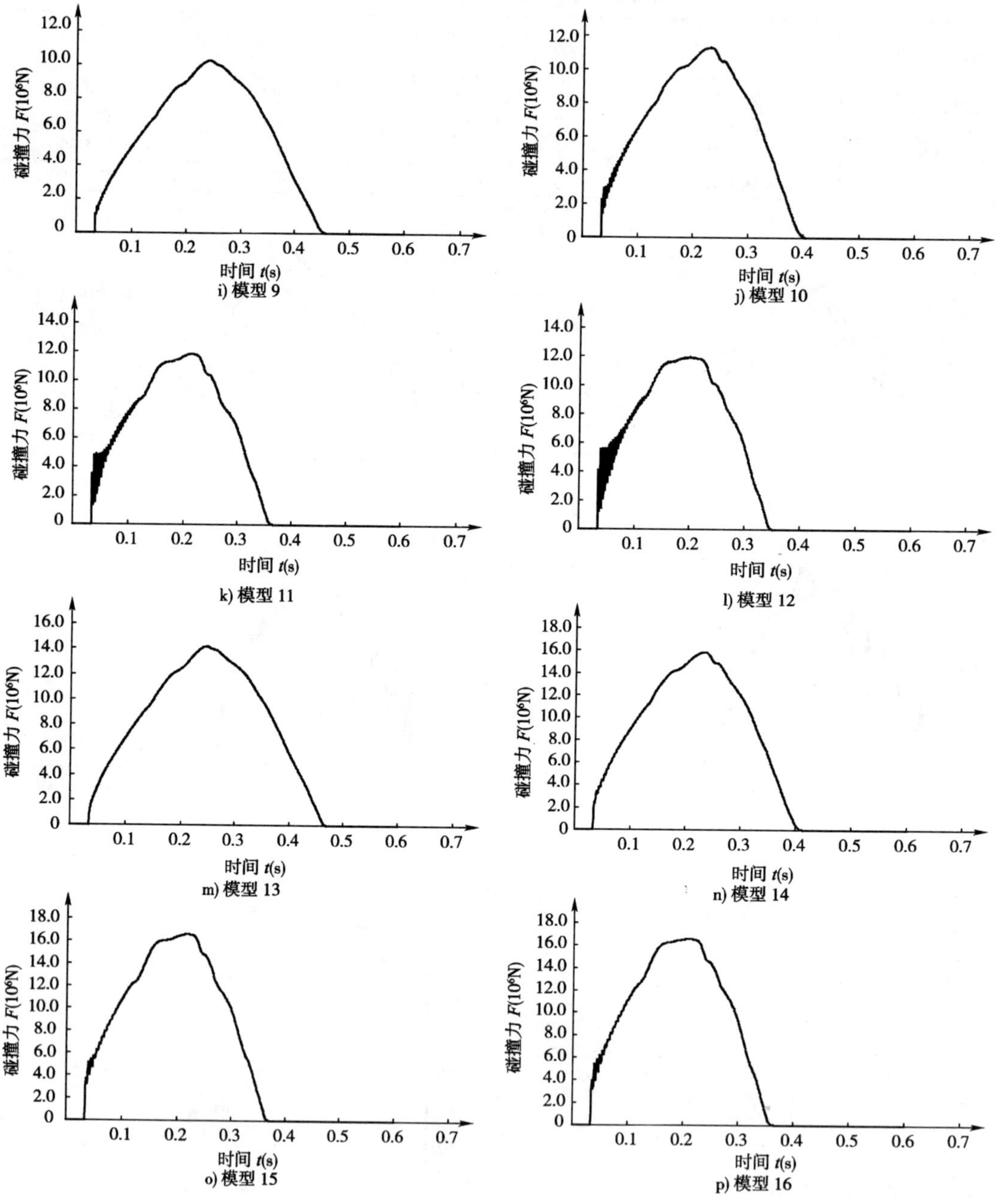
碰撞力 F(10⁶N)
时间 t(s)
i) 模型 9
j) 模型 10
k) 模型 11
l) 模型 12
m) 模型 13
n) 模型 14
o) 模型 15
p) 模型 16

图 7.20　碰撞力时程曲线

对表 7.7 进行分析，可得到对应于 4 种承台宽度时，冰厚与碰撞力的关系图（图 7.21）。由图 7.21 可以看出，冰厚与碰撞力呈线性关系。

对表 7.7 进行分析，可得到对应于 4 种冰厚时，承台宽度与碰撞力的关系图（图 7.22）。分别对图 7.22 中的 4 组数据进行分析，见图 7.23。

由图 7.23 可以看出，承台宽度与碰撞力呈二次抛物线关系。

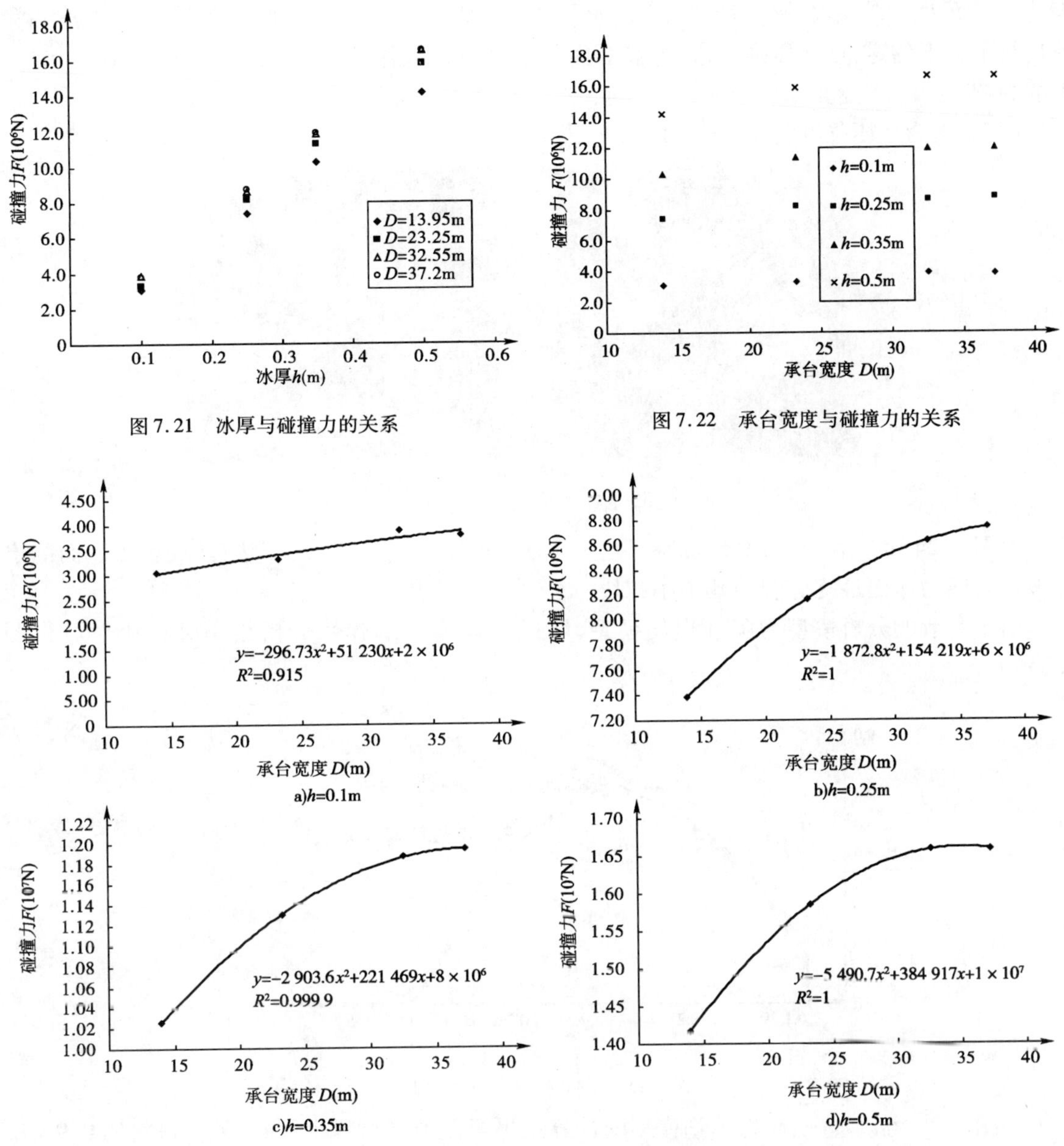

图 7.21　冰厚与碰撞力的关系

图 7.22　承台宽度与碰撞力的关系

图 7.23　承台宽度与碰撞力的关系

7.7.4　冰的强度对冰荷载的影响

选取模型 6 进行参数分析，分别考虑不同的冰压强度，分析不同冰压强度下碰撞力的变化规律。

冰压强度分别选取 0.5MPa、0.8MPa、1.3MPa、1.8MPa、2.3MPa 和 2.8MPa 进行分析。

冰的材料选取脆性损伤材料进行描述。考虑了冰的弹性模量、泊松比、密度、拉伸强度、抗压强度、剪切强度和断裂韧度及剪切退化系数等参数，由于非线性计算时上述参数对最终计算分析结果都会产生影响，而国外已有关于宽幅海洋平台结构的冰压公式都表明静冰荷载效应表达式里面对材料参数进行考虑时，只考虑了冰单轴抗压强度，因此进行计算时，对上述各参数进行了如下约定：使冰压强度进行变化，而其余材料常数保持恒定，以分析冰压强度对碰撞力的影响。

图 7.24 为冰压强度为 2.8MPa 的分析结果。

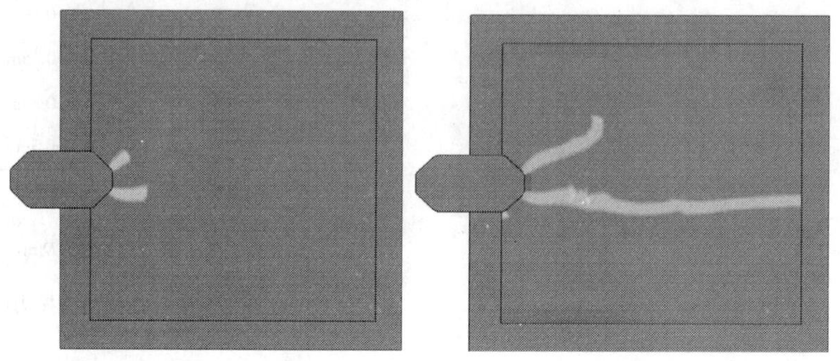

图 7.24 等效塑性应变发展

由图 7.24 可以看出，最终冰面除了已有研究表明的“应力圈”破坏状态外，整个冰面的宏观破坏表现为冰面最终破裂为几个小冰块。

由于本节的分析模型为脆性损伤模型，所以与模型 6 的弹性分析结果进行比较可得图 7.25。

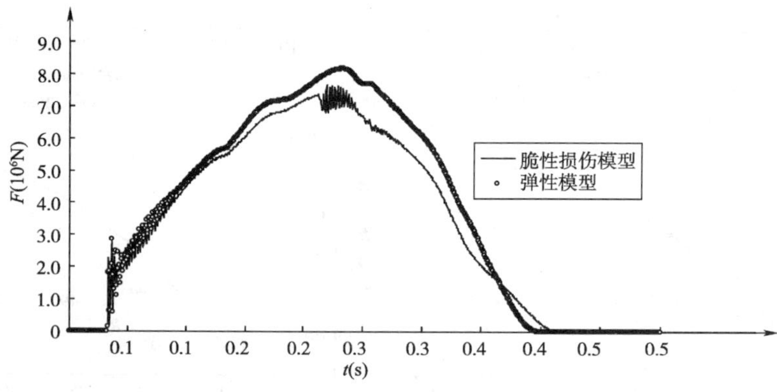

图 7.25 不同材料模型分析结果

由图 7.25 可以看出，脆性损伤模型的计算结果要比弹性材料小，约为弹性材料的 0.9 倍。

对其余的冰压强度（0.5MPa、0.8MPa、1.3MPa、1.8MPa、2.3MPa）进行同样分析，得到以下分析结果（图 7.26 ~ 图 7.30）。

由图 7.26 ~ 图 7.28 可以看出，冰压强度越小，冰面最终损伤越严重，冰压强度低的冰面最终冰面破碎为很多小块，而冰压强度高的冰面最终仅仅分裂为几个大冰块。

统计图 7.29 的最大碰撞力，得到的数值见表 7.8。

不同冰压对应的最大碰撞力 表 7.8

冰压强度 σ(MPa)	2.8	2.3	1.8	1.3	0.8	0.5
最大碰撞力 F(N)	7 657 510	7 323 980	7 317 200	7 276 760	7 249 870	6 823 540

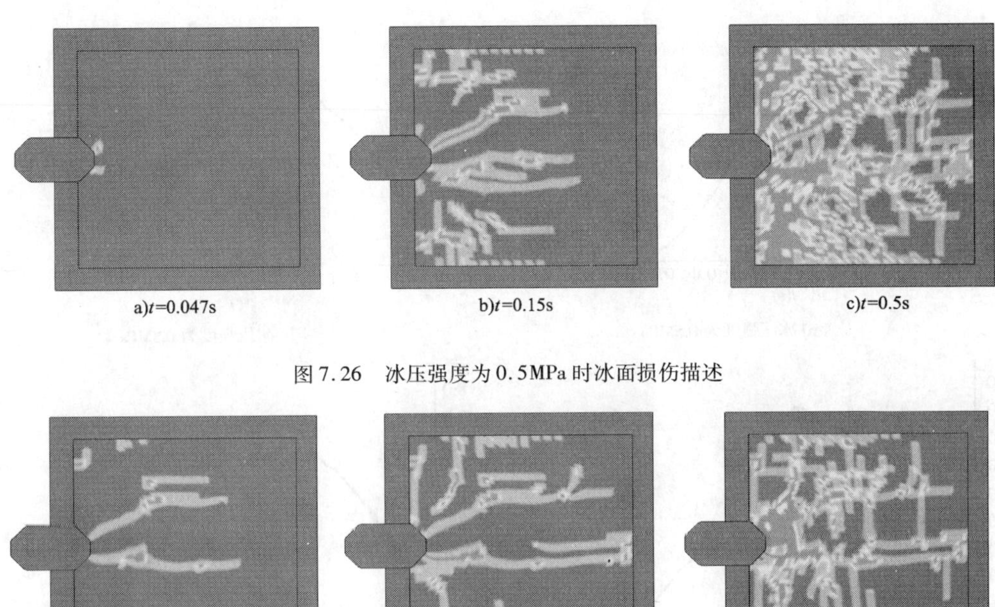

a)t=0.047s　b)t=0.15s　c)t=0.5s

图 7.26　冰压强度为 0.5MPa 时冰面损伤描述

a)t=0.29s　b)t=0.33s　c)t=0.54s

图 7.27　冰压强度为 0.8MPa 时冰面损伤描述

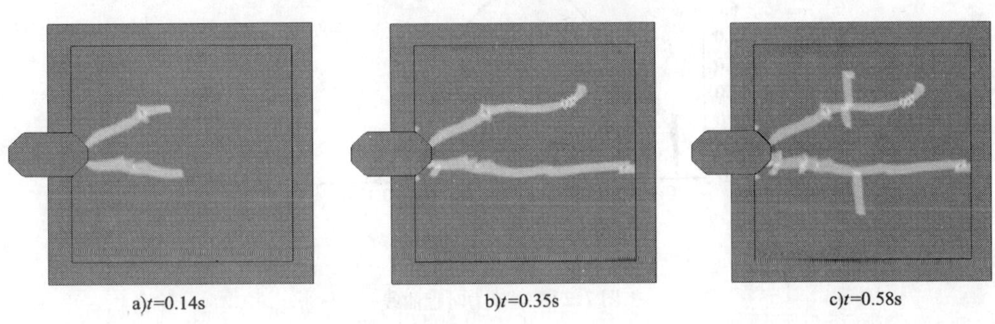

a)t=0.14s　b)t=0.35s　c)t=0.58s

图 7.28　冰压强度为 1.8MPa 时冰面损伤描述

由图 7.30 可以看出,冰压与最大碰撞力之间可近似假定为线性关系。

7.7.5　宽幅承台冰荷载模型

依据以上各节对不同参数取值的影响分析,可以得到冰荷载与冰面初始移动速度、冰厚、承台宽度及冰压强度之间的数学关系如下:

冰荷载与冰面移动速度表现为线性关系;

冰荷载与冰厚之间表现为线性关系;

冰荷载与承台宽度表现为二次抛物线关系;

冰荷载与冰压强度表现为线性关系。

依据上述四条假定,现建立冰荷载数学模型表达式为:

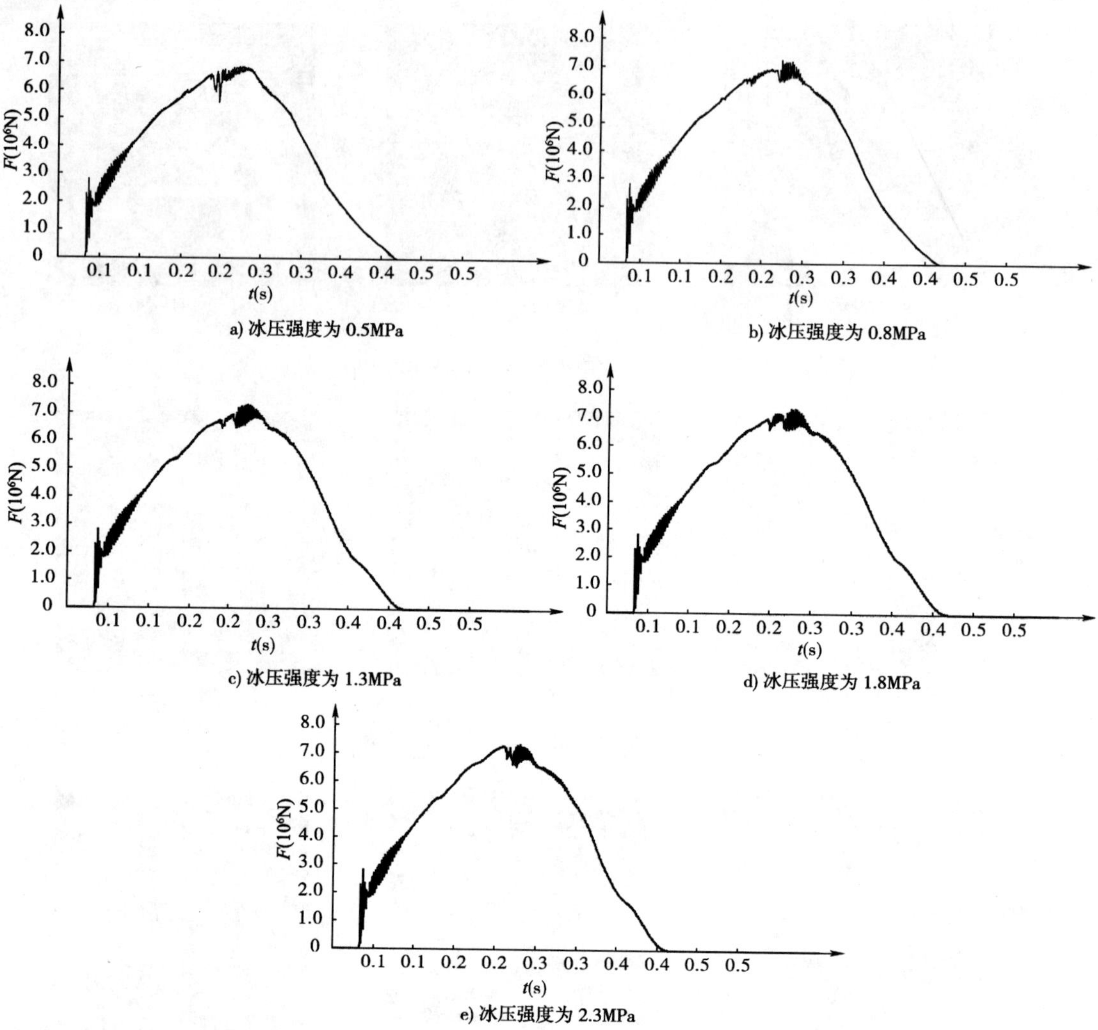
F(10⁶N)
t(s)
a) 冰压强度为 0.5MPa
b) 冰压强度为 0.8MPa
c) 冰压强度为 1.3MPa
d) 冰压强度为 1.8MPa
e) 冰压强度为 2.3MPa

图 7.29　碰撞力时程曲线

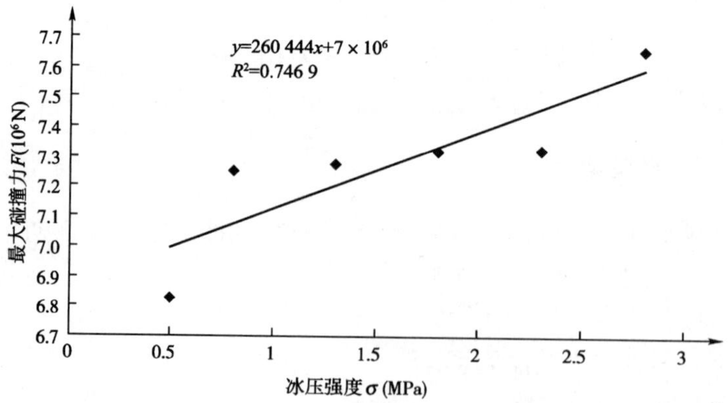
y=260 444x+7 × 10⁶
R²=0.746 9
最大碰撞力F(10⁶N)
冰压强度σ (MPa)

图 7.30　冰压与最大碰撞力关系曲线

$$F = c_1 v_{\text{ice}} h (c_2 D^2 + c_3) \sigma$$

式中：F——冰荷载(N)；

v_{ice}——冰面移动速度(m/s)；

D——承台迎冰面宽度(m)；

σ——冰压强度(Pa)；

c_1、c_2、c_3——待定系数。

对前几节分析的有限元模型数据进行拟合分析，得到三个待定系数数值分别为：

$$c_1 = 0.530\ 719\ 036\ 049\ 114$$

$$c_2 = 0.014\ 603\ 196\ 184\ 280\ 7$$

$$c_3 = 55.782\ 894\ 779\ 219\ 7$$

相关系数 $R = 0.947$，相关性较高。

7.7.6　冰荷载模型与国内外规范比较

建立的冰荷载模型为：

$$F = 0.53 v_{ice} h(0.01D^2 + 55.78)\sigma$$

式中：F——冰荷载(N)；

v_{ice}——冰面移动速度(m/s)；

D——承台迎冰面宽度(m)；

σ——冰压强度(Pa)。

应用建立的冰荷载模型和国内外的规范分别计算大沽河航道桥承台冰荷载，计算参数取值如下：承台宽度 $D = 23.25$m，冰厚 0.25m，冰压强度 2.8MPa，冰的弹性模量为 1GPa，冰的泊松比为 0.27，计算结果如表 7.9 所示，各计算结果比较见图 7.31。

本文模型与国内外的规范计算比较(单位：N)　　表 7.9

本文模型	日本规范	《公路桥涵设计通用规范》(JTG D60—2004)	加拿大规范	中国固定平台规范	中国渤海计算公式	美国规范
6 809 960	8 137 500	14 647 500	9 765 000	18 309 375	4 882 500	6 510 000

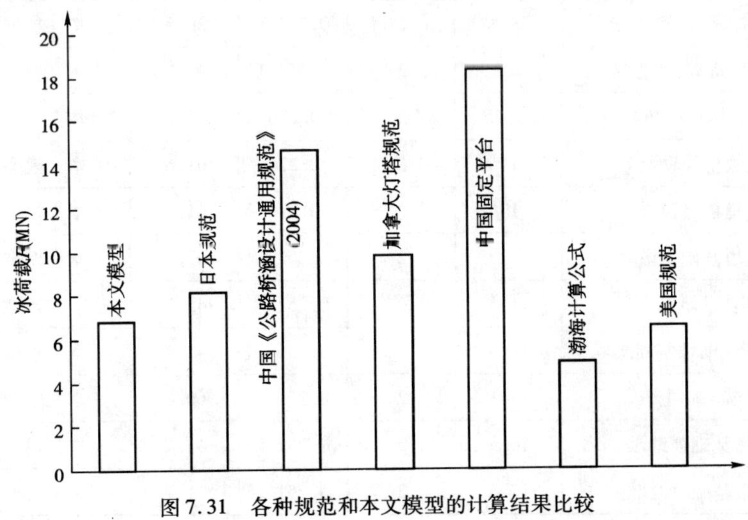

图 7.31　各种规范和本文模型的计算结果比较

由表7.9和图7.31可以看出,本文模型与日本和美国规范比较接近,而《公路桥涵设计通用规范》(JTG D60—2004)用于宽幅承台计算时荷载效应较大,应用应该慎重。

7.8 青岛海湾大桥冰荷载计算

根据课题组建立的冰荷载公式,可分别计算青岛海湾大桥的3个通航孔桥的索塔承台冰荷载。非通航孔桥的桥墩承台由于平面尺寸较小,因此按照《公路桥涵设计通用规范》(JTG D60—2004)(以下简称《通规》)进行计算,具体计算结果见表7.10。

各桥墩结构所受冰荷载计算结果(100年一遇) 表7.10

序号	桥墩名称	承台迎冰宽度(m)	冰压强度(MPa)	冰厚(m)	承台宽度/冰厚	采用表达式	冰荷载(kN)
1	50m独桩独柱墩身结构	3.2	2	0.251 5	12.7	《通规》	1 448.64
2	50m跨水中群桩基础1,构造一	7.1	2	0.251 5	28.2	《通规》	3 214.17
3	50m跨水中群桩基础1,构造二	7.1	2	0.251 5	28.2	《通规》	3 214.17
4	50m跨水中群桩基础2,构造一	7.8	2	0.251 5	31.0	本文模型	4 254.50
5	50m跨水中群桩基础2,构造二	7.8	2	0.251 5	31.0	本文模型	4 254.50
6	60m独桩独柱墩身结构	3.5	2	0.251 5	13.9	《通规》	1 584.45
7	60m跨群桩低墩,构造一	7.1	2	0.251 5	28.2	《通规》	3 214.17
8	60m跨群桩低墩,构造二	7.1	2	0.251 5	28.2	《通规》	3 214.17
9	60m跨群桩中墩,构造一	7.8	2	0.251 5	31.0	本文模型	4 254.50
10	60m跨群桩中墩,构造二	7.8	2	0.251 5	31.0	本文模型	4 254.50
11	60m跨群桩高墩,构造一	8.5	2	0.251 5	33.8	本文模型	4 263.11
12	60m跨群桩高墩,构造二	8.5	2	0.251 5	33.8	本文模型	4 263.11
13	60m跨群桩高墩,构造三	9.2	2	0.251 5	36.6	本文模型	4 272.46
14	60m跨群桩高墩,构造四	9.2	2	0.251 5	36.6	本文模型	4 272.46
15	大沽航道桥索墩	23.25	2	0.276	84.2	本文模型	5 066.17
16	大沽航道桥辅助墩	17	2	0.276	61.6	本文模型	4 857.88
17	大沽航道桥过渡墩	17	2	0.276	61.6	本文模型	4 857.88
18	沧口索塔基础主墩	17	2	0.251 5	67.6	本文模型	4 426.65
19	沧口索塔辅助墩基础2	11.5	2	0.251 5	45.7	本文模型	4 308.38
20	沧口索塔辅助墩基础3	11.5	2	0.251 5	45.7	本文模型	4 308.38
21	红岛索塔基础主墩	15.1	2	0.251 5	60.0	本文模型	4 380.63
22	红岛索塔基础辅助墩	10.5	2	0.251 5	41.7	本文模型	4 291.78
23	红岛索塔基础过渡墩	10.5	2	0.251 5	41.7	本文模型	4 291.78

7.9　本章小结

（1）对非通航孔桥墩，桥墩尺度小，适用于港工规范（及桥涵规范）中的条件，因此，建议选用上述规范方法进行冰荷载计算。对通航孔桥墩，其平面尺度较大，我国规范中未有明确的计算方法。因此，课题组基于大量的参数分析建立了适合于宽幅承台的冰荷载作用模型，通过与国内外的规范进行比较，确认课题组的模型合理有效。

（2）建设桥墩的近冰面做成圆弧形、多边形或尖角，并宜在受冰作用的部位缩小其迎冰面投影宽度。

（3）对流冰期的设计高水位以上0.5m到设计低水位以下1.0m的部位宜采取提高混凝土抗冻性、花岗石镶面或包钢板等措施。

第 8 章 波浪模型试验

8.1 数值计算研究的条件和内容

8.1.1 计算水位

计算水位按要求采用 100 年一遇高潮位，取 +3.33m 。根据不同区段的桥梁基础结构，选用一参比水位，不同结构的参比水位参见 8.1.2 节。

8.1.2 计算波浪和水流要素及水深参数

参考青岛海湾大桥水文分析报告及图 8.1，工程沿线各代表点处的波浪和水流要素分别如表 8.1 和表 8.2 所示。

各计算点重现期为 100 年一遇设计波浪要素 表 8.1

计算点	方向	波高 $H_{1/10}$(m)	波高 $H_{1\%}$(m)	周期 T(s)
A2	SSW	2.21	2.63	5.1
	SW	1.66	1.97	4.4
	WSW	2.03	2.42	4.8
	W	2.40	2.86	5.0
B2	SSE	2.28	2.71	5.2
	S	2.48	2.95	5.3
	SW	1.52	1.81	4.2
C2	ENE	2.03	2.42	4.7
	E	2.38	2.83	5.2

各计算点 100 年一遇设计流速 表 8.2

测点	方向	流速(cm/s)
1	NNW	149.4
2	NNW	140.7
3	N	132.4
4	N	107.1
5	NNE	137.2
6	NNE	115.5

考虑桥轴线的走向和波浪水流之间的关系，同时针对各代表点处的波浪大小相差不大的实际情况，按下述原则选取对应各计算桥墩处的波流要素。

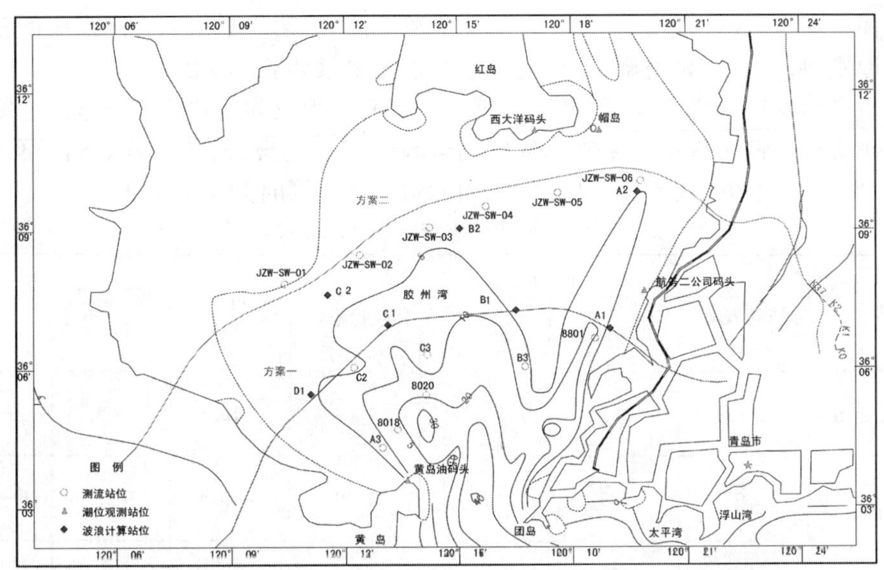

a) 青岛海湾大桥(北桥位)两方案地理位置及测流、波浪计算站位示意图

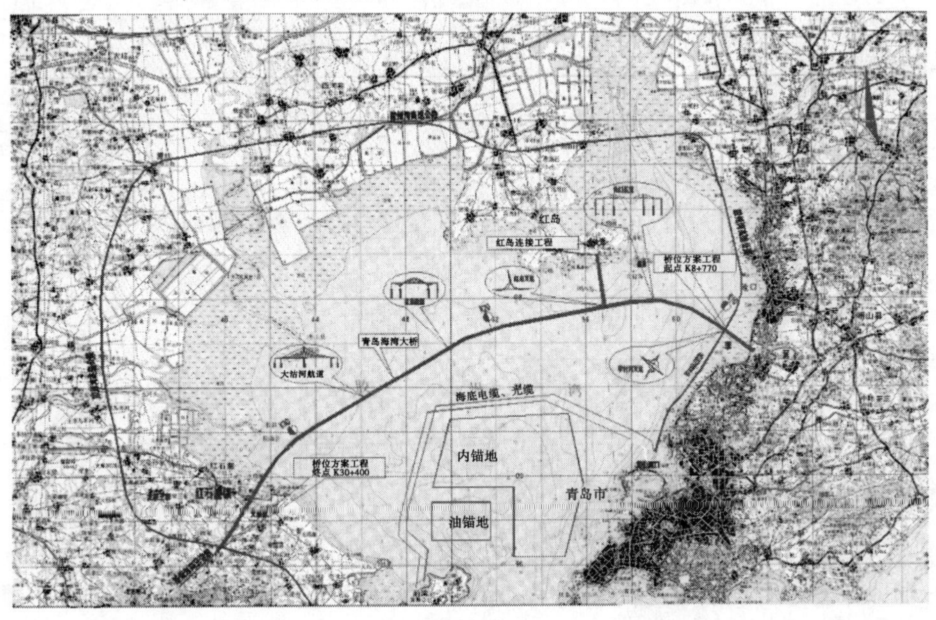

b) 最终桥位图

图 8.1 工程位置和波流要素计算点位置图

(1)大沽和红岛通航孔桥墩基础:顺桥向取 C2 点 E 向波浪;横桥向取 B2 点 S 向波浪。

(2)沧口通航孔桥墩基础:顺桥向取 A2 点 W 向波浪;横桥向取 A2 点 SSW 向波浪。

(3)引桥基础:由于每种结构分布于整个桥墩轴线上,波浪取 A2、B2 和 C2 中的较大值。

(4)流速的选取:从各测点的流速分布来看,除 5 号点流速与轴线有一夹角外,其他流速基本与桥轴线垂直,因此三个通航孔处的顺桥向不考虑流速,横桥向考虑流速,大沽、红岛和沧口分别取 1、2、5 号点的较大流速。

对于引桥基础,下部结构顺桥向和横桥向尺度相同,而横桥向和顺桥向的波浪基本一致,

所以仍只在横桥向考虑流，顺桥向不考虑流，如前述原因，流速的取值取6个点中的较大流速。

按上述原则，针对各计算桥墩，选用的波浪及水流要素如表8.3所示。

各计算桥墩的水底高程考虑了冲刷坑的影响，水底高程取为原地面高程减去冲刷坑深度。参考青岛海湾大桥一期工程桥梁基础局部冲刷试验研究专题报告，考虑各非通航孔桥结构的适用范围，选取各结构的代表水深，计算中采用的水底高程同时列于表8.3。

对应各计算结构的水流要素及水深参数　　表8.3

计算结构	横桥向				水底高程(m)	桩顶高程(m)	计算水位(m)
	波高 $H_{1\%}$(m)	周期 T(s)	顺流流速(m/s)	逆流流速(m/s)			
50m跨连续梁桥墩	2.95	5.3	1.49	1.49	-10.2	-5	3.33
							-3.44
大沽航道桥索塔方案主墩基础	2.95	5.3	1.49	1.49	-15.4	-3.5	3.33
							-1
大沽航道桥辅助墩	2.95	5.3	1.49	1.49	-10.8	-1.5	3.33
							-1
大沽航道桥过渡墩	2.95	5.3	1.49	1.49	-10.8	-3	3.33
							-1
沧口索塔基础主墩	2.63	5.1	1.37	1.37	-16.5	-2.5	3.33
							-0.5
沧口索塔基础辅助墩	2.63	5.1	1.37	1.37	-14.3	-1.5	3.33
							0
红岛索塔基础主墩	2.95	5.3	1.4	1.4	-12.9	-2.5	3.33
							-1.5
红岛索塔基础辅助墩	2.95	5.3	1.4	1.4	-11.9	-1.5	3.33
							-1

8.2 承台波浪力模型试验

青岛海湾大桥是一座跨海大桥，与陆上桥梁不同。如何确定海上波浪对桥墩基础作用力是跨海大桥设计需要考虑的重要问题之一。由于设计桥墩基础结构复杂，必须采用数模或物模的方法才能较准确地给出桥墩基础部分所受波浪力。通过模型试验对作用于桥墩上的波浪力大小进行研究，为大桥基础计算分析提供依据。

近年来随着海洋石油、海上航运等事业的发展，海洋工程迅速增多。波浪作用下结构物所受的冲击作用已引起国内外学者的广泛关注。众所周知，通常使用Morision公式计算作用于小尺度垂直圆柱上的波力。对于小尺度水平圆柱，当它处于自由液面附近时，将受到波浪的冲击力。关于作用在小尺度水平圆柱上的波浪冲击力问题，已有一些半理论、半经验的计算公式采用类似于Morsion公式的速度力项计算作用在水平单圆柱与双圆柱的冲击力。该研究工作表明，对于水平圆柱而言，冲击力通常可以冲击系数表达，但该系数离散性较大，在1.0～7.79之间变化。国内学者对透空式建筑物面板的波浪冲击力提出了一些工程实用的估算方法。例如海港码头结构设计手册中推荐的平均压力法，是一个相对简单的波浪冲击力估算公式，此方法对波浪冲击力按静压力处理，波浪动力效应通过乘以一常数来考虑，不能正确地反映冲击力的大小及分布的变化规律。

波浪对海岸与近海工程结构的冲击力作用时间极短，但是其破坏力是巨大的。因此课题组采用脉动压力测量方法对作用于承台的冲击压强进行了物理模型试验，重点分析其变化规律，同时也给出了承台的作用力数学模型。

在稳定波场中，每次试验时间不少于10个波，每种工况重复进行三次，以确保试验数据的可靠性。

由于冲击作用的时间非常短，不同的采样频率所得结果差别较大，而且最大冲击压强测量值随采样频率的增大而增大，这样对点压强的采样间隔有一定要求。经过多次试验得出，当采样时间间隔小于0.006s时，压强值的变化不大。因此，本次试验冲击压强的采样间隔取为0.006s，采样时间为18s。

8.2.1　试验模型

如图8.2~图8.5所示为物理模型。

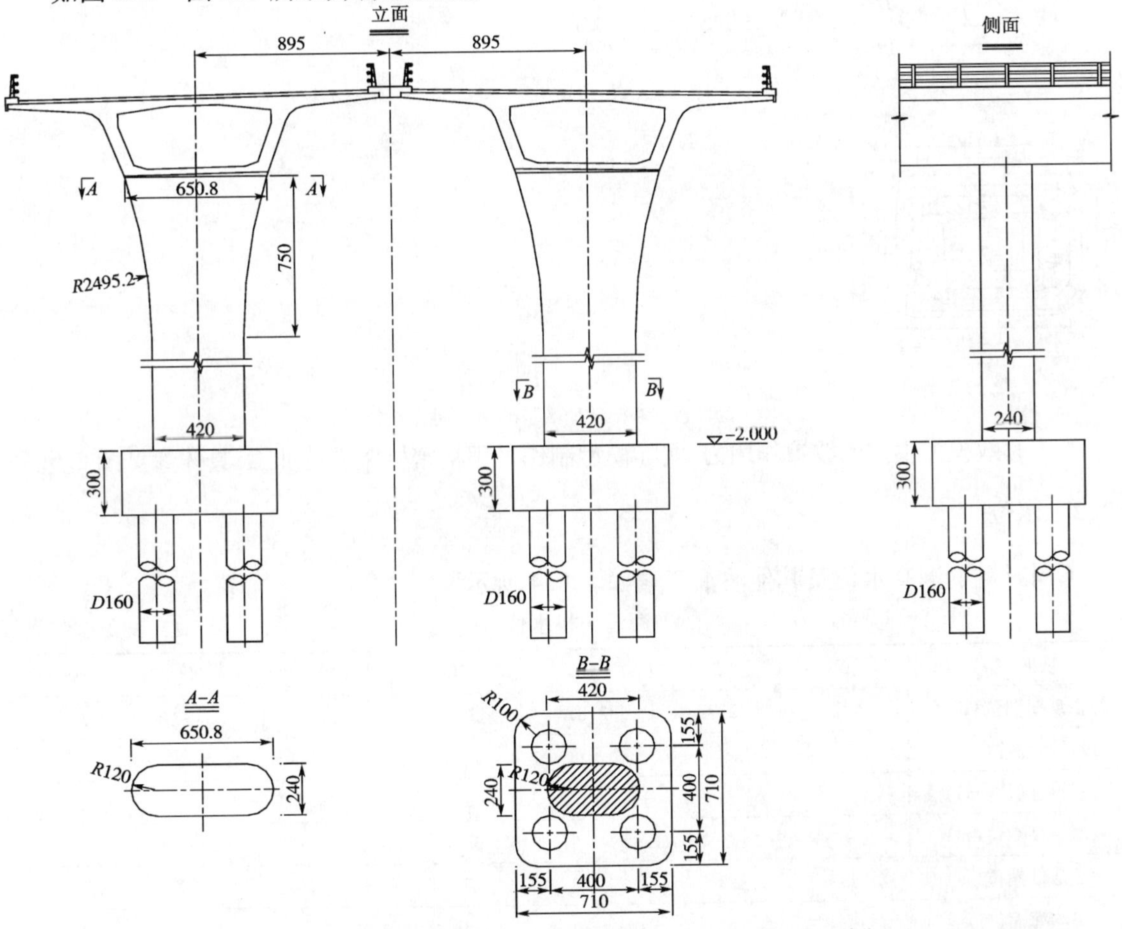

图8.2　60m跨群桩低墩墩身及基础一般构造（尺寸单位：cm；高程单位：m）

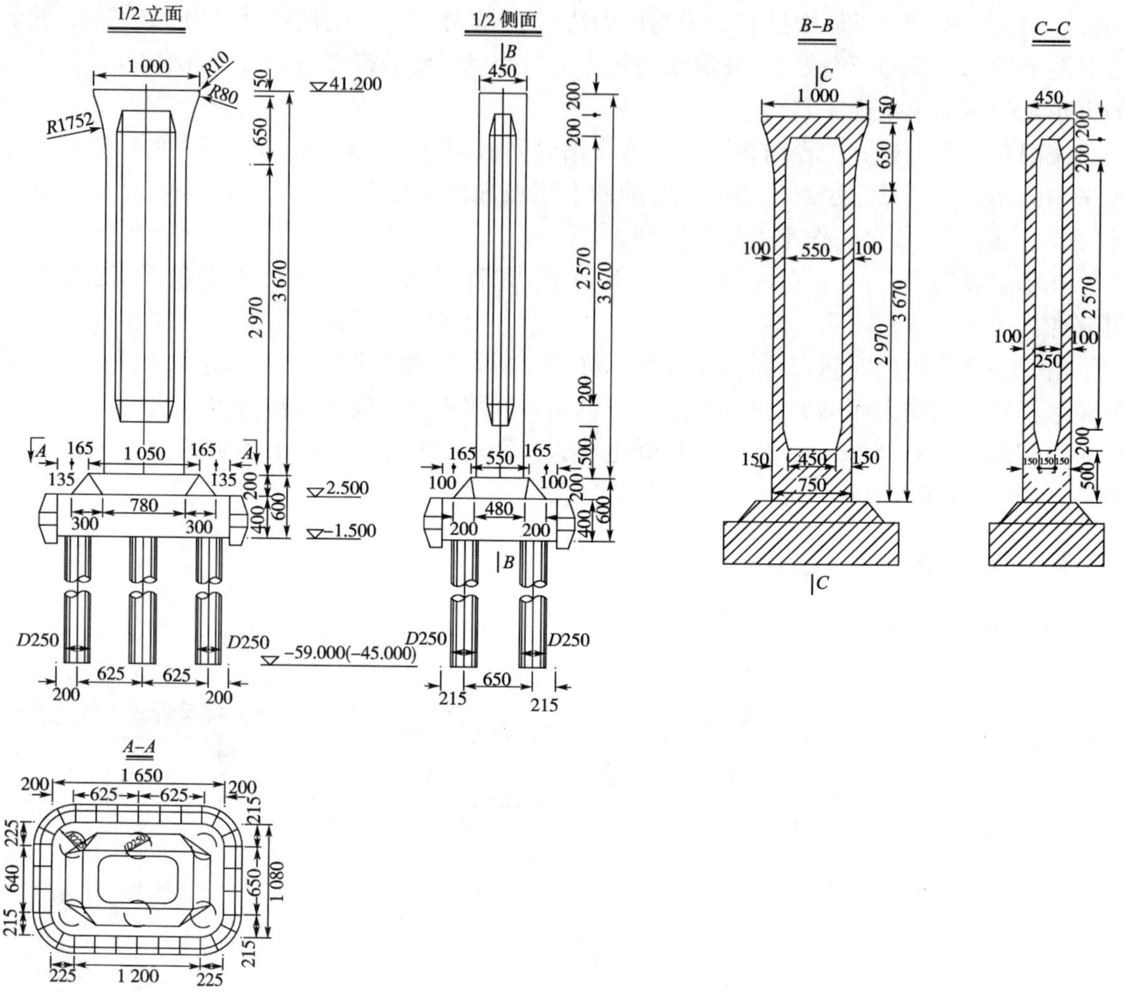

图 8.3　沧口索塔基础辅助墩基础 3(尺寸单位:cm)

为了有效模拟模型的波浪作用力,实际模型制作采用精密机床进行加工,具体参见图 8.5。

8.2.2　水位

不同时期的潮高水位及其他波浪要素如表 8.4 所示。

海湾大桥水位　　表 8.4

重现期(年)	2	5	10	20	50	100	300
各重现期潮位(m)	2.53	2.73	2.87	3.03	3.16	3.3	3.5
设计高潮位(m)	1.92						
设计低潮位(m)	-2.05						
极端最高潮位(m)	3.16						
极端最低潮位(m)	-3.14						
平均海面(m)	0						

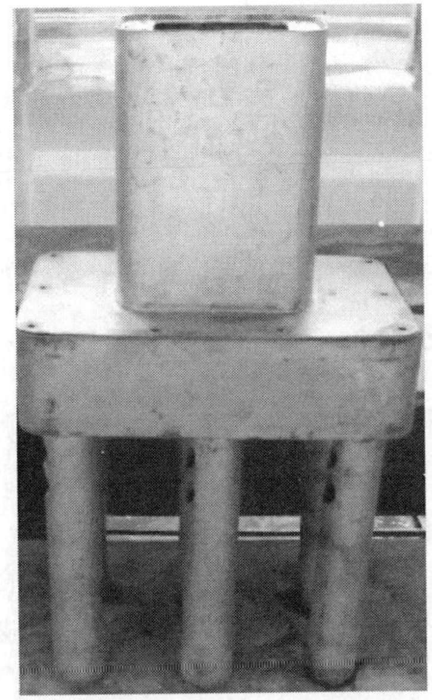

图 8.4　模型照片

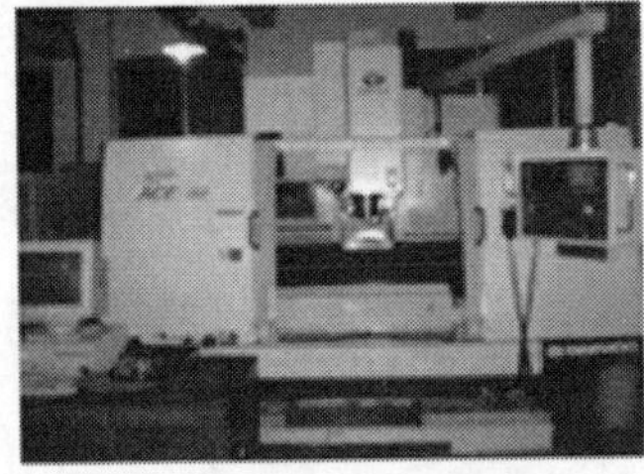

a) 墩柱曲面采用数控机床加工

b)传感器安置处加工

图 8.5　模型制作

8.2.3　波浪要素

根据胶州湾的基本情况，由 2003 年 11 月国家海洋局第一海洋研究所《国家重点公路青岛～红其拉甫线青岛高架路段水文分析计算专题报告》,胶州湾为一半封闭的内陆海湾,水域内的波浪主要由风形成,也就是说,湾内的波浪主要是短风区的浅水风浪,其特点是有风就有浪,风停浪消;波高尺度较小,波浪的周期也比较小。

确定线形波的波面方程为:

$$\varepsilon = \frac{H}{2}\cos\theta \tag{8.1}$$

由此得到水质点的水平速度 μ 和加速度 $\dot{\mu}$ 为:

$$\mu = \frac{\pi H}{T}\frac{\cosh(z+d)}{\sinh kd}\cos\theta \tag{8.2}$$

$$\dot{\mu} = \frac{2\pi^2 H}{T^2}\frac{\cosh(z+d)}{\sinh kd}\sin\theta \tag{8.3}$$

式中：ε——波面；

H——波高；

θ——相位；

k——波数；

d——水深；

z——水质点所在的位置。

8.2.4 试验内容及要求

对于跨海大桥桥墩基础，波浪荷载主要为作用于墩身、承台和桩的水平力。

本次试验测试的内容包括墩柱的正向水平力。

(1)在不同的模型比尺下(1∶30,1∶50)，同一重现期下，测定各波浪要素。

(2)在不同的重现期相同模型比尺下，各波浪要素。

(3)在水流分别为单向水流、波浪+顺流和波浪+逆流条件下，桥墩各个方向的受力情况(在水流轴线方向及垂直于轴线方向)，及其他波浪要素。

8.2.5 模型设计及试验方法

模型按重力相似准则及《波浪模型试验规程》的有关要求进行设计。

模型的几何比尺为1∶30时，相对应的其他物理量的模型比尺为：

时间比尺：$T_r = L_r^{0.5} = 1:5.477$；

重量比尺：$W_r = L_r^3 = 1:27\ 000$；

压强比尺：$P_r = L_r = 1:30$；

总力比尺：$F_r = L_r^3 = 1:27\ 000$；

流速比尺：$U_x = L_r^{0.5} = 1:5.477$；

流量比尺：$Q_x = L_r^{2.5} = 1:4\ 929.503$。

模型的几何比尺为1∶50时，相对应的其他物理量的模型比尺为：

时间比尺：$T_r = L_r^{0.5} = 1:7.07$；

重量比尺：$W_r = L_r^3 = 1:125\ 000$；

压强比尺：$P_r = L_r = 1:50$；

总力比尺：$F_r = L_r^3 = 1:125\ 000$；

流速比尺：$U_x = L_r^{0.5} = 1:7.07$；

流量比尺：$Q_x = L_r^{2.5} = 1:17\ 677.7$。

桥墩模型采用聚氯乙烯板加工而成。

试验方法如下：

(1)试验依据的原始波浪要素，在模型安放之前进行率定。

(2)确定试验水位为承台高度方向的不同水位，具体试验时，调整不同的水位进行承台波浪力的测定，具体参见图8.6。

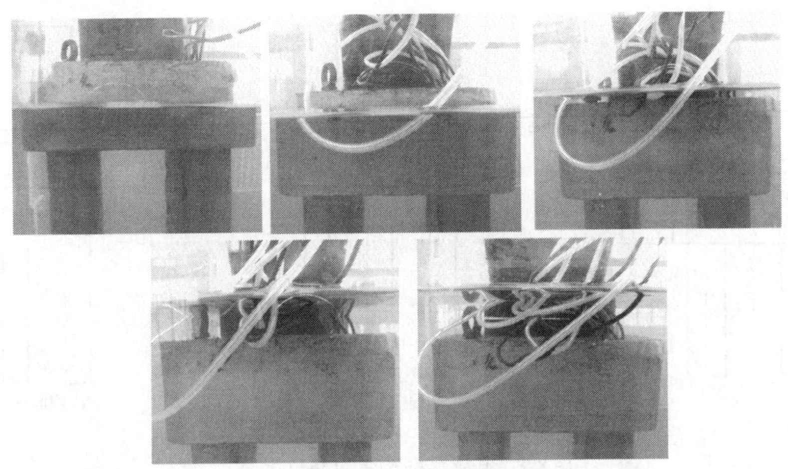

图 8.6　不同水位的照片

(3)用波高仪、数据采集仪确定波浪要素。

(4)用压力传感器测量作用于承台上的正向水平力。承台波浪试验见图 8.7。

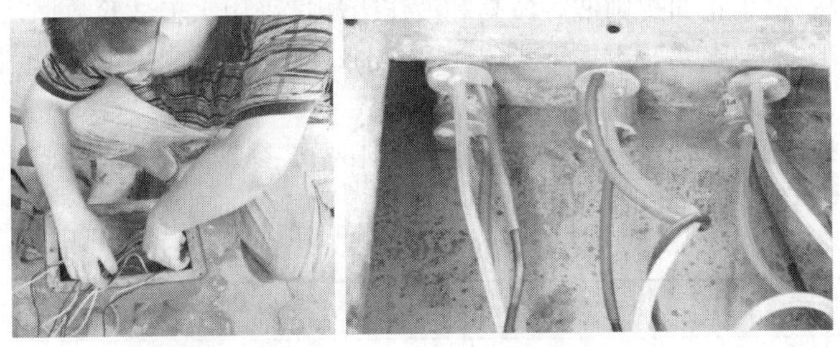

a) 安装传感器　　b) 压力传感器布置

c) 数据采集系统 (DJ800 和电脑测试界面)

d) 造波仪

e) 波的消能装置

图 8.7　承台波浪试验

(5)由于桥墩的尺寸类型因所在位置及作用不同,故在试验中需模拟数个桥墩以作比较。

主跨 60m 的连续梁桥墩波流模型试验传感器布置见图 8.8。沧口辅助墩模型的传感器编号与主跨 60m 的连续梁桥墩波流模型传感器编号相同。

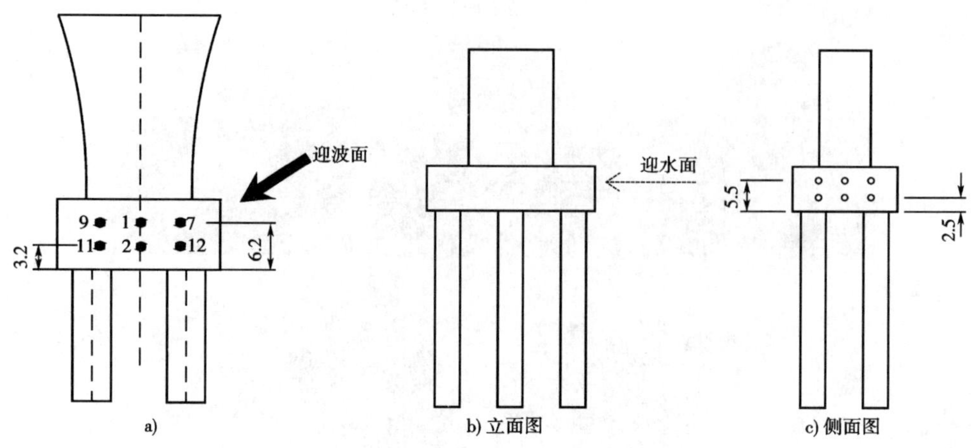

图 8.8　传感器布置(尺寸单位:cm)

8.2.6　试验设备及量测仪器

断面模型试验在长 25m、宽 0.6m、高 0.8m 的无反射水槽内进行(图 8.9)。其一端装有水流式无反射造波机,产生正向规则波。波高和波压力测试采用水工试验数据采集处理系统。

量测仪器如下:①波浪实验数据采集仪;②波高仪;③应力应变测量仪;④造波机;⑤电脑;⑥打印机。

进行了 2 个模型的模型试验,模型试验中的波浪要素参数值见表 8.5。模型 1 为 50m 非通航孔桥墩模型,模型 2 为沧口辅助墩模型。

模型波浪要素　　表 8.5

工况编号	模型	水深 H_w(cm)	波高 H(cm)	周期 T(s)	波长 λ(m)
1AA	1	36.2	8.8	1.041	1.137
1AB	1	37.9	8.2	0.911	0.837
1AC	1	38.7	5.6	0.812	0.658
1BC	1	40.5	6.7	0.858	0.592
1BB	1	41.7	6.3	0.826	0.637
1BA	1	42.9	7.4	0.884	0.777
1BD	1	44.9	8.9	1.229	1.465
1CA	1	45.5	11.8	1.306	1.637
1CB	1	46.6	10.8	1.038	1.237
1CC	1	46.8	8.8	0.877	0.719
2AA	2	41.9	9.2	0.942	0.876
2AB	2	42.1	7.7	1.262	1.538

续上表

工况编号	模型	水深 H_w(cm)	波高 H(cm)	周期 T(s)	波长 λ(m)
2AC	2	42.2	6.8	0.863	0.699
2BC	2	39.9	6.6	0.863	1.093
2BB	2	38.7	7.1	1.106	1.261
2BA	2	37.5	10.1	1.306	1.708
2BD	2	36.5	8.2	0.925	0.823
2CD	2	35.5	8.7	0.925	0.883
2CC	2	34.6	7.2	0.867	0.644
2CB	2	33.3	7.7	1.519	1.868
2CA	2	32.9	7.9	1.280	1.475

图8.9 试验室内模型试验照片

图8.10~图8.12为各个工况的波压时程曲线,限于篇幅,只给出1AA的测试结果。

由图8.10~图8.12可看出,各测点的冲击压强随时间周期性变化,在一个冲击周期内,主要由强度很大但历时很短的瞬时冲击压强和之后发生的历时较长但变化缓慢的动水压强组成。

8.2.7 承台波浪力数据整理

在试验数据分析中,由于波浪冲击过程的复杂性,试验所得测点各周期的压强峰值并不完全相等,且峰值的最大值离散性较大,不能作为分析冲击压强的指标,而各周期峰值的平均值相对较稳定,因此取该值作为统计分析的特征值。

50m 通航孔桥模型的波浪压强统计数据参见表 8.6 ~ 表 8.8。限于篇幅限制，只给出少量测试数据的整理结果。

1AA 模型波浪力数据　　表 8.6

试验次数	传感器编号	峰值数据(kPa)															平均值(kPa)
1	1	0.35	0.28	0.35	0.31	0.33	0.36	0.35	0.32	0.48	0.37	0.33	0.31	0.32	0.34	0.33	0.34
	2	0.56	0.51	0.59	0.61	0.58	0.61	0.86	0.62	0.56	0.57	0.70	0.60	0.51	0.53	0.43	0.59
	7	0.41	0.29	0.42	0.35	0.38	0.41	0.38	0.36	0.45	0.45	0.40	0.35	0.37	0.36	0.42	0.39
	9	0.36	0.28	0.35	0.30	0.34	0.30	0.35	0.29	0.39	0.34	0.33	0.29	0.31	0.32	0.37	0.33
	11	0.57	0.49	0.58	0.52	0.57	0.47	0.58	0.49	0.57	0.56	0.54	0.52	0.53	0.52	0.55	0.54
	12	0.58	0.47	0.74	0.52	0.54	0.52	0.58	0.54	0.61	0.61	0.55	0.53	0.55	0.51	0.57	0.56
2	1	0.31	0.31	0.25	0.37	0.32	0.39	0.66	0.37	0.37	0.32	0.47	0.36	0.28	0.43	0.20	0.36
	2	0.55	0.52	0.58	0.60	0.70	0.60	0.90	0.61	0.58	0.57	0.70	0.60	0.49	0.52	0.49	0.60
	7	0.33	0.31	0.25	0.40	0.32	0.34	0.43	0.39	0.42	0.37	0.53	0.40	0.29	0.31	0.20	0.35
	9	0.35	0.29	0.25	0.36	0.31	0.40	0.36	0.39	0.40	0.30	0.45	0.43	0.29	0.29	0.24	0.34
	11	0.56	0.51	0.46	0.55	0.51	0.60	0.59	0.59	0.57	0.52	0.62	0.58	0.51	0.52	0.44	0.54
	12	0.52	0.50	0.43	0.56	0.52	0.52	0.60	0.58	0.59	0.52	0.59	0.56	0.49	0.46	0.39	0.52
3	1	0.41	0.28	0.41	0.25	0.41	0.30	0.27	0.36	0.56	0.42	0.47	0.43	0.28	0.37	0.32	0.37
	2	0.63	0.53	0.62	0.49	0.79	0.55	0.54	0.68	0.62	0.67	0.59	0.67	0.58	0.62	0.53	0.61
	7	0.43	0.30	0.44	0.28	0.35	0.34	0.32	0.37	0.43	0.42	0.32	0.37	0.32	0.38	0.37	0.36
	9	0.42	0.29	0.44	0.26	0.30	0.31	0.29	0.37	0.40	0.43	0.45	0.42	0.29	0.35	0.29	0.36
	11	0.62	0.50	0.64	0.47	0.54	0.53	0.51	0.58	0.54	0.65	0.57	0.59	0.49	0.60	0.50	0.56
	12	0.62	0.47	0.61	0.44	0.52	0.51	0.54	0.51	0.56	0.61	0.51	0.54	0.48	0.57	0.53	0.53

1AB 模型波浪力数据　　表 8.7

试验次数	传感器编号	峰值数据(kPa)															平均值(kPa)
1	1	0.16	0.46	0.38	0.26	0.32	0.40	0.44	0.36	0.43	0.45	0.25	0.22	0.28	0.37	0.33	0.34
	2	0.47	0.69	0.65	0.51	0.65	0.63	0.71	0.63	0.64	0.75	0.46	0.24	0.27	0.48	0.53	0.56
	7	0.21	0.45	0.41	0.28	0.32	0.35	0.52	0.40	0.46	0.51	0.27	0.32	0.36	0.38	0.34	0.38
	9	0.19	0.54	0.38	0.28	0.36	0.43	0.49	0.39	0.33	0.46	0.26	0.21	0.27	0.36	0.34	0.35
	11	0.49	0.71	0.62	0.49	0.57	0.62	0.70	0.56	0.53	0.69	0.48	0.22	0.31	0.43	0.51	0.53
	12	0.45	0.59	0.58	0.46	0.52	0.51	0.71	0.58	0.61	0.66	0.45	0.29	0.19	0.49	0.53	0.51
2	1	0.42	0.40	0.47	0.39	0.35	0.35	0.31	0.30	0.21	0.32	0.25	0.33	0.33	0.24	0.33	0.33
	2	0.67	0.66	0.73	0.64	0.64	0.63	0.56	0.59	0.51	0.57	0.55	0.39	0.56	0.55	0.49	0.58
	7	0.40	0.40	0.44	0.46	0.37	0.39	0.36	0.38	0.25	0.35	0.31	0.32	0.35	0.26	0.32	0.35
	9	0.40	0.40	0.49	0.40	0.39	0.36	0.34	0.29	0.23	0.31	0.29	0.34	0.39	0.38	0.33	0.35
	11	0.62	0.60	0.70	0.63	0.61	0.62	0.55	0.55	0.49	0.55	0.53	0.41	0.54	0.59	0.45	0.56
	12	0.57	0.57	0.63	0.58	0.58	0.59	0.55	0.58	0.46	0.55	0.53	0.38	0.51	0.55	0.47	0.54

续上表

试验次数	传感器编号	峰值数据(kPa)															平均值(kPa)
3	1	0.37	0.38	0.34	0.28	0.25	0.32	0.28	0.20	0.31	0.21	0.19	0.32	0.34	0.23	0.34	0.29
	2	0.65	0.62	0.59	0.53	0.56	0.65	0.50	0.46	0.63	0.49	0.44	0.56	0.65	0.56	0.65	0.57
	7	0.39	0.42	0.37	0.29	0.29	0.35	0.29	0.29	0.24	0.19	0.33	0.38	0.28	0.39	0.34	0.32
	9	0.40	0.41	0.39	0.34	0.28	0.42	0.31	0.25	0.34	0.27	0.23	0.34	0.37	0.26	0.33	0.33
	11	0.63	0.62	0.62	0.57	0.54	0.62	0.56	0.49	0.56	0.48	0.49	0.57	0.60	0.50	0.57	0.56
	12	0.58	0.59	0.55	0.49	0.49	0.55	0.51	0.39	0.51	0.44	0.41	0.53	0.57	0.47	0.57	0.51

1AC 模型波浪力数据 表8.8

试验次数	传感器编号	峰值数据(kPa)															平均值(kPa)
1	1	0.37	0.44	0.26	0.41	0.25	0.43	0.38	0.39	0.31	0.27	0.29	0.36	0.41	0.22	0.28	0.34
	2	0.62	0.69	0.52	0.68	0.55	0.65	1.09	0.62	0.58	0.56	0.62	0.66	0.37	0.62	0.50	0.62
	7	0.45	0.49	0.27	0.47	0.30	0.47	0.33	0.40	0.37	0.30	0.30	0.43	0.46	0.27	0.32	0.37
	9	0.39	0.45	0.30	0.48	0.41	0.37	0.45	0.32	0.31	0.26	0.38	0.40	0.30	0.31	0.29	0.36
	11	0.59	0.66	0.55	0.71	0.51	0.66	0.55	0.67	0.53	0.53	0.47	0.60	0.36	0.62	0.49	0.57
	12	0.62	0.70	0.51	0.66	0.49	0.64	0.54	0.58	0.52	0.48	0.47	0.60	0.37	0.62	0.43	0.55
2	1	0.31	0.30	0.26	0.42	0.27	0.32	0.35	0.37	0.35	0.33	0.35	0.29	0.36	0.32	0.29	0.33
	2	0.54	0.59	0.50	0.60	0.52	0.57	0.60	0.61	0.62	0.60	0.61	0.54	0.59	0.57	0.54	0.57
	7	0.33	0.31	0.28	0.46	0.32	0.35	0.42	0.38	0.33	0.37	0.37	0.36	0.38	0.36	0.33	0.36
	9	0.30	0.32	0.29	0.47	0.28	0.33	0.37	0.40	0.45	0.35	0.37	0.31	0.35	0.37	0.34	0.35
	11	0.52	0.51	0.51	0.63	0.51	0.53	0.59	0.59	0.63	0.57	0.59	0.54	0.57	0.57	0.55	0.56
	12	0.51	0.52	0.48	0.56	0.50	0.54	0.55	0.57	0.53	0.58	0.55	0.54	0.58	0.53	0.52	0.54
3	1	0.22	0.32	0.36	0.28	0.40	0.28	0.33	0.31	0.31	0.28	0.26	0.33	0.29	0.35	0.28	0.31
	2	0.49	0.59	0.65	0.55	0.64	0.51	0.60	0.58	0.60	0.55	0.55	0.55	0.57	0.62	0.55	0.57
	7	0.31	0.32	0.39	0.34	0.43	0.33	0.41	0.35	0.38	0.33	0.29	0.35	0.33	0.42	0.36	0.36
	9	0.22	0.38	0.38	0.33	0.45	0.28	0.37	0.31	0.31	0.26	0.30	0.34	0.29	0.33	0.25	0.32
	11	0.47	0.60	0.61	0.55	0.67	0.52	0.59	0.55	0.55	0.50	0.53	0.55	0.50	0.55	0.47	0.55
	12	0.51	0.51	0.58	0.51	0.63	0.50	0.57	0.54	0.57	0.52	0.51	0.55	0.52	0.59	0.54	0.54

按照模型的比例关系反映到实际模型上，并对3次相同波浪参数的数据进行均值处理，具体结果参见表8.9和表8.10。

60m 非通航孔桥桥墩承台波浪力　　表8.9

水深 H_w(m)	波高 H(m)	周期 T(s)	波长 λ(m)	测点(kPa)					
				1	2	7	9	11	12
10.86	2.64	5.70	34	10.7	18.0	11.0	10.3	16.4	16.1
11.37	2.46	4.99	25	9.6	17.1	10.5	10.3	16.5	15.6
11.61	1.68	4.45	20	9.8	17.6	10.9	10.3	16.8	16.3
12.87	2.22	4.84	23	23.6	28.5	21.9	21.8	28.4	27.4
12.51	1.89	4.52	19	15.4	23.4	16.5	15.9	23.1	22.2
12.15	2.01	4.70	18	13.1	21.3	13.9	13.8	20.7	19.9
13.47	2.67	6.73	44	34.6	41.2	35.3	34.9	40.9	40.2
13.65	3.54	7.15	49	36.1	43.7	36.8	37.2	43.2	42.1
13.98	3.24	5.69	37	32.7	40.4	33.7	33.6	40.1	39.0
14.04	2.64	4.80	22	28.2	35.4	28.7	28.7	35.1	34.4

沧口辅助墩承台波浪力　　表8.10

水深 H_w(m)	波高 H(m)	周期 T(s)	波长 λ(m)	测点(kPa)					
				1	2	7	9	11	12
20.95	4.60	6.66	44	46.2	62.0	47.8	45.3	60.2	57.8
21.05	3.85	8.92	77	60.3	73.5	62.2	59.3	74.2	72.0
21.10	3.40	6.10	35	42.5	56.2	43.8	41.5	55.7	54.7
18.75	5.05	9.23	85	38.3	50.3	39.5	38.3	52.2	50.0
19.35	3.55	7.82	63	33.3	48.0	35.2	33.2	48.7	47.0
19.95	3.30	6.10	55	32.3	46.2	33.8	31.3	46.5	45.2
18.25	4.10	6.54	41	24.5	29.3	21.2	19.8	34.7	33.5
16.45	3.95	9.05	74	22.3	29.8	22.5	19.2	31.8	29.7
16.65	3.85	10.74	93	56.2	46.7	50.3	39.0	48.0	50.5
17.30	3.60	6.13	32	12.0	20.8	11.3	8.8	22.0	20.2
17.75	4.35	6.54	44	20.7	28.5	17.0	15.2	30.2	28.2

8.2.8　冲击压强与承台相对净空的关系

研究波浪对结构物的冲击作用时，相对净空是最为重要的影响因素之一。图8.13给出了各试验工况下承台底面冲击压强随相对净空的变化，其纵坐标为无量纲化的冲击压强 $P/(\rho gH)$，H 为波高，P 为压强，ρ 为水的密度，g 为重力加速度。

上面一节已经给出了波浪压强与水深、波高的关系，为了进一步确定剩余波浪参数（波长和周期）对波浪压强的影响，进行了以下方程式的推导。通过研究发现波陡与波速呈线性关系（图8.14）。定义波陡为 H/L，H 为波高(m)，L 为波长(m)。波速 $v=L/T$，T 为周期(s)。

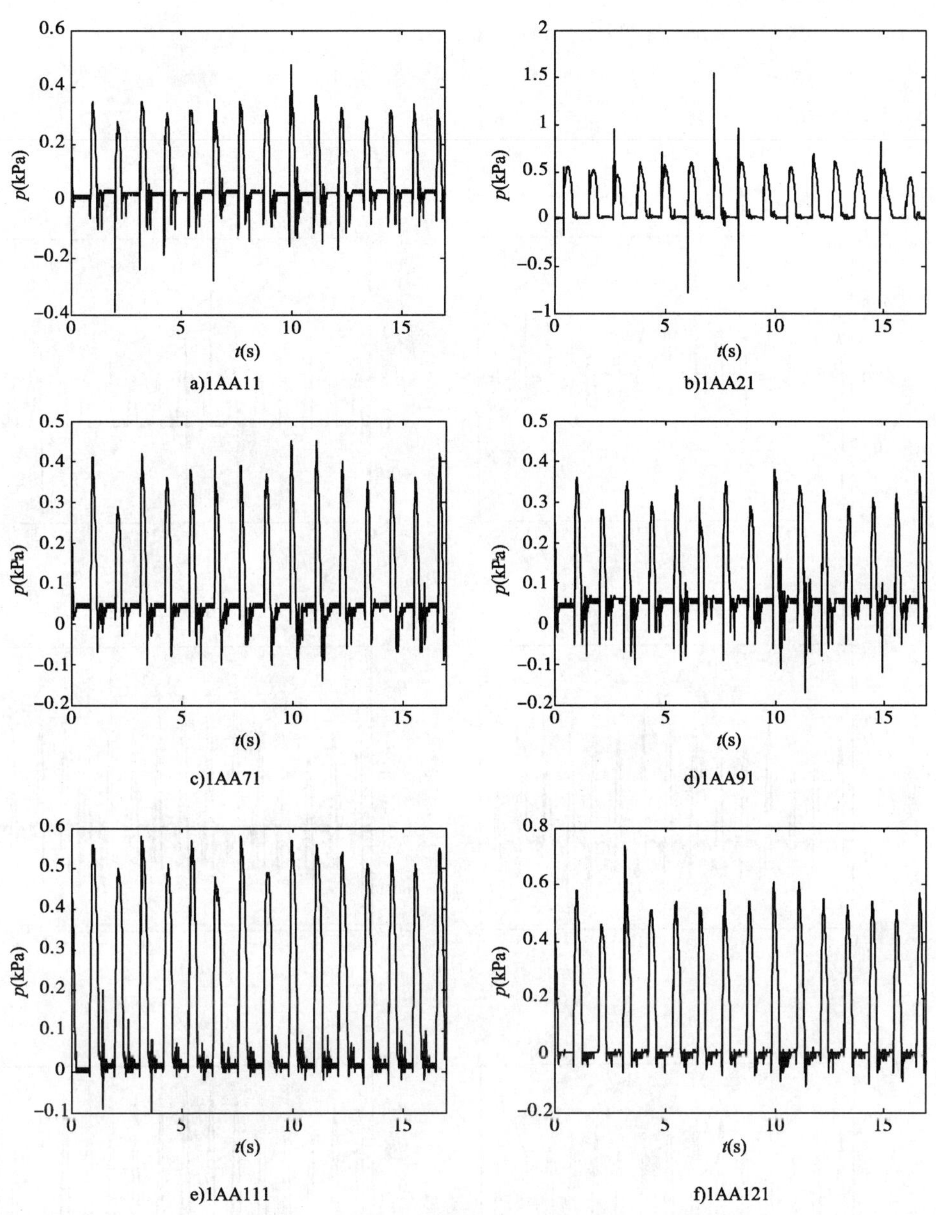

图 8.10　1AA 模型第一次试验数据

8.2.9　冲击压强模型

总结图 8.13 和图 8.14 的数据关系，假定波浪压强表达式如下：

$$p = (AX^2 + BX + C)\rho g(DY + EL) \tag{8.4}$$

$$X = (H_w - H_c)/H \tag{8.5}$$

$$Y = L^2/T \tag{8.6}$$

式中：　p ——波浪压强(Pa)；

H_w ——水深(m)；

H_c ——承台底部距离海床的高度(m)；

H ——波高；

L ——波长；

T ——周期；

A、B、C、D、E ——待定系数。

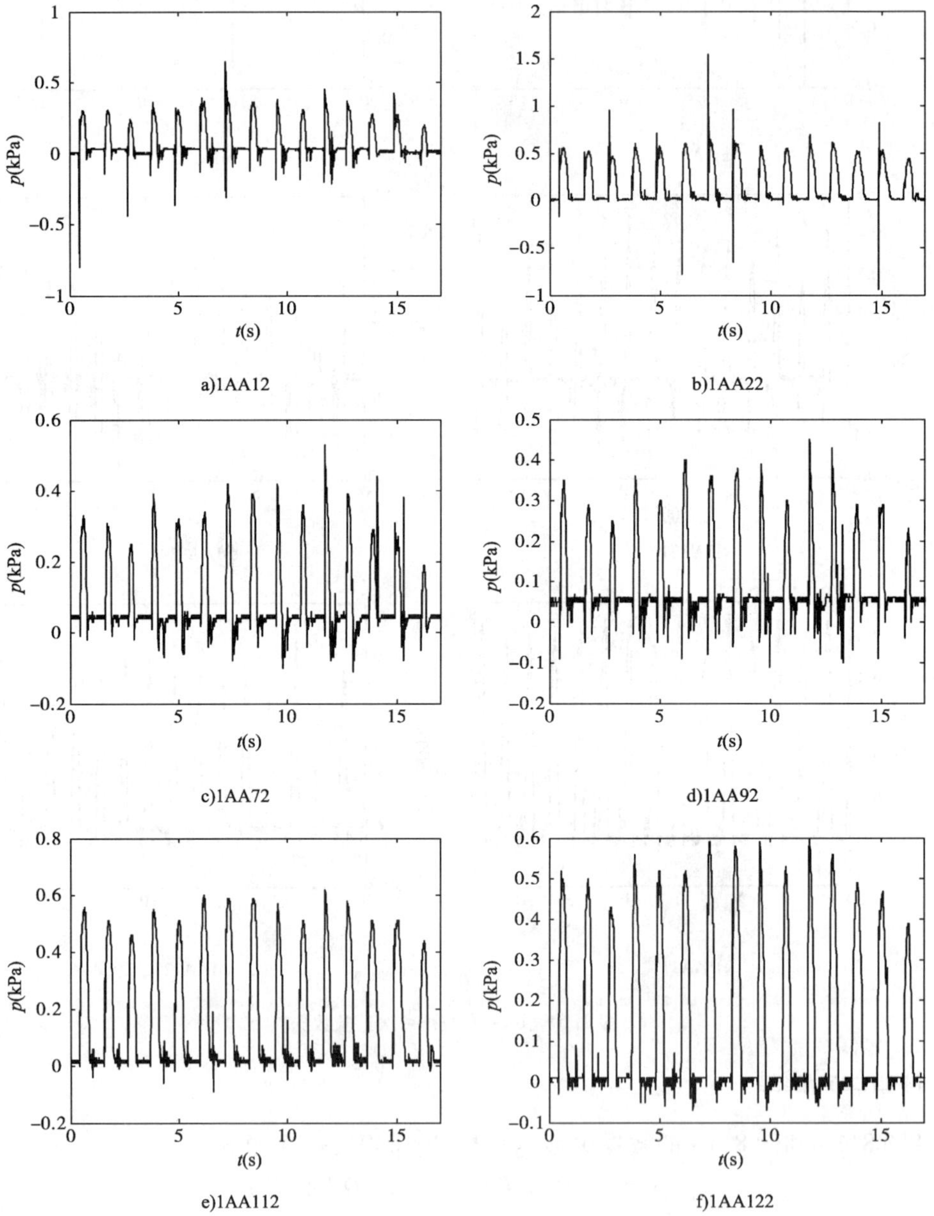
p(kPa)
t(s)
a)1AA12
b)1AA22
c)1AA72
d)1AA92
e)1AA112
f)1AA122

图 8.11　1AA 模型第二次试验数据

对试验数据进行非线性拟合，得到波浪冲击压强的表达式为：

$$p = (1.38X^2 + 0.72X + 2.65)\rho g(-0.001Y + 0.03L) \tag{8.7}$$

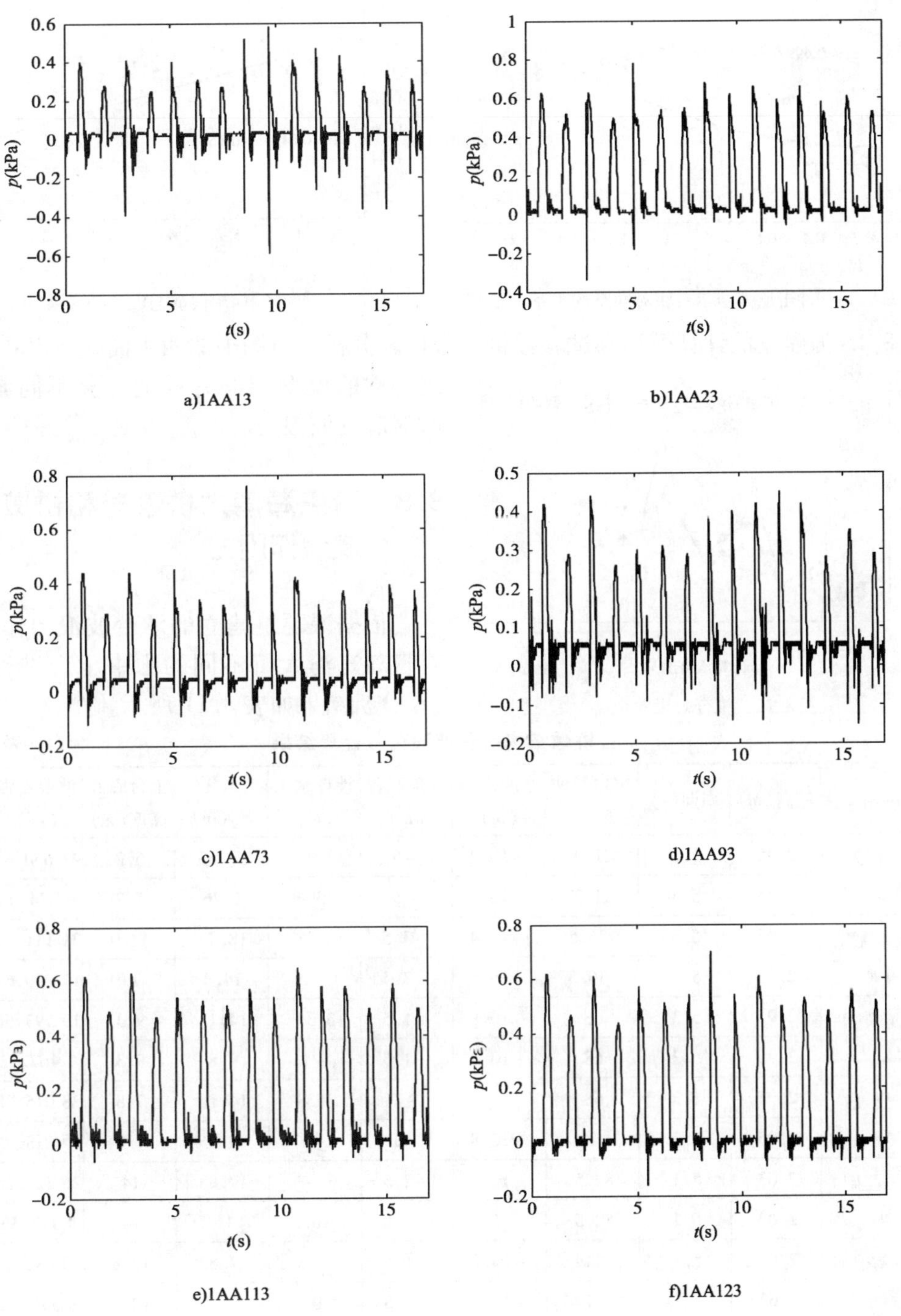

图 8.12　1AA 模型第三次试验数据

$$X = (H_w - H_c)/H \tag{8.8}$$

$$Y = L^2/T \tag{8.9}$$

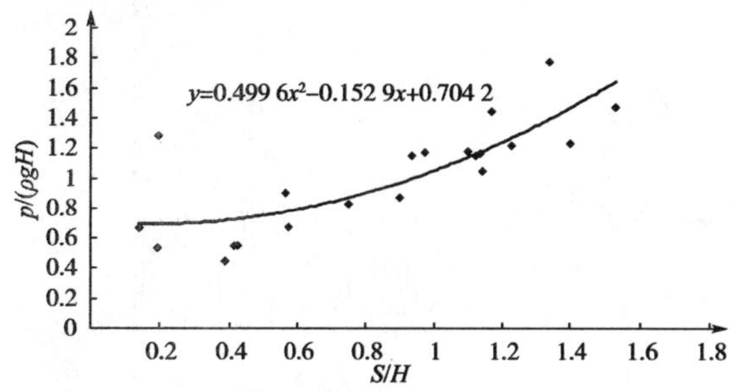

图 8.13　冲击压强与承台相对净空的关系

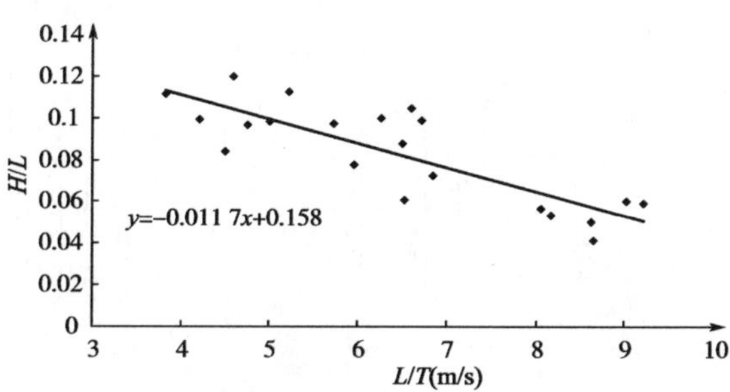

图 8.14　波陡与波速的关系

图 8.15 为建立的计算模型和试验数据结果比较分析。由图中的两组曲线可以看出,课题组建立的模型能够有效地计算不同波浪因素时对应的波浪力。

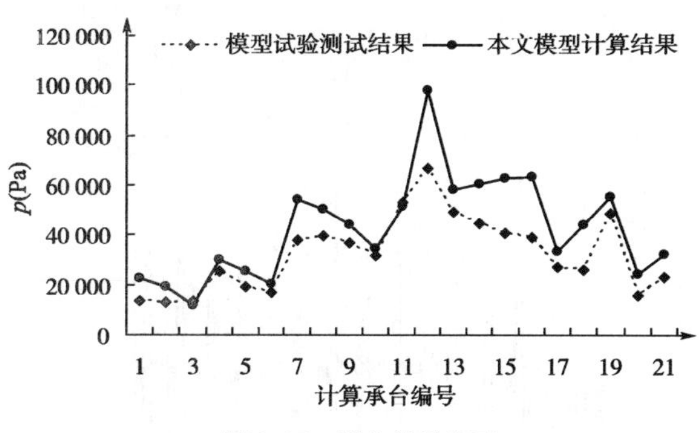

图 8.15　拟合效果验证

8.3　青岛海湾大桥索塔和桥墩承台的波浪作用力

依据课题组建立的承台波浪力作用模型,对青岛海湾大桥不同的水中承台进行计算分析,分析结果如表 8.11 所示。

各桥墩结构所受波浪荷载计算结果　　表 8.11

计算结构	波高(m)	周期(s)	承台侧面面积(m^2)	水底高程(m)	桩顶高程(m)	计算水位(m)	水深H_w(m)	承台底面高度(m)	波浪压强(Pa)	波浪力(10^4N)
50m 跨连续梁桥墩	2.95	5.3	21.3	-10.2	-5	3.33	13.53	5.2	41 660.43	88.74
	2.95	5.3	21.3	-10.2	-5	-3.44	6.76	5.2	9 074.04	19.33
大沽航道桥索塔方案主墩基础	2.95	5.3	136.5	-15.4	-3.5	3.33	18.73	11.9	31 111.23	424.67
	2.95	5.3	136.5	-15.4	-3.5	-1	14.4	11.9	11 290.61	154.12
大沽航道桥辅助墩	2.95	5.3	68	-10.8	-1.5	3.33	14.13	9.3	19 993.66	135.96
	2.95	5.3	68	-10.8	-1.5	-1	9.8	9.3	7 467.32	50.78
大沽航道桥过渡墩	2.95	5.3	68	-10.8	-3	3.33	14.13	7.8	28 015.98	190.51
	2.95	5.3	68	-10.8	-3	-1	9.8	7.8	10 018.93	68.13
沧口索塔基础主墩	2.63	5.1	82.5	-16.5	-2.5	3.33	19.83	14	26 821.26	221.28
	2.63	5.1	82.5	-16.5	-2.5	-0.5	16	14	9 718.35	80.18
沧口索塔基础辅助墩	2.63	5.1	41	-14.3	-1.5	3.33	17.63	12.8	20 982.44	86.03
	2.63	5.1	41	-14.3	-1.5	0	14.3	12.8	8 536.20	35.00
红岛索塔基础主墩	2.95	5.3	75.5	-12.9	-2.5	3.33	16.23	10.4	25 131.30	189.74
	2.95	5.3	75.5	-12.9	-2.5	-1.5	11.4	10.4	8 107.29	61.21
红岛索塔基础辅助墩	2.95	5.3	42	-11.9	-1.5	3.33	15.23	10.4	19 993.66	83.97
	2.95	5.3	42	-11.9	-1.5	-1	10.9	10.4	7 467.32	31.36

8.4　青岛海湾大桥索塔和桥墩桩的作用力

根据《海港水文规范》(JTJ 213—98)8.4 节的描述,波浪对桩柱的作用见图 8.16。

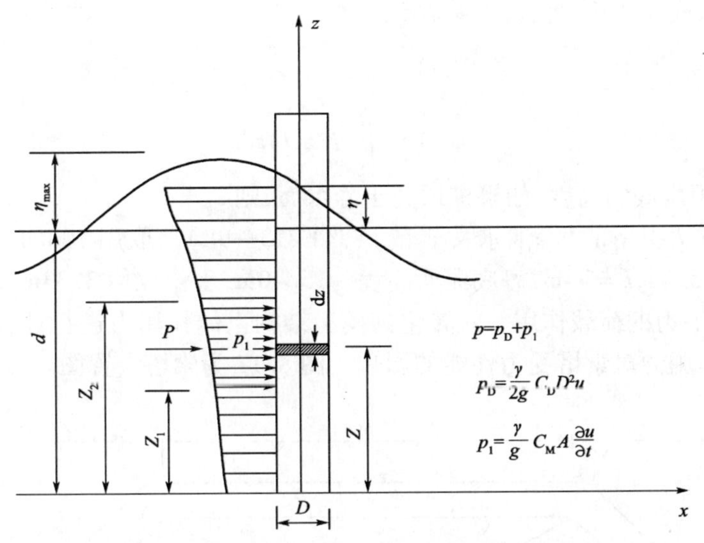

图 8.16　波浪对桩柱作用

考虑波流相互作用,作用于水底面以上高度 z 处单位长度上的群桩整体正向力可由下式求得:

$$
\begin{aligned}
f(z,t) &= \sum_{l=1}^{N}[f_i(t)+f_d(t)]_l \\
&= \sum_{l=1}^{N}\left[\frac{1}{4}C_M\left(\frac{\gamma}{g}\right)\pi D^2\dot{u}_l(z,t)+\frac{1}{2}C_D\left(\frac{\gamma}{g}\right)D[u_l(z,t)+U]\,|u_l(z,t)+U|\right]
\end{aligned}
\tag{8.10}
$$

式中,水流中水质点的速度和加速度可按下式求得:

$$u_l(z,t)=\frac{\omega_r H}{2}\frac{\cosh kz}{\sinh kd}\cos(kx_l\cos\theta+ky_l\sin\theta-\omega t) \tag{8.11}$$

$$\dot{u}_l(z,t)=-\frac{\omega_r^2 H}{2}\frac{\cosh kz}{\sinh kd}\sin(kx_l\cos\theta+ky_l\sin\theta-\omega t) \tag{8.12}$$

其中,ω_r 为水流中的波浪的频率,有:

$$\omega_r=\omega-kU \tag{8.13}$$

波流共同作用下的速度力和惯性力系数取决于 KC 数,KC 数可按下式计算。

$$KC=\frac{u_m T}{D}[\sin\varphi+(\pi-\varphi)\cos\varphi],\ |U|<u_m \tag{8.14}$$

$$KC=\frac{\pi|U|T}{D},\ |U|\geqslant u_m \tag{8.15}$$

式中:

$$\varphi=\arccos(|U|/u_m)$$

$$u_m = \frac{\pi H}{T \tanh kd}$$

计算时，C_D 和 C_M 可根据求得的 KC 数按《海港水文规范》(JTJ 213—98)的规定取值。

求得不同位置单位群桩长度上所受波流力后，对桩的长度积分，即可得到作用于群桩上的总的水平力和对水底的弯矩，即：

$$F(t) = \int_0^{z_T} f(z,t)\,dz \tag{8.16}$$

$$M(t) = \int_0^{z_T} f(z,t)\,z\,dz \tag{8.17}$$

式中：z_T——桩顶距水底的高度，如果桩顶高于静水面，则 $z_T = d$。

波浪力计算方法引用了《海港水文规范》(JTJ 213—98)。取用100年一遇的波浪参数，$H_1\% = 2.95$m，$T = 5.3$s，$L = 34$m，海底泥面高程 −15.40m，水位取值3.33m。采用理论公式计算波浪力后，将波浪力的荷载作用等效转化到模型结构上的作用力进行计算。项目计算中主要考虑波浪横向作用力对索塔受力性能的影响。图8.17为索塔布置图。

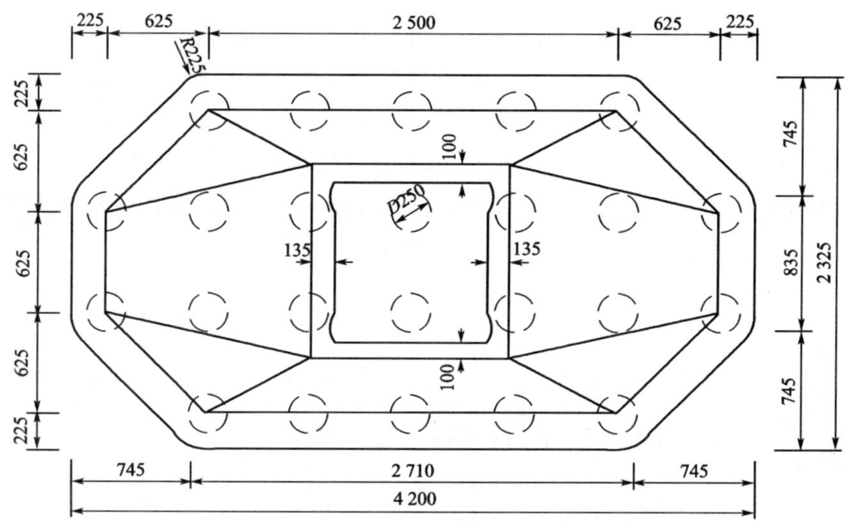

图8.17　索塔布置图(尺寸单位:cm)

通过计算，得到波流对单根桩的作用力分布规律，如图8.18所示。

对于群桩整体波浪力，应考虑各桩柱由于位置不同所受波浪力的相位差，由此作用于水底面以上高度 z 处单位长度上的群桩整体正向力由同一时刻各桩所受波浪力叠加求得。

通过计算得到7排桩考虑相位差后的波流力沿桩高的分布规律，结果见图8.19。

在波流作用下，前桩对后桩具有一定的遮挡作用，在计算中相对于波流作用方向，直接迎浪(流)的桩不考虑群桩的影响，而对于前面有桩遮挡的后桩所受波流力，根据其前后桩的间距，取0.8折减系数，但是对于连续一排桩，后面桩力的折减系数与第二个桩的折减系数取相同值。

考虑群桩效应得到的波浪作用力为1 020.6kN(表8.12)。

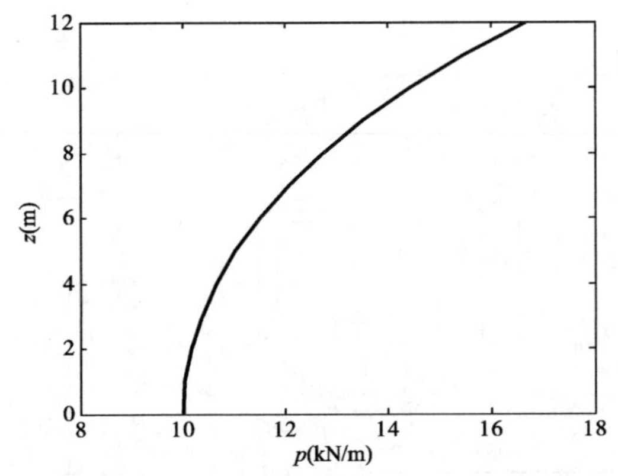

图 8.18 波浪对单根桩作用力的分布

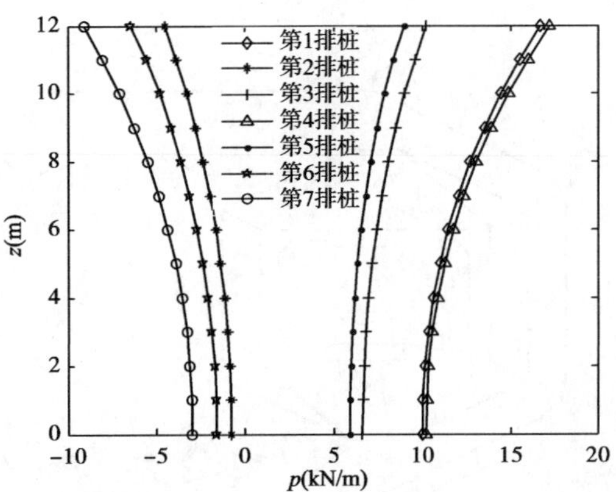

图 8.19 考虑相位差的各排桩波流压力分布规律(高水位)

波浪力计算值 表 8.12

受力构件	波流力作用点距海底距离(m)	波浪力(kN)
正方向作用于桩	6.39	1 020.6

根据上述理论,同样计算以下结构,同时给出高水位时各排桩的波流力分布图(图 8.20 ~ 图 8.26)。

根据上述同样的原理,求得其余墩基础所受到的波流力汇总见表 8.13。

波流力计算结果汇总 表 8.13

计算结构	水位(m)	波流力作用点距海底距离(m)	波浪力(kN)
大沽河航道桥主墩	3.33	6.39	1 020.6
大沽河航道桥主墩	-1	6.23	1 213.6
大沽河航道桥辅助墩	3.33	4.35	680.6
大沽河航道桥辅助墩	-1	4.37	847.98
大沽河航道桥过渡墩	3.33	4.35	680.6
大沽河航道桥过渡墩	-1	4.37	847.98
沧口航道桥主墩	3.33	7.38	1 329
沧口航道桥主墩	-0.5	8.44	1 593.6
沧口航道桥辅助墩	3.33	7.36	468.91
沧口航道桥辅助墩	0	7.02	500.49
红岛航道桥主墩	3.33	4.84	1 008.9
红岛航道桥主墩	-1.5	4.31	1 398.5
红岛航道桥辅助墩	3.33	4.08	262.57
红岛航道桥辅助墩	-1	4.17	388.31
50m 连续梁桥墩	3.33	2.6	90.68
50m 连续梁桥墩	-3.44	2.63	107.4

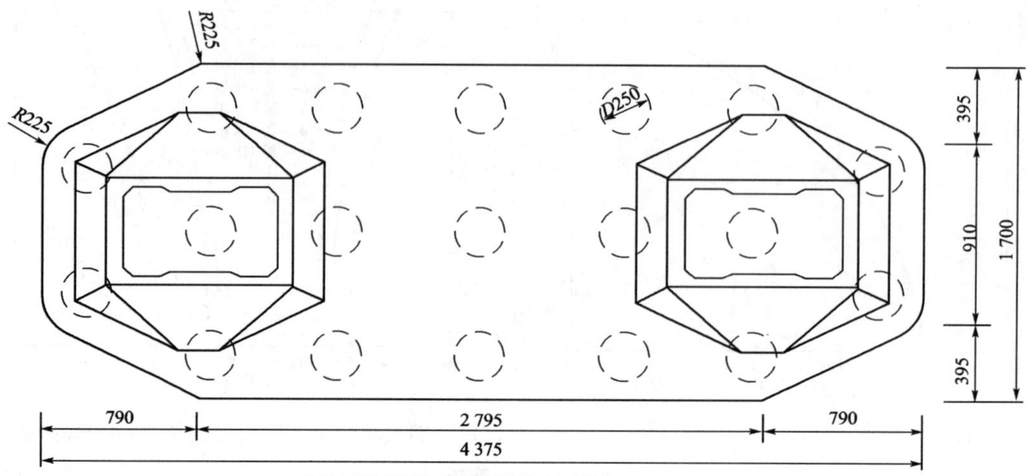

a) 大沽河航道桥辅助墩平面图（尺寸单位：cm）

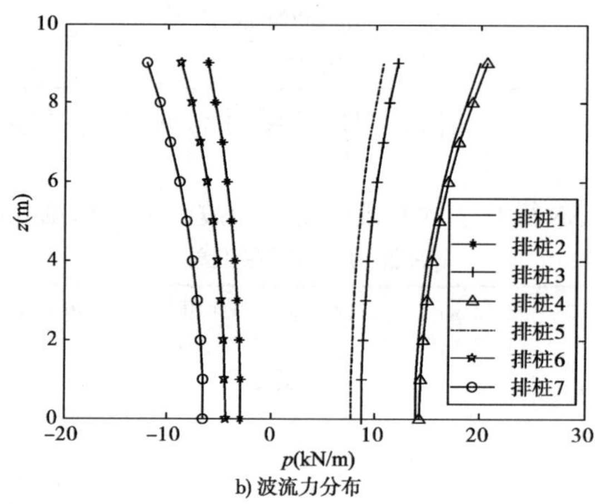

b) 波流力分布

图 8.20　大沽河航道桥辅助墩波流力分布（高水位）

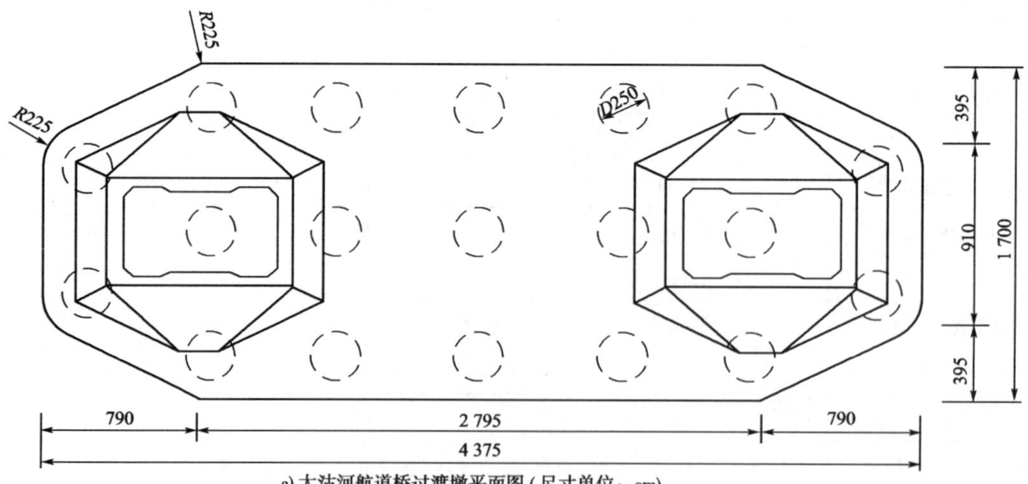

a) 大沽河航道桥过渡墩平面图（尺寸单位：cm）

图　8.21

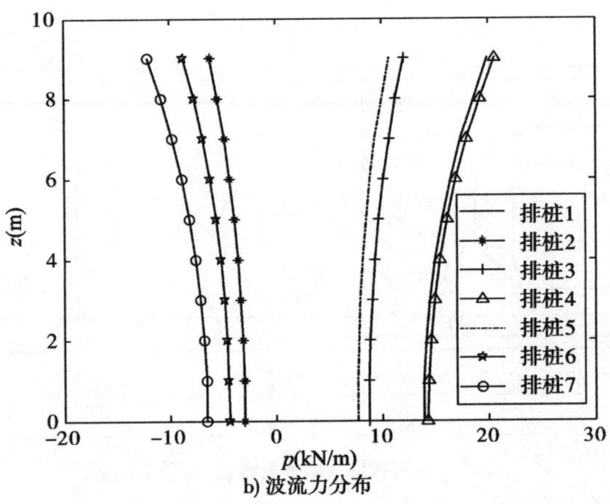

b) 波流力分布

图 8.21　大沽河航道桥过渡墩波流力分布(高水位)

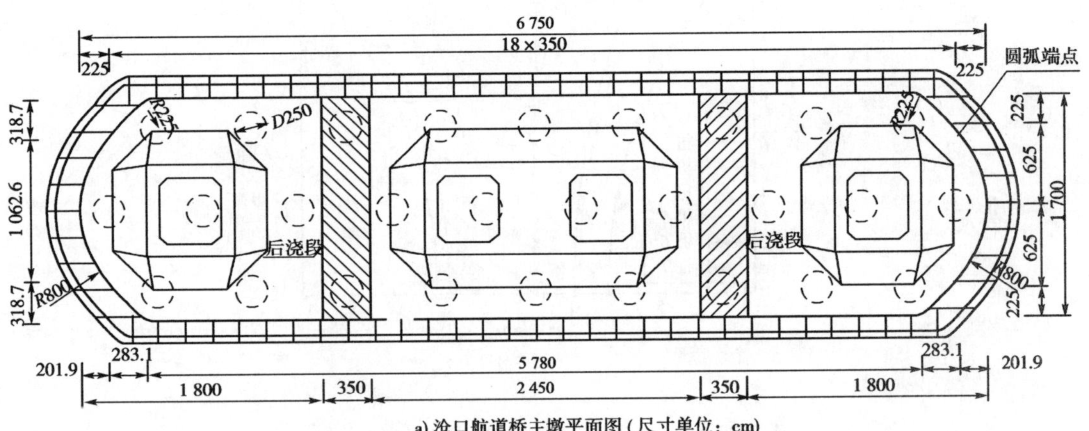

a) 沧口航道桥主墩平面图(尺寸单位：cm)

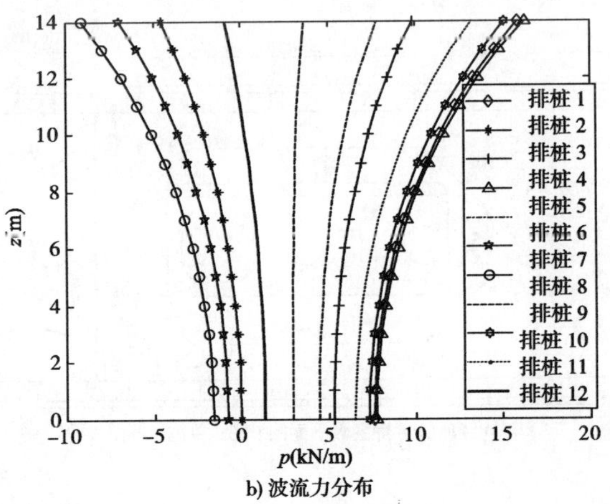

b) 波流力分布

图 8.22　沧口航道桥主墩波流力分布(高水位)

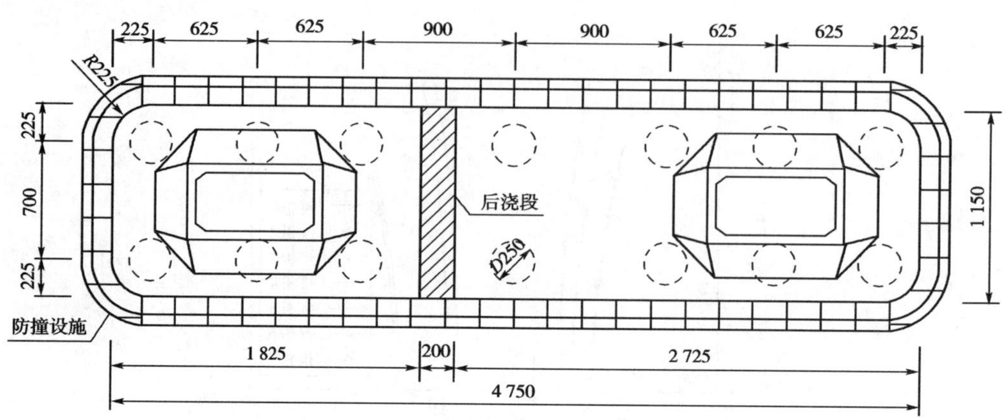

a) 沧口航道桥辅助墩平面图（尺寸单位：cm）

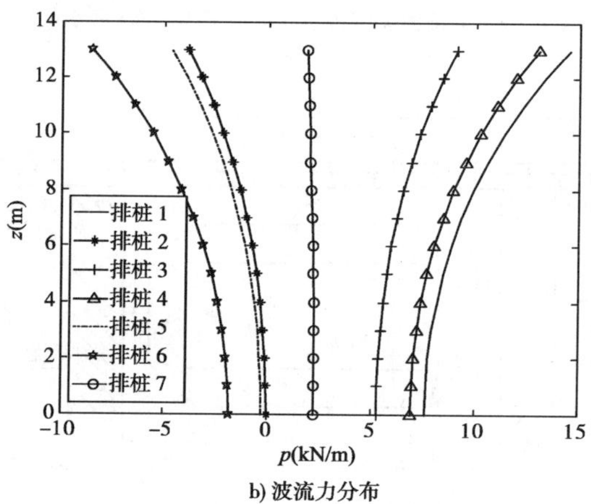

b) 波流力分布

图 8.23　沧口航道桥辅助墩波流力分布(高水位)

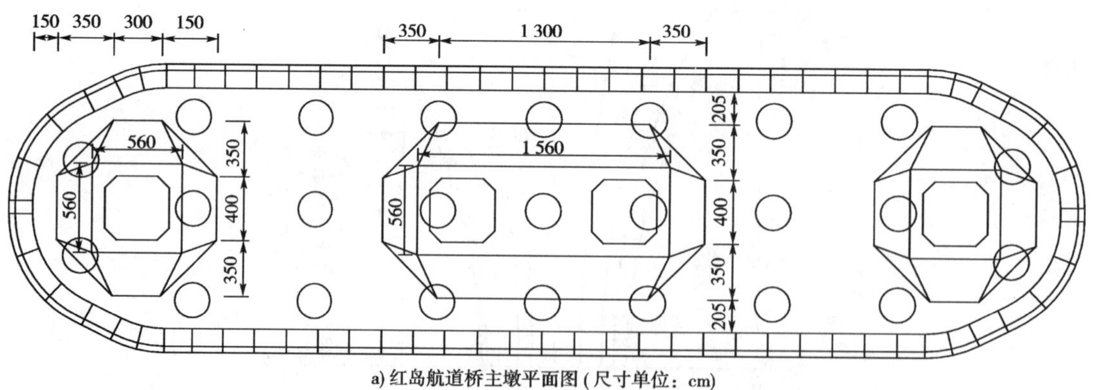

a) 红岛航道桥主墩平面图（尺寸单位：cm）

图　8.24

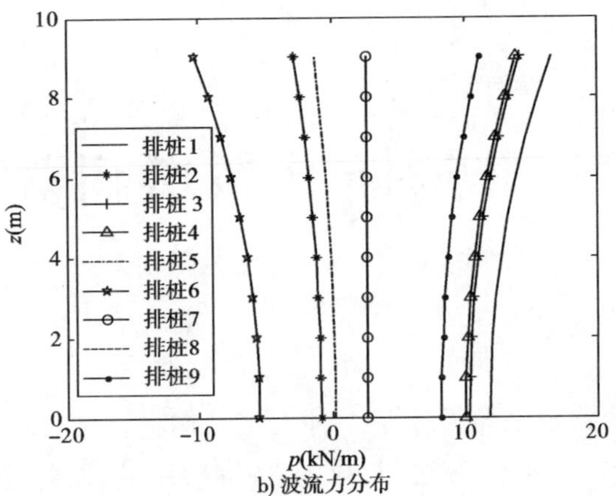

图 8.24　红岛航道桥主墩波流力分布(高水位)

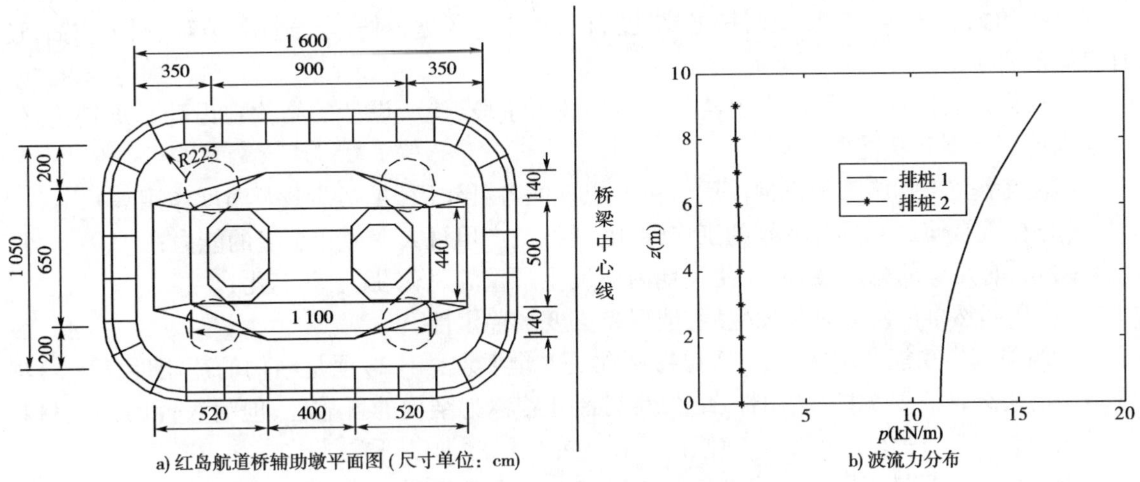

图 8.25　红岛航道桥辅助墩波流力分布(高水位)

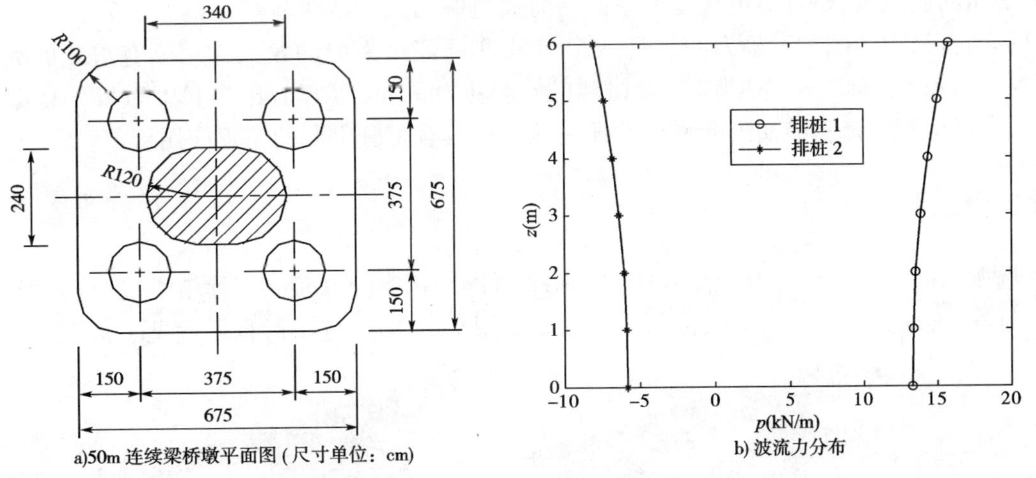

图 8.26　50m 连续梁桥墩波流力分布(高水位)

第 9 章　非通航孔桥墩耐久性评估

9.1　桥梁结构的功能要求

由各种材料建造的公路及铁路桥梁是一种人工结构物，它们在野外的自然环境下，在相当长（或一定）的使用期内，需要承受车辆、人群、装备等使用荷载，经受风、雪、雨、日照等自然作用，以及波浪、水流、土压力、地震等作用。它们的安全与否，不但影响交通运输任务及工农业生产，而且还关系到人身安危，特别对一些重要的交通枢纽，如长江、黄河上的特大桥梁，作为国家经济的大动脉和一定历史时期的文化特征，将流传久远，对安全、适用、美观、耐久方面，还有更高的要求。

桥梁设计者的任务，就是应用最新的科学技术手段，使所设计的结构在设计基准期内，经济合理地满足下列功能要求：

（1）能承受正常施工和正常使用时可能出现的各种作用（包括荷载及温度作用等）；

（2）在正常使用时具有良好的工作性能，如抵抗产生过大变形和裂缝的能力；

（3）具有足够的耐久性，即在使用期内不发生严重的风化、腐蚀和老化；

（4）在偶然事件发生时及发生后，能保持必要的稳定性。

这四项基本功能要求中，第（1）、（4）两项是安全要求；第（2）项是结构的适用性；第（3）项是结构的耐久性。安全件、适用性、耐久性三者可总称为结构的可靠性，但耐久性因涉及材料的老化、锈蚀等物理化学因素，目前倾向于作为专门问题加以研究。

青岛海湾大桥是我国北方冰冻海域首座特大型桥梁集群工程，是国道主干线青岛至兰州高速公路的起点段，是青岛市规划的东西跨海通道“一路、一桥、一隧”中的“一桥”。大桥的建成对提高青岛市的国际竞争力，发挥青岛市在山东省经济发展的龙头作用具有重要的战略意义，也是山东省实现“一体两翼”发展格局的重要推动力量。因此，作为我国重要的桥梁工程项目，进行桥梁设计基准期内的耐久性评估就显得具有十分重要的工程应用价值。

9.2　桥梁简介

选取青岛海湾大桥第 10 合同段第 11 ~ 12 联连续箱梁（5 ×50m 连续箱梁）进行分析，考虑施工过程，考虑公路—Ⅰ级荷载作用。其截面如图 9.1 所示，施工过程示意见图 9.2。

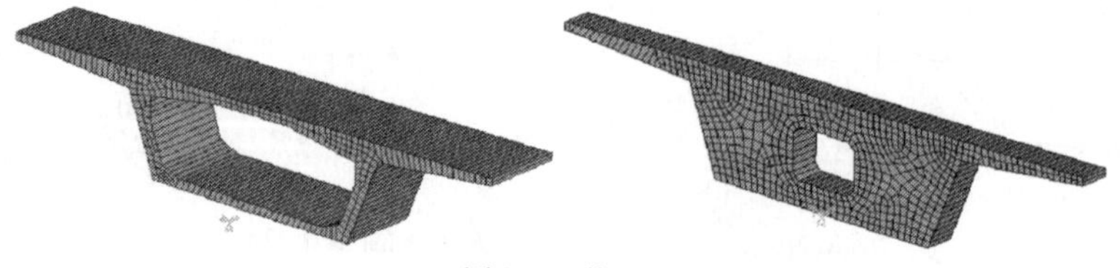

图 9.1　截面

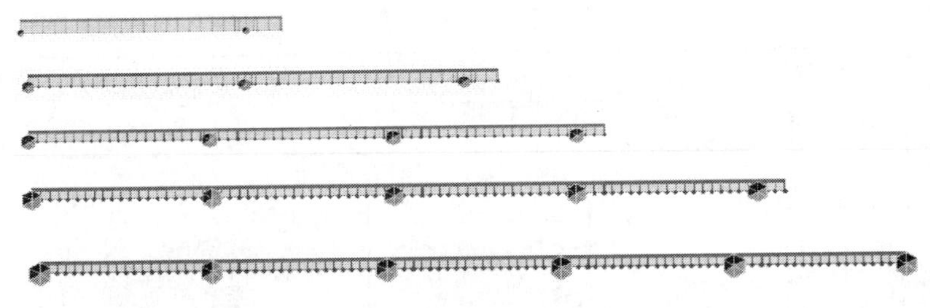

图 9.2　施工过程示意图

9.3　基于确定性分析的桥墩正常使用极限状态评估

9.3.1　自重和活载作用下的支座反力

通过计算得到考虑汽车荷载效应的各个支座的支座反力如图 9.3 所示。

9.3.2　正常使用阶段的荷载组合

公路桥涵结构设计应考虑结构上可能同时出现的作用，按承载能力极限状态和正常使用极限状态进行作用效应组合，取其最不利效应组合进行设计。

(1) 只有在结构上可能同时出现的作用，才进行其效应的组合。当结构或结构构件需要做不同受力方向的验算时，则应以不同方向的最不利作用效应进行组合。

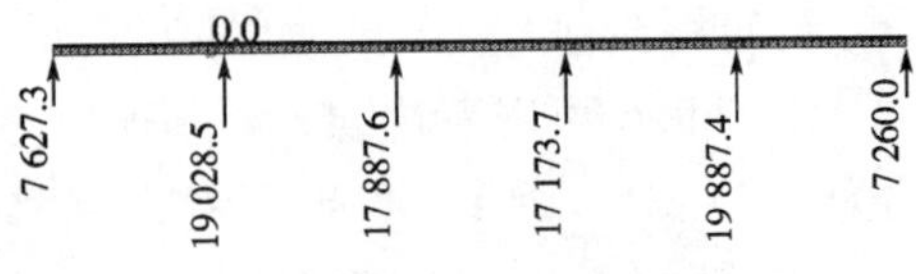

图 9.3　支座反力计算值(单位:kN)

(2) 当可变作用的出现对结构或结构构件产生有利影响时，该作用不应参与组合。实际不可能同时出现的作用或同时参与组合概率很小的作用，按表 9.1 规定不考虑其作用效应的组合。

可变作用不同时的组合表　　表 9.1

编号	作用名称	不与该作用同时参与组合的作用编号
13	汽车制动力	15,16,18
15	流水压力	13,16
16	冰压力	13,15
18	支座摩阻力	13

根据表 9.1 的规定，冰荷载和波浪压力分别与桥墩自重及桥墩支座反力进行组合计算。

9.3.3　桥墩自重 + 支座反力 + 波浪荷载组合效应

取上述支座反力最大值(19 887.4kN) 作用到桥墩模型上，同时计算桥墩(图 9.4 和图 9.5) 在波浪、冰荷载作用下的结构受力状态。

设计院提供的波浪力如表 9.2 所示。

承台百年一遇波浪力　　表9.2

波浪压强(Pa)	波浪力(10^4N)
41 660.43	88.74

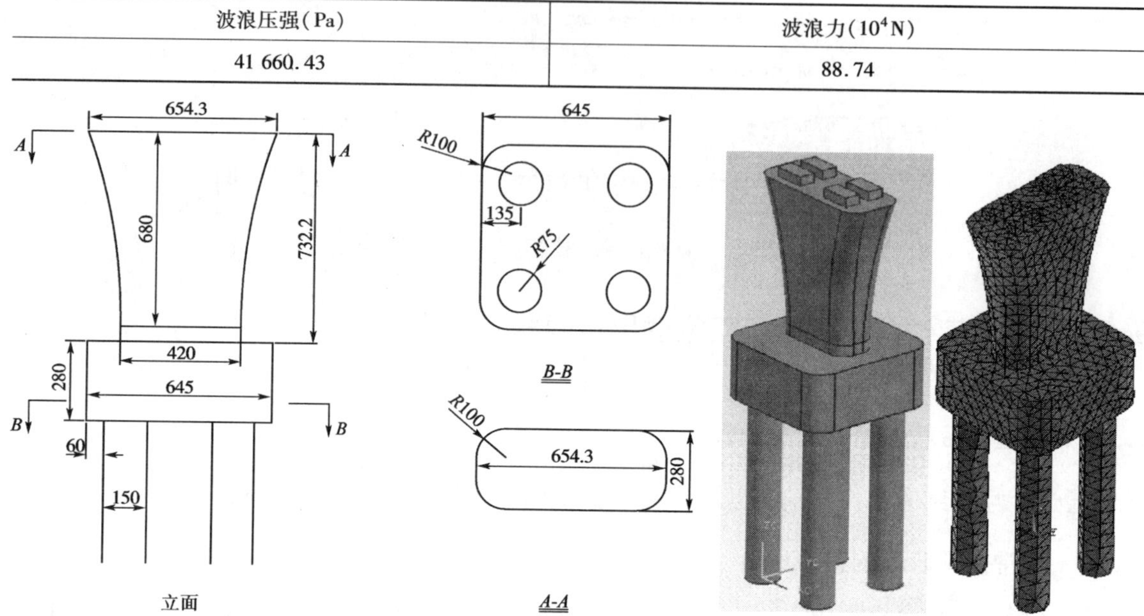

图9.4　50m跨A类群桩基础1墩身及基础一般构造(尺寸单位:cm)

图9.5　桥墩有限元模型

计算得到主应力云图如图9.6所示。

由图9.6可以看出,最大的第一应力区域位于承台底部(约为1.4MPa),承台侧面的应力约为1.11MPa。所以,如果不考虑混凝土材料力学性能的退化,在百年一遇的波浪荷载作用下,承台部位不会产生裂缝。

为了进一步分析承台底部的混凝土主应力,取承台底面进行单独分析,具体计算结果见图9.7。

9.3.4　桥墩自重+支座反力+冰荷载组合效应

根据本文建立的冰荷载计算模型,计算得到该桥墩的百年一遇冰荷载为3 214.17kN。通过计算得到桥墩的承台和墩柱的主应力(图9.8)。

由图9.8可以看出,最大的第一应力区域位于承台底部(约为1.4MPa)。所以,如果不考虑混凝土材料力学性能的退化,在百年一遇的冰荷载作用下承台部位不会产生裂缝。

9.3.5　基于单轴强度的结构耐久性评估

课题组建立的混凝土冻融与侵蚀耦合作用的抗拉强度退化模型为

$$f_{tsN} = 0.9f_{ts0}(-0.001\,1N_1 + 0.944\,8)(-0.005\,3N_2 + 1) \tag{9.1}$$

式中:f_{tsN}——室内快速冻融循环N_1次后的混凝土劈拉强度;

N_2——混凝土在5倍海水浓度下的干湿循环次数;

f_{ts0}——未冻融的混凝土劈拉强度。

建立的混凝土抗拉强度随干湿循环次数N变化的数学模型表达式为:

$$f_{tsgN} = 0.9 \times f_{tsg0}(-0.005\,7N + 0.891\,9) \tag{9.2}$$

式中：f_{tsgN}——干湿循环 N 次后的混凝土劈拉强度；

f_{tsg0}——未侵蚀的混凝土劈拉强度。

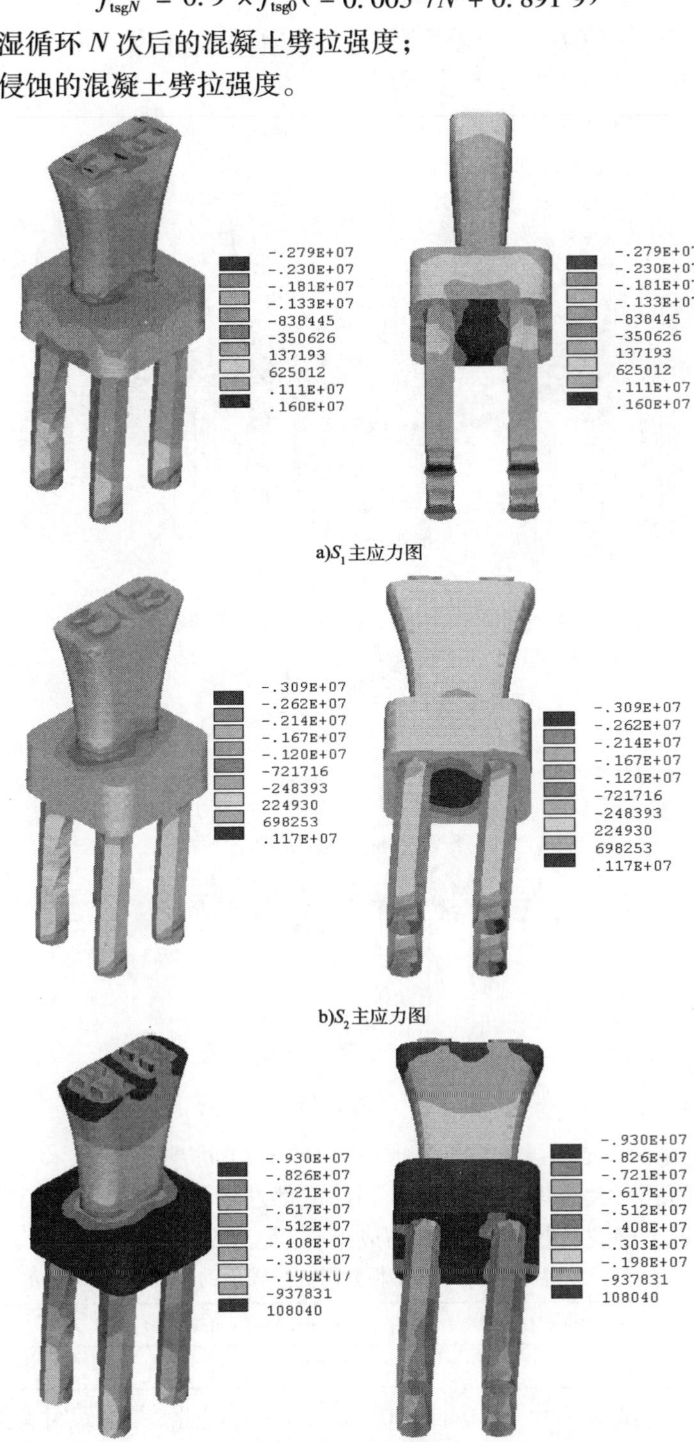

a) S_1 主应力图

b) S_2 主应力图

c) S_3 主应力图

图9.6 自重、支座反力和波浪荷载作用下的主应力分布(单位:Pa)

课题组建立的混凝土抗拉强度随冻融次数 N 变化的数学模型表达式为：

$$f_{tsN} = 1.369 f_{ts0}(-0.001N + 0.9448)(f_0 e - 0.002N)^{-0.0833} \tag{9.3}$$

式中：f_{tsN} ——冻融循环 N 次后的混凝土劈拉强度；

f_{ts0} ——未冻融的混凝土劈拉强度。

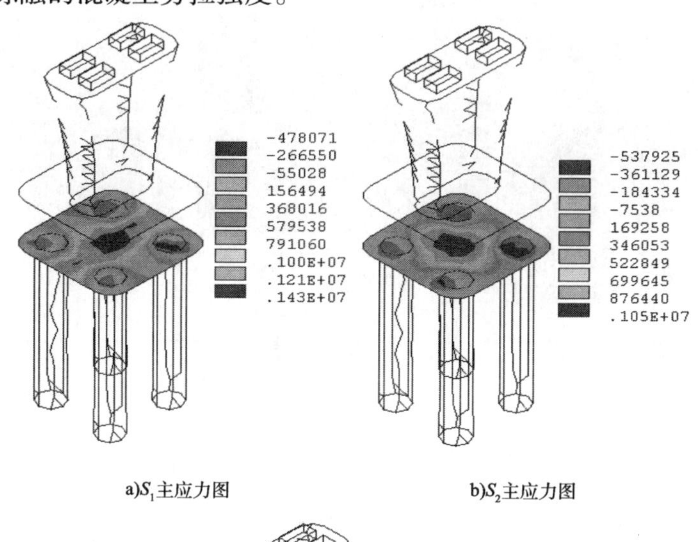

a)S_1主应力图　　b)S_2主应力图

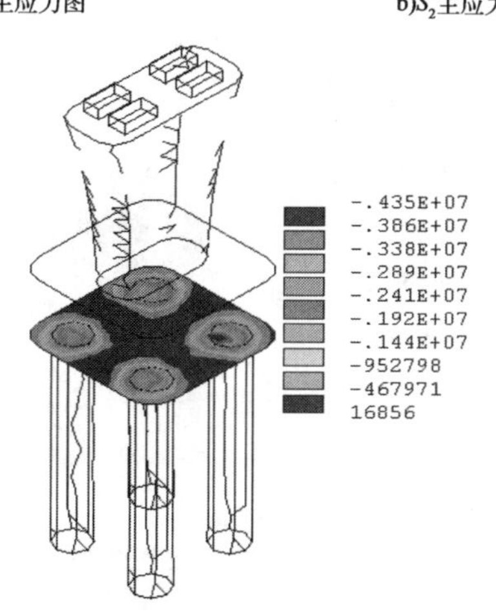

c)S_3主应力图

图 9.7　百年一遇波浪荷载作用下桥墩承台底面主应力分布(单位:Pa)

清华大学、河海大学、大连理工大学和水利部成都勘测设计院共同进行常规混凝土材料研究的二滩水电站混凝土劈裂抗拉强度试验的成果[106]见表 9.3。

混凝土试件尺寸对劈裂抗拉强度的影响　　表 9.3

试件尺寸(cm)	10 ×10 ×10	15 ×15 ×15	20 ×20 ×20	30 ×30 ×30
劈拉强度百分数(%)	125	100	89	78

本文采用的混凝土试块尺寸为 10cm × 10cm × 10cm，因此，考虑尺寸效应，对原有的劈裂测试数据进行折减。

综合考虑自然条件下的温度和腐蚀溶液浓度对化学腐蚀速度的影响，对于青岛海湾大桥浪溅区混凝土，取室内试验加速腐蚀系数 $K = 4.7 \times 47.2 = 221.84$。

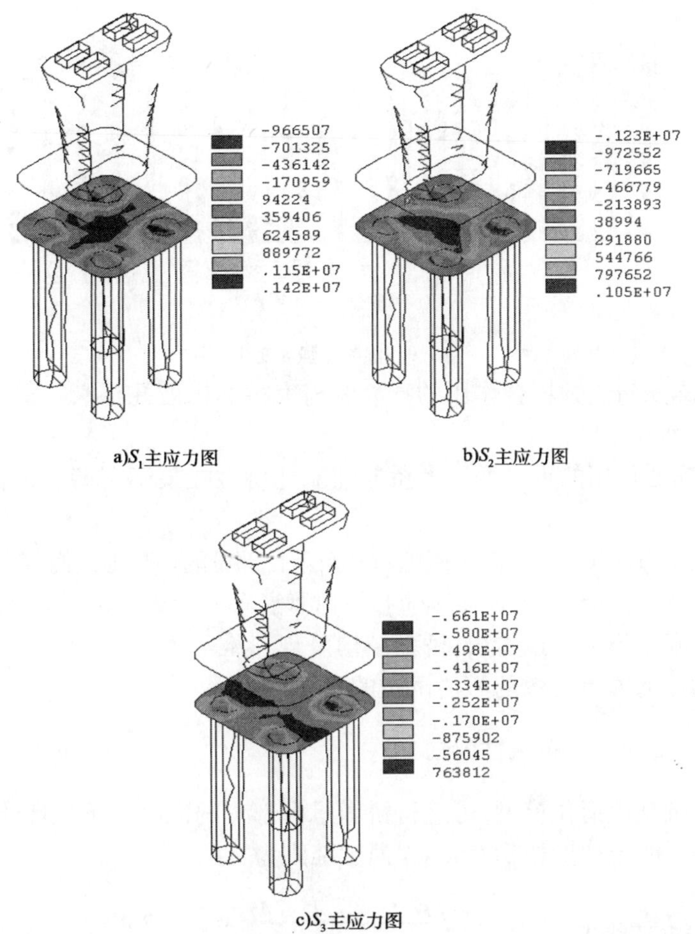

a) S_1主应力图　　b) S_2主应力图

c) S_3主应力图

图9.8　百年一遇冰荷载作用下桥墩承台底面主应力分布(单位:Pa)

按照已有研究成果,室内1次冻融等效于现场12次冻融。

基于式(9.1)~式(9.3),得到不同年限下考虑不同因素作用的混凝土单轴应力强度变化值,具体见表9.4。

混凝土强度随桥梁服役时间变化值(单位:MPa)　　表9.4

服役时间 t(年)	10	20	30	40	50	60	70	80	90	100
海水冻融+侵蚀耦合	3.47	3.27	3.08	2.88	2.70	2.51	2.33	2.15	1.98	1.81
海水冻融	3.49	3.36	3.23	3.10	2.97	2.84	2.70	2.57	2.43	2.29
海水侵蚀	3.42	3.38	3.33	3.28	3.24	3.19	3.15	3.10	3.05	3.01
服役时间 t(年)	110	120	130	140	150	160	170	180	190	200
海水冻融+侵蚀耦合	1.64	1.48	1.32	1.17	1.01	0.87	0.72	0.58	0.44	0.31
海水冻融	2.15	2.00	1.85	1.71	1.56	1.40	1.25	1.09	0.93	0.77
海水侵蚀	2.96	2.92	2.87	2.82	2.78	2.73	2.69	2.64	2.59	2.55

根据表9.4可得图9.9。

根据图9.9和计算得到的桥墩在不同荷载组合作用下的混凝土应力分布,基于混凝土单轴强度进行混凝土抗裂性能分析,可以得到以下结论:

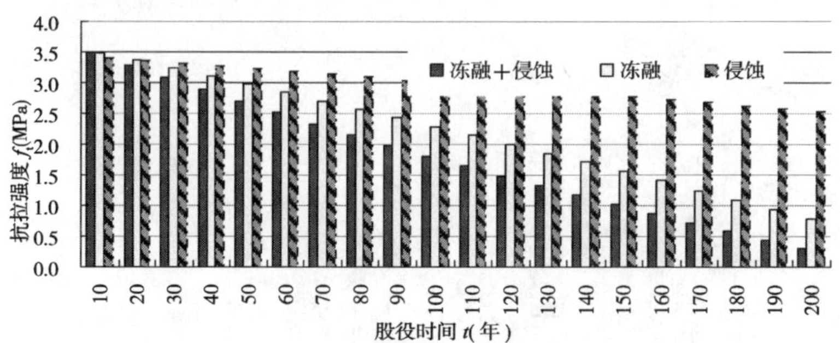

图 9.9　混凝土强度变化

(1)考虑海水冻融与侵蚀耦合作用的青岛海湾大桥非通航孔桥墩在最不利荷载组合作用下能够保证 123.8 年不开裂。

(2)考虑海水冻融作用的青岛海湾大桥非通航孔桥墩在最不利荷载组合作用下能够保证 158.8 年不开裂。

(3)从计算结果分析可以看出,海水侵蚀对桥墩承台部位的混凝土损伤较小,因此,不对海水侵蚀作用下的混凝土侵蚀进行单独评估,而是直接评估海水冻融与侵蚀耦合作用对桥梁的损伤。

从所建立的有限元模型可以看出,桥墩结构呈现三维受力状态,因此,采用所建立的三轴混凝土强度退化模型能够更有效的评估桥墩的受力状态。

9.3.6　基于三轴强度的结构耐久性评估

基于混凝土三轴强度退化模型,可进行桥墩承台部位的混凝土抗裂性能评估。

课题组建立的混凝土冻融损伤 Ottosen 强度准则为:

$$f(I_1, J_2, \cos 3\theta) = 1.273\,5\frac{\beta^2 J_2}{f'^2_c} + \lambda\frac{\beta\sqrt{J_2}}{f'_c} + 3.192\,4\frac{\alpha I_1}{f'_c} - 1 = 0 \tag{9.4}$$

其中:

$$\begin{cases}\lambda = \dfrac{1}{\rho} = 11.725\cos\left[\dfrac{1}{3}\arccos(0.98\cos 3\theta)\right], \cos 3\theta \geqslant 0 \\ \lambda = \dfrac{1}{\rho} = 11.725\cos\left[\dfrac{\pi}{3} - \dfrac{1}{3}\arccos(-0.98\cos 3\theta)\right], \cos 3\theta < 0\end{cases}$$

$$\alpha = \frac{1}{1 - 3D_1 - D_2}, \beta = \frac{1}{1 - D_2}$$

$$D_1 = \frac{(1 + 0.001N)^{-3.892} \times 0.002N}{(1.2 + 0.000\,2N)(0.6 - 0.000\,4N)}$$

$$D_2 = 1 - \frac{(1 + 0.001N)^{-3.892} \times 1.2}{(1.2 + 0.000\,2N)}$$

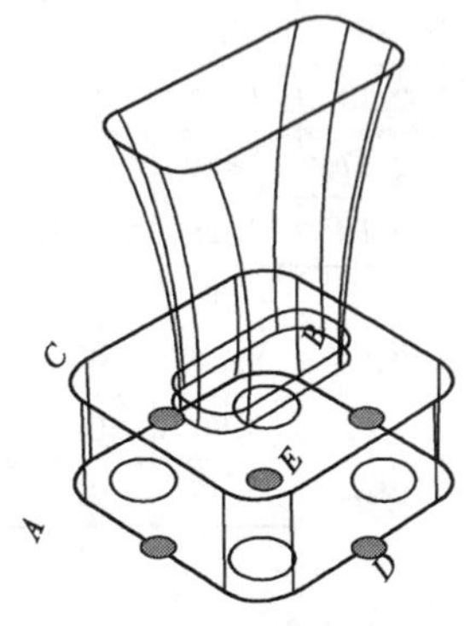

图 9.10　承台关键点布置

式中:N—— 冻融次数 。

通过计算分析发现,承台底部的混凝土主应力较区域部位要大,因此项目选取承台上几个关键点进行抗裂性能评估。点的布置见图 9.10。

对计算结果进行提取,汇总结果见表 9.5 和表 9.6。

不同年限关键点的三维应力抗裂分析 表9.5

点编号	自重+支座反力+冰荷载			I_1 (10^5Pa)	J_2 (10^{11}Pa^2)	λ	年限（年）	N	D_1	D_2	α	β	三维准则计算值	安全
	S_1 (10^5Pa)	S_2 (10^4Pa)	S_3 (10^4Pa)											
A	12.3	7.32	-7.99	12.2	5.11	10.96	150	575.00	0.40	0.84	-0.95	6.42	-0.10	√
B	6.26	8.33	-11.2	5.97	1.46	10.78	150	575.00	0.40	0.84	-0.95	6.42	-0.53	√
C	10.3	-4.71	-24.6	7.39	4.74	10.93	150	575.00	0.40	0.84	-0.95	6.42	-0.11	√
D	6.82	8.09	-13.8	6.25	1.80	10.78	150	575.00	0.40	0.84	-0.95	6.42	-0.47	√
E	15.9	105	-5.57	25.8	7.02	10.65	150	575.00	0.40	0.84	-0.95	6.42	-0.04	√
A	12.3	7.32	-7.99	12.2	5.11	10.96	160	613.33	0.41	0.86	-0.93	7.09	0.00	×
B	6.26	8.33	-11.2	5.97	1.46	10.78	160	613.33	0.41	0.86	-0.93	7.09	-0.47	√
C	10.3	-4.71	-24.6	7.39	4.74	10.93	160	613.33	0.41	0.86	-0.93	7.09	-0.01	√
D	6.82	8.09	-13.8	6.25	1.80	10.78	160	613.33	0.41	0.86	-0.93	7.09	-0.41	√
E	15.9	105	-5.57	25.8	7.02	10.65	160	613.33	0.41	0.86	-0.93	7.09	0.08	×

由表9.5可以看出，基于三维强度准则进行判别时，在海水冻融作用下，桥梁在冰荷载作用下在160年的服役期时会在承台底部中间位置（E点）和A点位置出现混凝土裂缝。

本文建立的混凝土冻融+侵蚀耦合损伤Ottosen强度准则为：

$$f(I_1, J_2, \cos 3\theta) = 1.2735\frac{\beta^2 J_2}{f_c'^2} + \lambda\frac{\beta\sqrt{J_2}}{f_c'} + 3.1924\frac{\alpha I_1}{f_c'} - 1 = 0 \tag{9.5}$$

其中：

$$\begin{cases}\lambda = \dfrac{1}{\rho} = 11.725\cos\left[\dfrac{1}{3}\arccos(0.98\cos 3\theta)\right], \cos 3\theta \geqslant 0 \\ \lambda = \dfrac{1}{\rho} = 11.725\cos\left[\dfrac{\pi}{3} - \dfrac{1}{3}\arccos(-0.98\cos 3\theta)\right], \cos 3\theta < 0\end{cases}$$

$$\alpha = \frac{1}{1 - 3D_1 - D_2}, \beta = \frac{1}{1 - D_2}$$

$$D_1 = \frac{(1 + 0.001N_1)^{-3.892} \times (1 + 1.359N_2)^{-0.111} \times 0.002N_1}{(1.2 + 0.0002N_1)(0.6 - 0.0004N_1)}$$

$$D_2 = 1 - \frac{(1 + 0.001N_1)^{-3.892} \times (1 + 1.359N_2)^{-0.111} \times 1.2}{(1.2 + 0.0002N_1)}$$

式中：N_1——混凝土室内快速冻融循环次数；

N_2——混凝土在5倍海水溶液浓度下的干湿循环次数。

海水冻融与侵蚀耦合作用下三维抗裂分析 表9.6

点编号	自重+支座反力+冰荷载			I_1 (10^5Pa)	J_2 (10^{11}Pa^2)	λ	年限（年）	N_1	N_2	D_1	D_2	α	β	三维准则计算值	安全
	S_1 (10^5Pa)	S_2 (10^4Pa)	S_3 (10^4Pa)												
A	12.3	7.32	-7.99	12.2	5.11	10.96	120	460.00	24.88	0.26	0.86	-1.54	6.96	-0.06	√
B	6.26	8.33	-11.2	5.97	1.46	10.78	120	460.00	24.88	0.26	0.86	-1.54	6.96	-0.51	√
C	10.3	-4.71	-24.6	7.39	4.74	10.93	120	460.00	24.88	0.26	0.86	-1.54	6.96	-0.06	√

续上表

点编号	自重+支座反力+冰荷载 S_1 (10^5Pa)	S_2 (10^4Pa)	S_3 (10^4Pa)	I_1 (10^5Pa)	J_2 (10^{11}Pa^2)	λ	年限(年)	N_1	N_2	D_1	D_2	α	β	三维准则计算值	安全
D	6.82	8.09	-13.8	6.25	1.80	10.78	120	460.00	24.88	0.26	0.86	-1.54	6.96	-0.45	√
E	15.9	105	-5.57	25.8	7.02	10.65	120	460.00	24.88	0.26	0.86	-1.54	6.96	-0.04	√
A	12.3	7.32	-7.99	12.2	5.11	10.96	130	498.33	26.96	0.27	0.87	-1.50	7.82	0.07	×
B	6.26	8.33	-11.2	5.97	1.46	10.78	130	498.33	26.96	0.27	0.87	-1.50	7.82	-0.44	√
C	10.3	-4.71	-24.6	7.39	4.74	10.93	130	498.33	26.96	0.27	0.87	-1.50	7.82	0.07	×
D	6.82	8.09	-13.8	6.25	1.80	10.78	130	498.33	26.96	0.27	0.87	-1.50	7.82	-0.37	√
E	15.9	105	-5.57	25.8	7.02	10.65	130	498.33	26.96	0.27	0.87	-1.50	7.82	0.11	×
A	12.3	7.32	-7.99	12.2	5.11	10.96	140	536.67	29.03	0.27	0.89	-1.47	8.74	0.21	×
B	6.26	8.33	-11.2	5.97	1.46	10.78	140	536.67	29.03	0.27	0.89	-1.47	8.74	-0.36	√
C	10.3	-4.71	-24.6	7.39	4.74	10.93	140	536.67	29.03	0.27	0.89	-1.47	8.74	0.20	×
D	6.82	8.09	-13.8	6.25	1.80	10.78	140	536.67	29.03	0.27	0.89	-1.47	8.74	-0.29	√
E	15.9	105	-5.57	25.8	7.02	10.65	140	536.67	29.03	0.27	0.89	-1.47	8.74	0.28	×

由表9.6可以看出，基于三维强度准则进行判别时，在海水冻融与侵蚀耦合作用下，桥梁在百年一遇冰荷载作用下，在130年的服役期时会在承台底部中间位置（E点）、A点和C点位置出现混凝土裂缝。

9.3.7 非通航孔桥墩静力评估小结

（1）基于单轴强度准则进行判别时，考虑海水冻融与侵蚀耦合作用的青岛海湾大桥非通航孔桥墩在最不利荷载组合作用下能够保证123.8年不开裂。

（2）基于单轴强度准则进行判别时，考虑海水冻融作用的青岛海湾大桥非通航孔桥墩在最不利荷载组合作用下能够保证158.8年不开裂。

（3）从计算结果分析可以看出，海水侵蚀对桥墩承台部位的混凝土损伤较小，因此，不对海水侵蚀作用下的混凝土侵蚀进行单独评估，而是直接评估海水冻融与侵蚀耦合作用对桥梁的损伤。

（4）基于三维强度准则进行判别时，在海水冻融作用下，桥梁在波浪荷载作用下在160年的服役期间会在承台底部中间位置出现混凝土裂缝。

（5）基于三维强度准则进行判别时，在海水冻融作用下，桥梁在冰荷载作用下在160年的服役期间会在承台底部中间位置（E点）和A点位置出现混凝土裂缝。

（6）基于三维强度准则进行判别时，在海水冻融与侵蚀耦合作用下，桥梁在百年一遇波浪荷载作用下，在130年的服役期间会在承台底部中间位置（E点）、A点和C点位置均会出现混凝土裂缝。

（7）基于三维强度准则进行判别时，在海水冻融与侵蚀耦合作用下，桥梁在百年一遇冰荷载作用下，在130年的服役期间会在承台底部中间位置（E点）、A点和C点位置出现混凝土裂缝。

(8)综合分析上述7条结论可以看出,青岛海湾大桥非通航孔桥在海水冻融侵蚀的损伤作用下,在百年一遇的冰荷载和波浪荷载分别作用下,桥墩的安全服役时间为123年。

9.4　基于可靠度理论的桥墩正常使用极限状态评估

一般来说,结构(包括结构构件)必须满足安全性、适用性和耐久性的要求,即可靠性的要求。我国现行国家标准《建筑结构可靠度设计统一标准》(GB 50068—2001)规定,结构设计采用"基于概率的极限状态设计方法",并将极限状态分为承载力极限状态和正常使用极限状态两类。承载力极限状态的设计对应于结构的安全性要求,而正常使用极限状态对应结构的适用性和耐久性要求。目前,混凝土结构适用性和耐久性的研究已逐渐成为研究热点,而其可靠性分析方法,也正受到越来越多的关注。2000年在杭州举行的中国土木工程学会第九届年会学术讨论会和2001年土建结构工程的安全性与耐久性的工程科技论坛,会议主题都是工程安全与耐久性问题,就结构可靠度和耐久性中的一些问题及工程中的应用展开了讨论,结构的可靠度研究虽已有很大的发展,并进入了实用阶段,但仍有许多值得研究和探讨的课题,尤其是关于结构在正常使用状态下的可靠度研究还处于探索阶段。本文简要介绍可靠度设计方法在我国的发展情况,然后从使用性和耐久性两方面,讨论混凝土结构构件正常使用极限状态可靠度的分析方法。美国土木工程学会结构安全学会结构安全度委员会早在20世纪50年代关于科学研究安全度的定义得出以概率概念定义安全度方法比较科学的结论。20世纪70年代,加拿大建筑结构规范转到极限状态设计,在国际上率先采用可靠指标度量结构可靠度。20世纪70年代初,由欧洲混凝土委员会(CEB)倡议,成立了有欧洲混凝土委员会、欧洲钢结构协会、国际房屋建筑委员会、国际预应力协会、国际桥梁与结构工程师协会、国际材料试验室联合会等六大国际组织参加的国际结构安全度联合委员会(JSCC),70年代末,该组织出版了一本结构统一标准规范的国际体系文件,其第一卷中就提出用与失效概率对应和可靠指标来度量结构可靠度。国际标准化组织ISO在20世纪80年代初发布的《结构可靠性总原则》第一版,也提出基于概率的极限状态设计方法的国际标准,1998年公布了新一版的《结构可靠度总原则》(ISO 2394)。我国在借鉴国外已有研究成果,立足国内大规模基本建设经验的基础上,已经逐步形成以概率理论为基础的极限状态设计方法。中华人民共和国建国初期,在当时的历史背景下,没有条件专门开展对建筑结构可靠性设计问题的研究,只能全盘套用前苏联三系数(超载系数、材料匀质系数、工作条件系数)极限状态设计方法。该法采用了数理统计手段,首次引进了极限状态的概念,部分地融进了概率要领,比较符合客观实际。但是三系数极限状态设计方法没有给出可靠度的定义和分析可靠度的方法,对于保证率的确定和系数的取值等方面仍然有不少的主观经验成分,各材料结构规范修订组对结构可靠度设计方法各行其是,如砌体规范采用"大老K方法",混凝土结构规范采用"中老K方法",钢结构规范和木结构规范采用一串"小老K方法"构成的容许应力设计方法,给设计和教学等带来诸多不便。20世纪70年代初,原国家建委提出以结构可靠度理论来建立设计方法,布置修订各材料结构设计规范。在借鉴国外先进经验的基础上,确定了建立以概率理论为基础的结构设计方法。通过大量十分宝贵的统计数据,如楼面荷载、风雪荷载的实测资料,混凝土、钢筋、砌体、木结构材料强度及几何尺寸变异的统计数据等,形成了建筑结构以概率理论为基础的极限状态设计方法,这是

《建筑结构设计统一标准》(GBJ 68—84)的基本特点,该标准1984年发布实施,在其指导下,于20世纪80年代末期相继完成了各材料结构设计规范的修订任务。依据这批规范,我国设计已建造了100亿m^2以上的各类建筑,说明上述设计方法是可行的。同时,在该标准的影响和国家工程建设标准主管部门的推动下,这套设计方法从房屋建筑领域扩大到铁路工程、公路工程、港口工程、水利水电工程领域,先后编制并批准发布了《工程结构可靠度设计统一标准》、《港口工程结构可靠度设计统一标准》、《铁路工程结构可靠度设计统一标准》、《水利水电工程结构可靠度设计统一标准》。2001年,建设部对建筑类结构材料设计规范进行了新一轮的修订工作,形成了现行国家标准《建筑结构可靠度设计统一标准》(GB 50068—2001)。尽管与土建相关的五大行业部门都制定了相关结构可靠度设计统一标准,但其内容主要涉及基于承载力极限状态下的可靠度问题,而对于基于正常使用极限状态的可靠度问题提及较少。《建筑结构可靠度设计统一标准》(GB 50068—2001)沿用ISO 2394—98标准给出了对于可逆的正常使用极限状态其可靠指标为0,而对于不可逆的正常使用极限状态其可靠指标为1.5。根据ISO 2394—98中的定义,所谓可逆极限状态是指产生超越状态的作用被移掉后,将不再保持超越状态的一种极限状态,而不可逆极限状态是指产生超越状态的作用被移掉后,将永久保持超越状态的一种极限状态。

9.4.1 结构可靠度分析的响应面法

结构工程中存在诸多的不确定因素,从结构材料性能参数到所承受的主要荷载,如车流、阵风或地震波,无不存在随机性。在有限单元法已成为分析复杂结构强有力的工具和广泛使用数值方法的今天,人们已不满足精度越来越高的确定性有限元计算,而设法用这一强有力的工具去研究工程实践中存在的大量不确定问题。随机有限元法(Stochastic FEM),也称概率有限元法(Probabilistic FEM)正是随机分析理论与有限元方法相结合的产物,是在传统有限元方法的基础上发展起来的随机数值分析方法。

最初是Monte-Carlo法与有限元法直接结合,形成独特的统计有限元方法。Astill和Shinozuka[107]首先将Monte-Carlo法引入结构的随机有限元法分析中。该法通过在计算机上产生的样本函数来模拟系统随机输入量的概率特征,并对于每个给定的样本点,对系统进行确定性的有限元分析,从而得到系统随机响应的概率特征。由于是直接建立在大量确定性有限元计算的基础上,计算量极大,不适用于大型结构,而且最初的直接Monte-Carlo法还不是真正意义上的随机有限元法。但与随后的摄动随机有限元法(PSFEM)相比,当样本容量足够大时,Monte-Carlo有限元法的结果更可靠,也更精确。

结构系统的随机分析一般可分为两大类:一类是统计方法,另一类是非统计方法。因此,随机有限元法同样也有统计逼近和非统计逼近两种类型。前者通过样本试验收集原始的数据资料,运用概率和统计理论进行分析和整理,然后作出科学推断。这里,样本试验和数据处理的工作量很大,随着计算机的普及和发展,数值模拟法,如蒙特卡罗(Monte-Carlo)模拟,已成为最常用的统计逼近法。后者从本质上来说是利用分析工具找出结构系统(确定的或随机的)输出随机信号与输入随机信号之间的关系,采用随机分析与求解系统控制相结合的方法得到输出信号的各阶随机统计量的数字特征(如各阶原点矩或中心矩)。

在20世纪70年代初,Cambou首先采用一次二阶矩方法研究线弹性问题。由于这种方法将随机变量的影响量进行 Taylor 级数展开,就称之为 Taylor 展开法随机有限元(TSFEM)。Shinozuka 和 Astill[108]分别独立运用摄动技术研究了随机系统的特征值问题。随后,Handa(1975 年)等人在考虑随机变量波动性时采用一阶和二阶摄动技术,并将这种摄动法随机有限元成功地应用于框架结构分析。Vanmarcke[108]等人提出随机场的局部平均理论,并将它引入随机有限元。局部平均理论是用随机场函数在每一个离散单元上局部平均的随机变量来代表该单元统计量的近似理论。Liu W K[109]等人的系列工作,提供了一种"主模态"技术,运用随机变量的特征正交化方法,将满秩的协方差矩阵变换为对角矩阵,减少计算工作量,对摄动随机有限元法的发展作出了贡献,此外,提出了一个随机变分原理。

Yamazaki 和 Shinozuka[110]创造性地将算子的 Neumann 级数展开式引入随机有限元的列式工作。从本质上讲,Neumann 级数展开方法也是一类正则的小参数摄动方法,正定的随机刚度矩阵和微小的随机扰动量是两个基本要求,这两个基本要求保证了摄动解的正则性和收敛性,其优点在于摄动形式较简单并可以得到近似解的高阶统计量。Shinozuka 等人(1987 年)将随机场函数的 Monte-Carlo 模拟与随机刚度矩阵的 Neumann 级数展开式结合,得到具有较好计算精度和效率的一类 Neumann 随机有限元列式(称 NSFEM)。Benaroya 等[111]指出,将出现以随机变分原理为基础的随机有限元法来逐渐取代以摄动法为基础的随机有限元法。Spanos 和 Ghanem 等人[112]结合随机场函数的 Karhuen-Loeve 展式和 Galerkin(迦辽金)射影方法建立了相应的随机有限元列式,并撰写了随机有限元法领域的第一本专著《随机有限元谱方法》。

国内对随机有限元的研究起步较晚。吴世伟等人[113]提出随机有限元的直接偏微分法及相应的可靠度计算方法。陈虬、刘先斌等人[114]提出一种新的随机场离散模型,建立了等参局部平均单元,并基于变分原理研究了一类随机有限元法的收敛性和误差界。

自 20 世纪 80 年代以来,随机有限元法已在工程结构可靠性、安全性分析领域以及在各种随机激励下结构响应变异研究领域中得到应用,如应用于大型水利工程的重力坝、拱坝的可靠度计算,应用于非线性瞬态响应分析,结构振动中随机阻尼对响应的影响,结构分析的随机识别,复杂结构地震响应的随机分析和两相动力系统的随机模拟等。随着理论研究的深入,随机有限元将得到更加广泛的应用。

在传统的结构可靠度分析中,一次二阶矩法得到了广泛的应用,但这类方法以功能函数具有明确的解析表达式为基础,要求功能函数已知,或可用数学表达式明确描述,因此其应用受到一定限制。在实际工程中,由于影响结构受力状态的因素非常复杂,基本随机变量的输入与输出量之间的关系可能是高度非线性的,在进行可靠度分析时往往不能给出功能函数的明确表达式,在计算这类复杂结构的可靠度时,采用一次二阶矩法求解存在困难。对这一类问题,可采用响应面方法求解,常用的响应面法为以求得验算点为目的的迭代的二次多项式序列响应面法。

二次多项式序列响应面法用不含交叉项的二次多项式表示响应面函数,待定系数为 $2n+1$ 个。

$$Z = g(X) = a + \sum_{i=1}^{n} b_i X_i + \sum_{i=1}^{n} c_i X_i^2 \tag{9.6}$$

计算步骤如下:

(1)假定初始迭代点 $x(1) = (x_1^{(1)}, x_2^{(1)}, \cdots, x_n^{(1)})$,一般取均值点。

(2)通过结构有限元数值分析方法计算功能函数值 $g(x_1^{(1)},x_2^{(1)},\cdots,x_n^{(1)})$ 以及 $g(x_1^{(1)},x_2^{(1)},\cdots,x_i^{(1)}+f\sigma,\cdots,x_n^{(1)})$ 。

(3)求解线性方程组,得到 $2n+1$ 个待定系数,从而确定由二次多项式表示的响应面函数。

(4)用一次二阶矩求解验算点 $x^{*(k)}$ 及可靠指标 $\beta(k)$ 。

(5)计算 $|\beta(k)-\beta(k-1)|$,应小于 给定的精度,如果条件满足,则输出 β;如果不满足,经线性插值得到新展开点 $x_M^{(k)}$,返回步骤 2 进行下一次迭代,直到收敛为止。

$$x_M^{(k)}=x^{(k)}+(x^{*(k)}-x^{(k)})\frac{g(x^{*(k)})}{g(x^{(k)})-g(x^{*(k)})} \tag{9.7}$$

在计算中需要用到三个工具,即结构分析、线性方程组求解、一般的可靠度求解。进行结构分析,可采用现已在工程中得到广泛应用的 ANSYS、SAP 等有限元商业软件。

9.4.2 桥梁正常使用阶段可靠指标研究

我国现行的规范中对于大型跨海桥基础结构正常使用极限状态下的目标可靠指标均未有明确的规定。《建筑结构可靠度设计统一标准》(GB 50068—2001)中规定:结构构件正常使用极限状态的可靠指标,对于不可逆的过程取为 1.5。《公路工程结构可靠度设计统一标准》(GB/ T 50283—1999)中建议:公路桥梁的钢筋混凝土板和梁的裂缝及挠度的正常使用极限状态最小的目标可靠指标控制值取 1.0;但当采用汽车荷载经统计分析得到的频遇值和准永久值,分别按短期效应组合和长期效应组合对钢筋混凝土构件裂缝进行可靠度计算时,所得的可靠指标比现行规范规定的计算结果有较大提高。大型跨海桥梁正常使用极限状态设计所对应的目标可靠度,应该区别于按照现行规范设计标定的目标可靠度,这是因为:

(1)大型跨海桥梁所处环境复杂恶劣,潮位变动大,浪流变化多端,其所受的环境荷载及其变异性都很大,荷载效应比的变化范围很宽,如某大桥的荷载效应比在 0.07 ~30.0 内变化,而现行公路桥梁规范标定目标可靠度所采用的常遇荷载效应比的范围较窄,只选用 0.1、0.25、0.5、1.0、1.5、2.5 六种荷载效应比参与计算。

(2)一般桥梁以车载为控制荷载,而大型跨海桥梁通常以风浪流的水平组合荷载为控制荷载。

(3)现行公路桥梁规范中正常使用极限状态下的目标可靠指标针对的结构构件主要是指混凝土梁和板,此类构件一般受力比较明确,尺寸较小,但是大型跨海桥梁的下部桩基基础及墩身承台等结构构件通常是细长型的或者是体积巨大型的构件,其受力非常复杂。

(4)大型跨海桥梁的重要度及风险后果通常都比一般桥梁高很多。

(5)大型跨海桥梁的基础结构构件所受的海水冲刷、腐蚀、侵蚀等作用较大,耐久性能较差。

由此可见:大型跨海桥梁基础结构构件在正常使用极限状态下的目标可靠度应该高于一般的桥梁。但是,在既缺乏充分的各类海洋实测数据,又没有类似大型跨海桥梁工程经验的情况下,很难直接由荷载及抗力关系标定其目标可靠度。然而,各个国家的结构可靠度标准均是以 JCSS 可靠度模式规范为蓝本的,因此,可以 JCSS 模式规范为基础来建议大型跨海桥梁基础结构在正常使用极限状态下的目标可靠度(表 9.7),并以实际工程设计来检验所建议的值是否合理。

大型跨海大桥正常使用极限状态设计所对应的目标可靠度应该区别于按照现行规范设计标定的目标可靠度，参照各国标准，可以JCSS模式规范为基础来建议青岛海湾大桥基础结构在正常使用极限状态下的目标可靠度，如表9.7所示。

年目标可靠度指标和年失效概率建议值　　表9.7

相对失效损失	不可恢复极限状态的目标可靠度指标	
	β_T	P_f
高	1.3	0.10
中	1.7	0.05
低	2.3	0.01

大型跨海桥梁属于重要工程，其基于裂缝宽度验算的混凝土结构构件的可靠度指标一般变化范围较大。为了让工程人员能够根据不同背景的工程作出不同的选择，又尽量遵循各类结构构件的安全等级每相差一级目标可靠指标取值宜相差0.5的准则，建议大型跨海桥梁基础结构构件在正常使用极限状态下的三级目标可靠度水平分别为：间于相对失效损失"高"与"中"之间时，$\beta_T = 1.5$，介于相对失效损失"中"与"低"之间时，$\beta_T = 2.0$；相对失效损失为"低"的$\beta_T = 2.3$。

9.4.3　非通航孔桥墩可靠度分析

1）波浪荷载作用

对波浪荷载作用下的桥墩进行可靠度分析。表9.8中输入变量主要有材料弹性模量、材料密度和波浪力。其中，弹性模量服从正态分布，密度服从均匀分布，波浪压力服从对数分布。

材料参数概率分布如表9.8所示，拟合出的响应面见图9.11。

材料参数　　表9.8

序　号	名　称	概率分布类型
1	弹性模量（MPa）	高斯分布
2	密度（kg/m^3）	平均分布
5	作用力（Pa）	对数分布

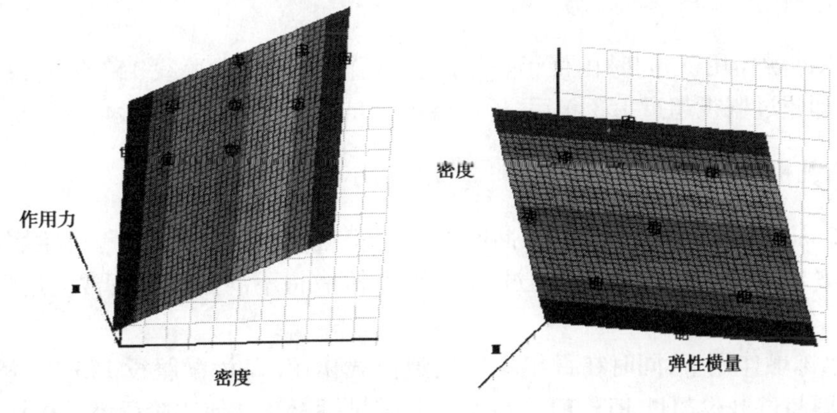

图9.11　拟合出的响应面

根据可靠指标β为1.5,可得到桥墩的可靠概率必须不小于93.32%,依据该可靠概率,通过随机有限元分析得到桥墩承台的应力不能超过1.507 66MPa。

表9.9为混凝土强度随桥梁服役时间的变化值。

混凝土强度随桥梁服役时间变化值(单位:MPa) 表9.9

服役时间t(年)	10	20	30	40	50	60	70	80	90	100
海水冻融+侵蚀耦合	3.47	3.27	3.08	2.88	2.70	2.51	2.33	2.15	1.98	1.81
海水冻融	3.49	3.36	3.23	3.10	2.97	2.84	2.70	2.57	2.43	2.29
海水侵蚀	3.42	3.38	3.33	3.28	3.24	3.19	3.15	3.10	3.05	3.01
服役时间t(年)	110	120	130	140	150	160	170	180	190	200
海水冻融+侵蚀耦合	1.64	1.48	1.32	1.17	1.01	0.87	0.72	0.58	0.44	0.31
海水冻融	2.15	2.00	1.85	1.71	1.56	1.40	1.25	1.09	0.93	0.77
海水侵蚀	2.96	2.92	2.87	2.82	2.78	2.73	2.69	2.64	2.59	2.55

根据表9.9可得到以下结论:

(1)在海水冻融+侵蚀耦合作用下,同时在百年一遇波浪荷载作用下,桥梁服役118年,桥墩可靠指标$\beta=1.5$时,即超过服役超过118年后,桥墩将不满足桥梁正常使用阶段可靠指标要求。

(2)在海水冻融作用下,同时在百年一遇波浪荷载作用下,桥梁服役153年时,桥墩可靠指标$\beta=1.5$时,即超过服役超过153年后,桥墩将不满足桥梁正常使用阶段可靠指标要求。

2)*冰荷载作用*

对冰荷载作用下的桥墩进行可靠度分析。输入变量主要有材料弹性模量,材料密度和冰荷载。其中,弹性模量服从正态分布,密度服从均匀分布,冰压力服从对数分布。

根据可靠指标β为1.5,可得到桥墩的可靠概率必须不小于93.32%,依据该可靠概率,通过随机有限元分析得到桥墩承台的应力不能超过1.502 21 MPa。

根据表9.9可得到以下结论:

(1)在海水冻融+侵蚀耦合作用下,同时在百年一遇冰荷载作用下,桥梁服役118年时,桥墩可靠指标$\beta=1.5$时,即超过服役超过118年后,桥墩将不满足桥梁正常使用阶段可靠指标要求。

(2)在海水冻融作用下,同时在百年一遇冰荷载作用下,桥梁服役153年时,桥墩可靠指标$\beta=1.5$时,即超过服役超过153年后,桥墩将不满足桥梁正常使用阶段可靠指标要求。

9.4.4 非通航孔桥墩正常使用极限状态可靠度评估小结

(1)在海水冻融+侵蚀耦合作用下,同时在百年一遇波浪荷载作用下,桥梁服役118年,桥墩可靠指标$\beta=1.5$时,即超过服役超过118年后,桥墩将不满足桥梁正常使用阶段可靠指标要求。

(2)在海水冻融作用下,同时在百年一遇波浪荷载作用下,桥梁服役153年,桥墩可靠指标$\beta=1.5$时,即超过服役超过153年后,桥墩将不满足桥梁正常使用阶段可靠指标要求。

(3)在海水冻融+侵蚀耦合作用下,同时在百年一遇冰荷载作用下,桥梁服役118年,桥

墩可靠指标 $\beta=1.5$ 时,即超过服役超过 118 年后,桥墩将不满足桥梁正常使用阶段可靠指标要求。

(4)在海水冻融作用下,同时在百年一遇冰荷载作用下,桥梁服役 153 年时,桥墩可靠指标$\beta=1.5$ 时,即超过服役超过 153 年后,桥墩将不满足桥梁正常使用阶段可靠指标要求。

(5)根据上述 4 条结论,可得到以下总结论:青岛海湾大桥非通航孔桥在海水冻融侵蚀的损伤作用下,在百年一遇的冰荷载和波浪荷载分别作用下,桥墩的安全服役时间为 118 年。

9.5　桥墩极限承载能力退化评估

9.5.1　钢筋混凝土结构劣化模型

实践经验表明:按重要性由高到低排序,引起混凝土结构劣化的主因依次为钢筋锈蚀、暴露于冻融循环和环境侵蚀。在这几个主因中,产生膨胀和开裂的机理都与混凝土渗透性和水分存在有很大关系。配制、浇筑、捣固和养护合理的混凝土基本上不透水,因此在大多数情况下具有很长的服务寿命。但是,由于暴露于环境,混凝土结构会出现裂缝和微裂缝,并逐步扩展。当这些裂缝和微裂缝连通时,混凝土结构将失去其不透水性,容易遭受一种或多种劣化过程的影响。

钢筋混凝土结构的腐蚀可以用图 9.12 来表示。

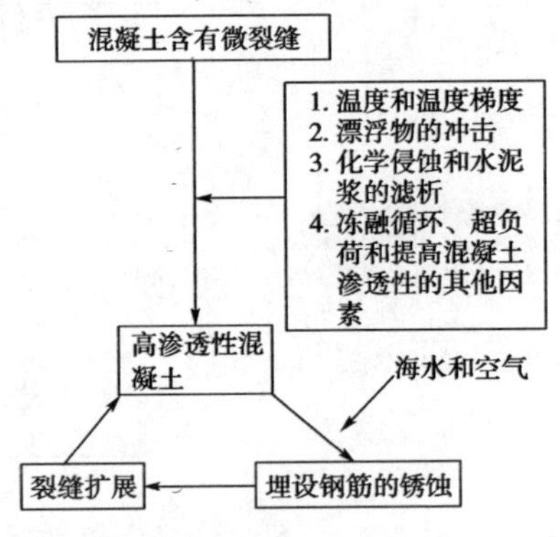

图 9.12　钢筋混凝土结构劣化模型

加州大学伯克利分校的梅塔教授提出了常见环境作用使混凝土劣化的模型,根据这个模型,只要混凝土的微裂缝和孔隙不会连通成网络并通向混凝土表面,良好配制、适当捣固和养护的混凝土就能基本上保持其不透水性。结构承载及大气侵蚀作用,例如暴露于冷热和干湿循环条件下,促使先前存在于砂浆和粗集料间界面过渡区的微裂缝发生扩展。这发生在结构—环境交互作用的第一阶段。

一旦混凝土失去不透水性,其内部就成为饱水状态。随后,在劣化过程中起重要作用的水分和各种离子就很容易传输到混凝土内部,这标志着结构—环境交互作用的第二阶段开始。在这个阶段,混凝土将依次经历膨胀、开裂、失重和渗透性增大等劣化过程。应该注意的是:在模型的第一个阶段几乎或根本观察不到损伤,只是混凝土的不透水性逐渐丧失;第二阶段标志着混凝土损伤开始。开始时损伤速率缓慢,随后加快。在第二阶段,由于一种或多种体积膨胀现象发生(例如水结冰、钢筋锈蚀等),饱和混凝土的孔溶液中水压力将会增大;同时,如果水泥浆体的氢氧根离子被滤析,且被氯离子和硫酸根离子替代,水化硅酸钙就会分解,混凝土将失去黏结性和强度。这两个损伤过程会导致混凝土的水密性进一步丧失和损伤过程加速。根据水化水泥浆体组分受到的化学侵蚀,可知硫酸盐与镁离子是海水中的有害组分。但硫酸根离子浓度超过 1 500mg/L 时,硫酸盐侵蚀可被视为严重侵蚀;同样,当镁离子浓度超过 500mg/L 时,硅酸盐水泥会被阳离子交换反应所劣化。由于混凝土发生损伤,随后会导致钢筋发生锈蚀。

通常,埋设钢筋的锈蚀是暴露于海水中的钢筋混凝土和预应力钢筋混凝土结构中混凝土

发生劣化的主要原因，但在低渗透混凝土中，似乎这并不是混凝土开裂的首要原因。众多案例表明：锈蚀速度取决于阴极/阳极面积比，所以严重锈蚀以及随之而来的膨胀除非在干净表面供氧充分时才会发生（即阳极面积增大）。只要钢—水泥界面区周围的混凝土保护层保持不渗漏，这种现象就不会发生。已经存在于界面区的孔隙和微裂缝扩展是混凝土中埋设钢筋严重锈蚀的必要条件。一旦严重锈蚀的条件成熟，开裂—锈蚀—再开裂逐步升级的循环就会开始，最终导致结构严重损坏。

另外需要说明的是，对于海洋环境中的结构，结构劣化类型和严重性在结构的各处是不同的。图9.13为一个钢筋混凝土桥墩暴露于海水中的示意图，说明经常处于涨潮位部分以上的混凝土更容易受到冰冻作用和埋设钢筋锈蚀的影响；涨、退潮位线之间的部分容易开裂和剥落，这不仅是由冻融作用和钢筋锈蚀引起，也由于干湿循环导致。由于海水—水泥浆体交互作用引起的化学侵蚀也会在此区域发生，使混凝土由于微裂缝开展和化学侵蚀削弱，最后被波浪和砂、砾石及冰凌冲击而崩溃，所以对于海洋环境中的桥墩而言，最严重的劣化发生在潮差区；另一方面，结构全浸没区仅仅受到海水的化学侵蚀，因为不会暴露到冰点以下的温度而不受到冻害，且由于缺氧，钢筋锈蚀也几乎不会发生。

如果从钢筋锈蚀的角度来观察结构的劣化，则结构劣化过程可以描述如图9.14所示[115]。

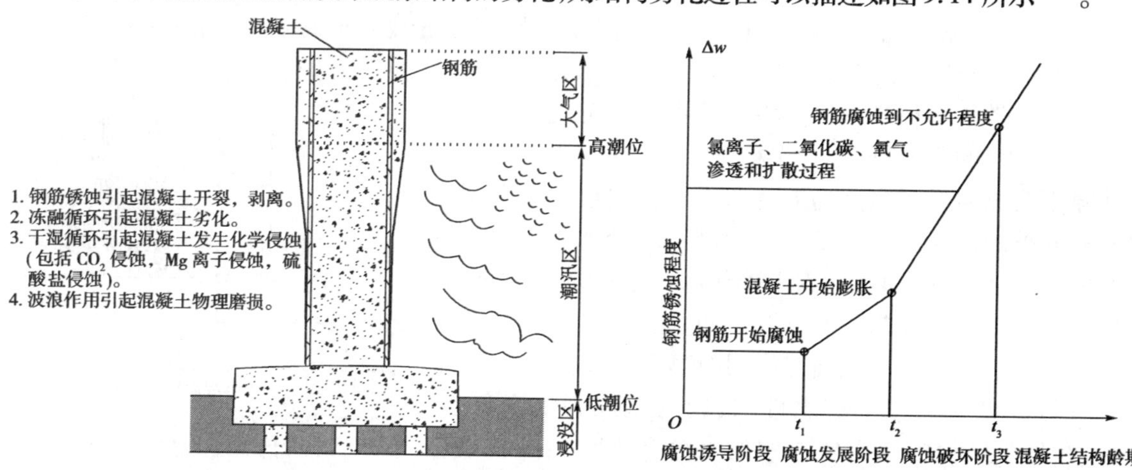

图9.13　海洋环境中桥墩部位的劣化

图9.14　海洋环境下钢筋混凝土结构退化随时间的发展

$O \sim t_1$ 阶段：腐蚀诱导阶段，结构开始暴露于氯盐环境中，氯离子逐渐向内部入侵和积聚，t_1 为混凝土保护层深度(x)的氯离子浓度达到钢筋开始锈蚀的临界浓度 $C(x,t)$ 时所经历的时间，该段时间与混凝土的抗氯渗透性能和环境情况等因素有关。

$t_1 \sim t_2$ 阶段：钢筋开始锈蚀后，在氧气及水分供应充足的条件下，钢筋的电化学腐蚀反应顺利进行，随着腐蚀产物体积的增加，其膨胀拉应力将大于混凝土抗拉强度，混凝土保护层开裂。该段时间的长短与钢筋直径、氧气和水的扩散速率、混凝土电阻率的大小有关。国外资料报道普通混凝土的该段时间为3～7年，高性能混凝土由于其电阻与普通混凝土相比成倍增长，该段时间延长为15～30年。

$t_2 \sim t_3$ 阶段：混凝土保护层开裂，钢筋表面直接与氯盐接触，腐蚀速度急剧加快，混凝土保护层由于钢筋锈蚀膨胀而胀裂甚至脱落，钢筋和混凝土的截面积大幅度减小，承载力降低，直到无法满足结构安全使用功能。

9.5.2　氯离子扩散模型

海洋环境下混凝土中的钢筋锈蚀可由两种因素诱发，一是海水中 Cl^- 的侵蚀，二是大气中的 CO_2 使混凝土中性化。国内外大量工程调查和科学研究结果表明，海洋环境下导致混凝土结构中钢筋锈蚀的主要因素是 Cl^- 侵蚀。研究表明，氯离子在混凝土中渗透的过程可视为一个扩散过程，并遵循 FICK 渗透准则[116-117]。

$$\frac{\partial C(x,t)}{\partial t} = \frac{D_c \partial^2 C(x,t)}{\partial x^2} \tag{9.8}$$

式中：D_c ——氯离子有效扩散系数，与混凝土水灰比有关；

$C(x,t)$ ——混凝土接触氯离子源 t 时间后，距离表面 x 处的氯离子质量浓度；

x——渗透点到混凝土表面的距离；

t——扩散时间。

边界条件：

$x = 0$，$t \geqslant 0$ 时，$C = C_0$（混凝土表面氯离子浓度）；

$x > 0$，$t = 0$ 时，$C = C_s$（x 处混凝土初始时刻的氯离子浓度）。

代入式(9.8) 解得：

$$C(x,t) = C_0\left[1 - \mathrm{erf}\left(\frac{x}{2\sqrt{Dt}}\right)\right] \tag{9.9}$$

式中：$\mathrm{erf}\left(\frac{x}{2\sqrt{Dt}}\right) = \frac{2}{\sqrt{\pi}}\int_0^{x/2\sqrt{Dt}} e^{-z^2}\,dz$（误差函数）。

一般认为，扩散系数随时间的变化规律可用指数函数表示：

$$D(t) = D_0(t_0/t)^m$$

式中：D_0 ——t_0 时刻的扩散系数；

m——经验系数，主要与水灰比 W/C 有关；

$D(t)$ ——t 时刻的扩散系数。

表 9.10 为水样 2 检测结果。

水样 2 检测结果　　　表 9.10

分析编号		197		送样编号		落潮海水	
取样地点		青岛海湾大桥（北桥位）					
颜色	无	嗅觉	无	气味	无	浊度	透明
分析项目		ρ(mg/L)		C(mmol/L)		X(%)	
阳阴离子	Cl^-	15 952.5		450.00		90.73	
	SO_4^{2-}	2 077.3		43.25		8.72	
	HCO_3^-	164.8		2.70		0.54	
	CO_3^{2-}						
	OH^-						
	NO_3^-						
	合计	18 194.6		495.95		100.00	
溶解性总固体		28 568		pH 值		7.87	

根据表 9. 10,青岛胶州湾氯离子的含量为:15 952. 5/(1 000 × 1 000) = 0. 015,即 15. 95kg/m^3。

青岛海湾大桥现场混凝土的氯离子渗透系数值如表 9. 11 所示。

混凝土渗透系数 表 9. 11

合同段	渗透系数 $D(10^{-12}m^2/s)$	平均值$(10^{-12}m^2/s)$
2 合同	1.16	1.05
4 合同	0.92	
8 合同	1.07	

根据对钢筋钝化机理的研究,一些学者认识到氯化物引起混凝土中钢筋的去钝化,并不单纯取决于钢筋周围混凝土孔隙液游离 Cl^- 的浓度,更重要的参数是$[Cl^-]/[OH^-]$值。据 Housmann 介绍,在模拟混凝土孔隙液饱和溶液(pH 值为 11.6)中,只要$[Cl^-]/[OH^-]$值不大于 0.6,钢筋就不会激活。Diamnod 在综合以往的研究成果之后,给出了下列不同 pH 值碱溶液中钢的$[Cl^-]/[OH^-]$临界值(表 9.12)。

根据已有文献的研究,氯离子的临界含量还可取值为 0.9kg/m^3。

$[Cl^-]/[OH^-]$临界值 表 9.12

pH 值	11.5	11.8	12.1	12.6	13.0	13.3
临界值	0.60	0.57	0.48	0.29	0.27	0.30

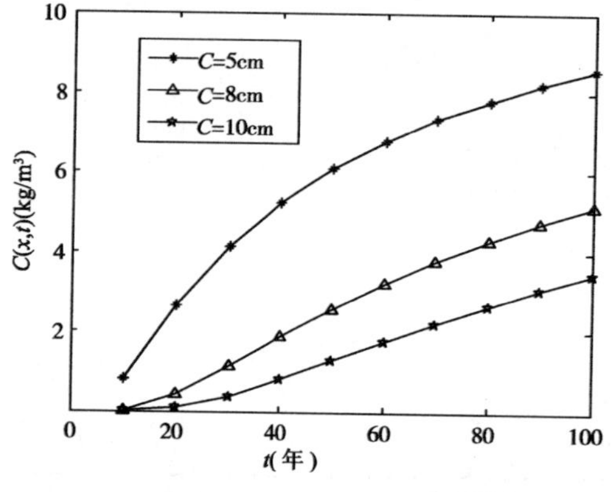

图 9.15 钢筋表面氯离子浓度随时间的变化曲线

因此取 $C_0 = 15.95kg/m^3$, $D = 1.05e^{-8}cm^2/S$, $C_{cr} = 0.9kg/m^3$,代入式(9.9)可分别求得第 10 年至第 100 年 $C(x, t)$的数值,见图 9.15。

$C(x,t)$除与水灰比有关外,还与很多因素有关,如混凝土强度、混凝土保护层厚度、阻锈剂以及氯离子含量等。高性能海工混凝土以其较高的抗氯离子渗透性为特征,受到国际上研究和工程界的认同;阻锈剂能有效抑制混凝土内氯离子的活化作用,从而延长钢筋混凝土的使用寿命。

由于混凝土内部集料、孔隙、微裂缝的随机分布,使得氯离子扩散系数必然为一随机过程;混凝土表面氯离子浓度主要与环境条件有关,由于混凝土的离散性和量测误差不确定性,混凝土表面氯离子浓度实际为随机变量;由于施工误差的影响,并不是所有的钢筋都准确地放到设计位置,因此,混凝土保护层厚度也是一个随机变量。将扩散系数 D 作为随机过程,将混凝土表面氯离子浓度 C_0、混凝土表面至钢筋表面距离 x 作为随机变量,钢筋表面氯离子浓度达到临界值 C_{cr}钢筋开始锈蚀,反求得钢筋开始锈蚀时间可表示为:

$$t_{int} = x^2/4D\left[\operatorname{erf}^{-1}\left(\frac{C_0 - C_{cr}}{C_0}\right)\right]^{-2} \tag{9.10}$$

式中:x、D、C_0、C_{cr}——分别为保护层厚度、氯离子扩散系数、混凝土表面氯离子浓度和氯离子临界浓度。

通过计算得到青岛海湾大桥对应保护层厚度为10cm的混凝土结构，不考虑防腐漆的防腐性能，不考虑阻锈剂延缓钢筋锈蚀，不考虑钢筋的阴极保护功能，混凝土中的钢筋在51年后开始发生锈蚀。

t_{int}时刻后钢筋开始锈蚀，直径表达式为：

$$d(t)=\begin{cases} d_0, & t \leqslant t_{int} \\ d_0-2\lambda(t-t_{int}), & t_{int}<t \leqslant t_{int}+d_0/2\lambda \\ 0, & t>t_{int}+d_0/2\lambda \end{cases} \tag{9.11}$$

式中：λ——钢筋锈蚀率，$\lambda=0.0116 i_{corr}(t)$；

i_{corr}——锈蚀开始经过t时间后的电流密度，现场实测或用下式求得[118]。

$$i_{corr}(t)=32.13\frac{(1-W/C)^{-1.64}}{c}t^{-0.29} \tag{9.12}$$

式中：W/C——水灰比；

c——混凝土保护层厚度。

青岛海湾大桥的$W/C=0.34$。根据上式得到电流密度随时间的变化规律（图9.16）和钢筋锈蚀率（图9.17）。

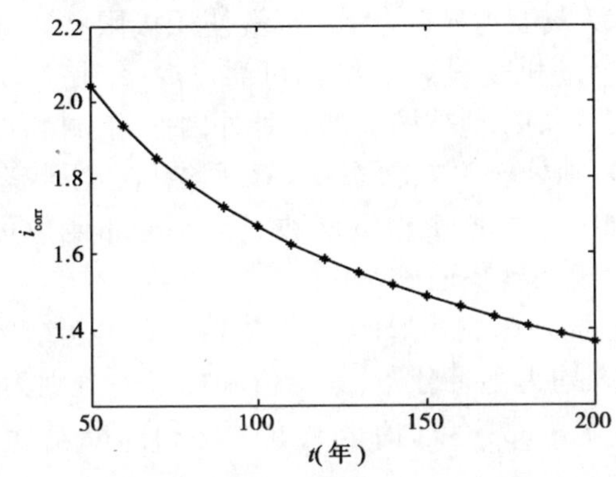

图9.16　电流密度随时间变化

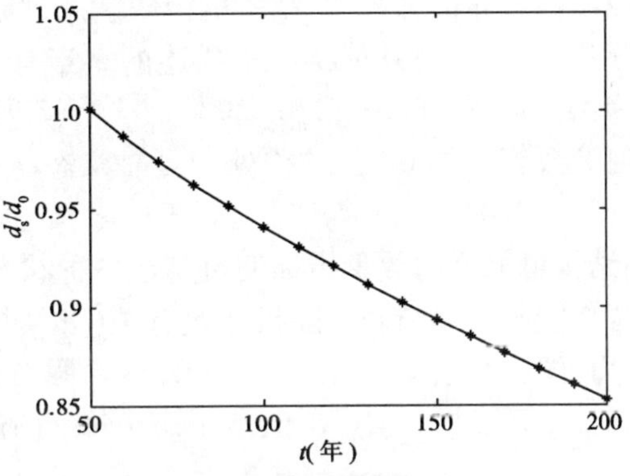

图9.17　钢筋锈蚀率

图9.17中的数据如表9.13所示，d_s为随时间变化的钢筋直径，d_0为原始钢筋直径。

钢筋锈蚀率随桥梁服役时间变化值　　表9.13

t(年)	d_s/d_0	t(年)	d_s/d_0	t(年)	d_s/d_0
60.000	0.987	110.000	0.931	160.000	0.885
70.000	0.975	120.000	0.921	170.000	0.876
80.000	0.963	130.000	0.911	180.000	0.868
90.000	0.951	140.000	0.902	190.000	0.860
100.000	0.941	150.000	0.893	200.000	0.852

t 时刻锈蚀钢筋屈服强度表达式为[119]：

$$f_{sd} = \begin{cases} f_y, t \leqslant t_{int} \\ f_y(0.986 - 1.1992\eta_s), t > t_{int} \end{cases} \tag{9.13}$$

式中：f_y——未锈蚀钢筋屈服强度；

η_s——钢筋截面损失率(%)。

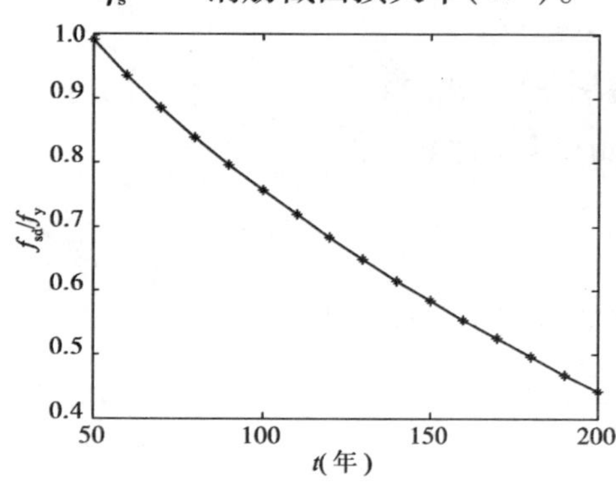

图 9.18　钢筋强度损失率

同样可得到钢筋屈服强度随时间的变化规律，具体参见图 9.18。

9.5.3　结构可靠性分析的一次二阶矩法

结构的安全性、适用性和耐久性统称为结构的可靠性。可靠性的数学量度为可靠度，其定义为：在规定的条件下和规定的时间内完成预定功能的概率。“规定条件”是指正常设计、正常施工、正常使用的条件；“规定时间”是指结构的设计基准期。结构的使用时间超过基准期后，其失效的概率将增大。结构的一系列基本变量都具有不确定性，因此，结构的可靠性分析属于随机性分析的范畴，随机有限元法将是十分有效的工具。

在结构可靠性分析中，结构的极限状态(包括承载能力极限状态、正常使用极限状态和条件极限状态)是通过功能函数来描述的。当有 n 个随机变量影响结构可靠度时，结构的功能函数为：$z = g(X_1, X_2, \cdots, X_n)$，基本变量 $X_i(i=1,2,\cdots,n)$ 是结构上的各种外因作用、材料性能和几何参数等。$z>0$ 时，结构处于可靠状态；$z<0$，则处于失效状态；$z=0$，称结构极限状态方程(一般难以用显式表示)，结构处于极限状态。如果 z 的概率密度函数或概率分布函数可求得，则结构可靠度的数量指标便可基于各种状态出现的概率而确定。

若功能函数仅与两个随机变量有关(如结构抵抗破坏或变形的能力 R 和荷载引起结构内力、应力、位移等效应 S)，即 $z=g(R,S)$。假设 R、S 均为正态分布，其均值和标准差分别为 $\bar{R}$、$\bar{S}$ 和 σ_R、σ_S，此时 $z=R-S$ 也是正态分布的随机变量，具有均值 $\bar{z} = \bar{R} - \bar{S}$ 和标准差 $\sigma_z = \sqrt{\sigma_R^2 + \sigma_S^2}$。其概率密度函数为：

$$f_z(z) = \frac{1}{\sqrt{2\pi}\sigma_z}\exp\left[-\frac{1}{2}\left(\frac{z-\bar{z}}{\sigma_z}\right)^2\right], -\infty < z < \infty \tag{9.14}$$

其分布图示于图 9.19，阴影部分是结构失效概率 P_f，非阴影部分面积即结构的可靠度 P_r。

在工程实践中，R 和 S 不一定是正态分布，但可以变换成标准正态分布。他们的统计特征量是均值 μ、标准差 σ、相关偏度或变异系数等，变异系数 $\nu=\sigma/\mu$，表示随机变量相对于均值的变异。目前工程上一般用无量纲的可靠指标 β 来反映结构的可靠度，$\beta = \bar{z}/\sigma_z$，β 越大，失效概率 P_f 越小，其互补的可靠度 P_r 就越大。

一次二阶矩法采用只需已知均值和标准差的数学模型去求解结构的可靠度。此法将功能函数 $z=g(X_1, X_2, \cdots, X_n)$ 在某点用 Taylor 级数展开，并近似地取一次项使极限状态方程线性化，然后求得可靠指标 β。

改进的一次二阶矩法将线性化点选在失效边界上，而且选在结构最大可能失效点 P^* 上

(图 9.20)。选择设计验算点 $P^*(X_i^* \mid i=1,2,\cdots,n)$ 作为线性化点 X_{0i} 时,线性化的极限状态方程为:

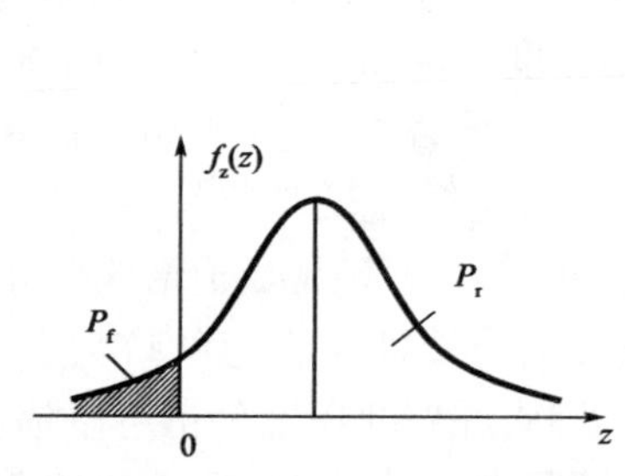

图 9.19　正态分布概率密度函数

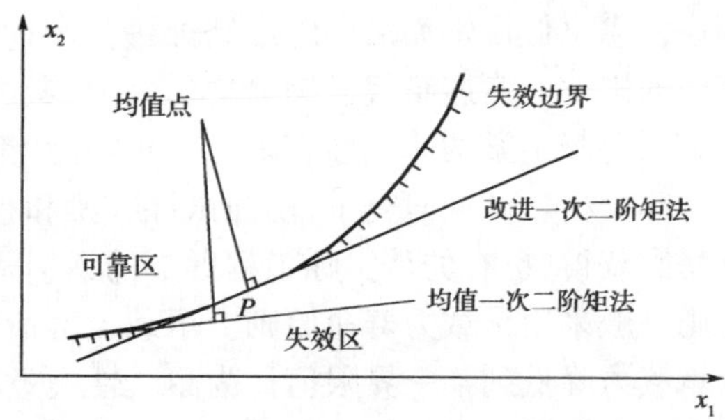

图 9.20　失效边界

$$z \approx g(X_1^*, X_2^*, \cdots, X_n^*) + \sum_{i=1}^{n} (X_i - X_i^*) \frac{\partial g}{\partial X_i}\bigg|_{X^*} = 0 \tag{9.15}$$

则 z 的均值为:

$$\mu_z = g(X_1^*, X_2^*, \cdots, X_n^*) + \sum_{i=1}^{n} (\mu_{Xi} - X_i^*) \frac{\partial g}{\partial X_i}\bigg|_{X^*} \tag{9.16}$$

由于设计验算点 P^* 选在失效边界上,有 $g(X_1^*, X_2^*, \cdots, X_n^*) = 0$,因此 μ_z 成为:

$$\mu_z = \sum_{i=1}^{n} (\mu_{Xi} - X_i^*) \frac{\partial g}{\partial X_i}\bigg|_{X^*} \tag{9.17}$$

但随机变量 X_i 互不相关时,z 的标准差 σ_z 为:

$$\sigma_z = \left[\sum_{i=1}^{n} \left(\frac{\partial g}{\partial X_i}\bigg|_{X^*} \sigma_{Xi} \right)^2 \right]^{\frac{1}{2}} = \sum_{i=1}^{n} \left(\alpha_i \sigma_{Xi} \frac{\partial g}{\partial X_i}\bigg|_{X^*} \right) \tag{9.18}$$

其中:$\alpha_i = \dfrac{\sigma_{Xi} \dfrac{\partial g}{\partial X_i}\bigg|_{X^*}}{\left[\sum\limits_{i=1}^{n} \left(\sigma_{Xi} \dfrac{\partial g}{\partial X_i}\bigg|_{X^*} \right)^2 \right]^{\frac{1}{2}}}$,称 α_i 为灵敏度系数,表示第 i 个随机变量对标准差的相对影响。于是可靠指标 β 为:

$$\beta = \frac{\mu_z}{\sigma_z} = \frac{\sum\limits_{i=1}^{n} (\mu_{Xi} - X_i^*) \dfrac{\partial g}{\partial X_i}\bigg|_{X^*}}{\sum\limits_{i=1}^{n} \left(\alpha_i \sigma_{Xi} \dfrac{\partial g}{\partial X_i}\bigg|_{X^*} \right)} \tag{9.19}$$

变换上式为:

$$\sum_{i=1}^{n} \frac{\partial g}{\partial X_i}\bigg|_{X^*} \cdot (\mu_{Xi} - X_i^* - \beta \alpha_i \sigma_{Xi}) = 0 \tag{9.20}$$

即:

$$X_i^* = \mu_{Xi} - \beta \alpha_i \sigma_{Xi}, i = 1, 2, \cdots, n \tag{9.21}$$

上式中,μ_{Xi}、σ_{Xi} 为已知各随机变量的均值和标准差,待求的量为 X_i^* 和 β,可迭代求解。

9.5.4　桥墩极限承载能力退化评估

近年来,国内外学者对锈后钢筋混凝土构件的承载力进行了大量研究。其研究方法可以分为有限元分析和试验研究两大类。TING 专门研究了钢筋锈蚀引起钢筋截面损失对钢筋混凝土梁抗弯承载能力的影响,考虑材料非线性,编制了不同锈蚀程度下弯矩曲率曲线的计算机仿真程序。惠卓假设钢筋沿梁跨度锈蚀量按抛物线分布,采用三维有限元分析了钢筋锈蚀对其承载力的影响。袁迎曙假设钢筋均匀锈蚀,考虑锈后钢筋强度的降低和黏结性能的退化,作了锈蚀钢筋混凝土梁的非线性有限元分析,并就钢筋锈蚀对梁的承载能力、延性以及破坏形态进行了计算分析。试验研究中,锈蚀试件有梁和板,有的通过加速锈蚀试验获得,有的通过长期自然暴露获得,也有的从实际工程拆下的锈损构件获得。海洋环境下混凝土结构的耐久性失效原则一般采用承载力寿命原则。承载力寿命原则是考虑钢筋锈蚀等引起的抗力退化,以构件的承载力降低到某一界限值作为耐久性失效的极限状态,从可靠度理论分析可以描述为:对表征承载力极限状态的功能函数 $Z(t)$,当可靠指标 β 下降到某一水平时,称为该极限状态耐久性失效。

国内外学者的研究结果表明:钢筋锈蚀对受弯构件承载力的影响主要体现在三方面:①钢筋截面积的减小。②钢筋屈服强度的降低。③钢筋与混凝土之间黏结性能的退化。也有学者指出,锈后钢筋混凝土受弯构件承载能力的降低,主要是由于受压区钢筋锈蚀在其周围混凝土中产生径向拉应力,使原受压区混凝土承受压—拉双向应力,从而降低了钢筋周围混凝土的抗压强度,基于此观点,也有文献提出了考虑钢筋锈蚀膨胀力引起混凝土抗压强度降低后的受弯构件承载能力计算模型。笔者认为,实际工程中,受弯构件的受压钢筋发生锈蚀的情况较少,而且一旦混凝土保护层锈胀开裂,锈蚀产物的体积膨胀力就得到释放,因此,一般情况下,锈后钢筋混凝土受弯构件承载能力的计算可以不考虑锈蚀产物体积膨胀力的影响。

《公路钢筋混凝土及预应力混凝土桥涵设计规范》(JTG D62—2004)规定配有纵向受力钢筋和普通箍筋(图 9.21)的轴心受压构件正截面承载力计算式为[120]:

$$\gamma_0 N_d \leq N_u = 0.9\varphi(f_{cd}A + f'_{sd}A'_s) \tag{9.22}$$

式中:N_d ——轴向力组合设计值;

N_u——抗力;

φ ——轴心受压构件稳定系数;

A ——构件毛截面面积;

A'_s ——全部纵向钢筋截面面积;

f_{cd} ——混凝土轴心抗压强度设计值;

f'_{sd} ——纵向普通钢筋抗压强度设计值。

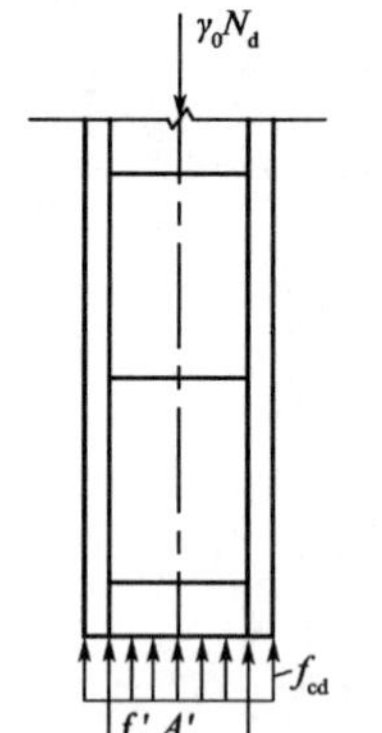

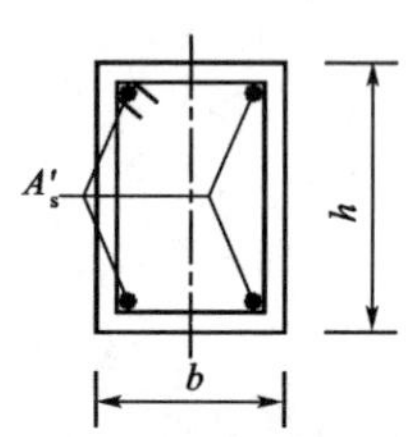

图 9.21 普通箍筋柱正截面承载力计算图式

当纵向钢筋配筋率 $\rho' = \frac{A'_s}{A} > 3\%$ 时,式中 A 应改用混凝土截面净面积 $A_n = A - A'_s$。

通过计算,墩柱总重量为 2 044.39kN。考虑荷载组合系数,自重取 1.2,活载取 1.4,结构重要性系数 1.1,得到支座反力为 26 804.36kN。因此,作用在墩柱底部截面上的力 $F = 26\,804.36 + 2\,044.39 \times 1.1 = 29\,053.19$(kN)。

桥墩墩柱根部截面的配筋参见图 9.22。截面混凝土面积 $A_c = 7.541\,6\text{m}^2$,直径为 25mm 的钢筋面积为 0.037 306 413m^2,直径为 16mm 的钢筋面积为 0.000 804 248m^2。

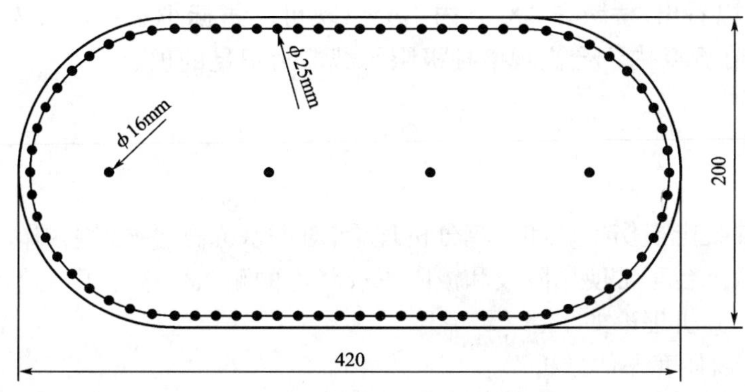

图 9.22　墩柱根部截面配筋(尺寸单位:cm)

因此,根据规范可建立功能函数如下:

$$Z(f_{cd},f'_{sd}) = 0.9(f_{cd} \times 7.541\ 6 + f'_{sd} \times 0.038) - 29\ 053\ 190 = 0 \tag{9.23}$$

假定 f_{cd}、f'_{sd} 均服从正态分布,均值为 50.3×10^6Pa、335×10^6Pa,方差为 50.3×10^5Pa、335×10^5Pa。

根据一次二阶矩法,可计算得到可靠指标为:9.483 3。

以下同样考虑钢筋的锈蚀面积和强度退化,可得到桥梁不同服役期的可靠指标,具体计算结果见表 9.14。

时变可靠指标　　表 9.14

服役时间 t(年)	50	60	70	80	90	100	110	120
钢筋锈蚀率	1.00	0.97	0.95	0.93	0.90	0.89	0.87	0.85
钢筋强度损失率	1.00	0.96	0.93	0.90	0.87	0.85	0.83	0.80
可靠指标 β	9.26	9.22	9.20	9.18	9.16	9.14	9.13	9.11
服役时间 t(年)	130	140	150	160	170	180	190	200
钢筋锈蚀率	0.83	0.81	0.80	0.78	0.77	0.75	0.74	0.73
钢筋强度损失率	0.78	0.76	0.74	0.73	0.71	0.69	0.67	0.66
可靠指标 β	9.09	9.08	9.07	9.06	9.05	9.03	9.02	9.02

图 9.23 为可靠指标随时间变化图。

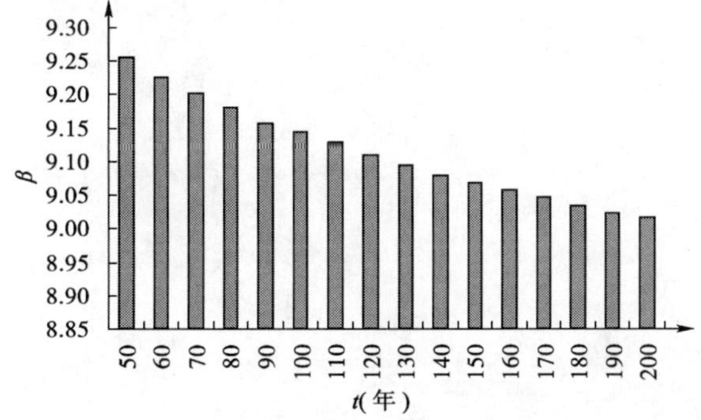

图 9.23　可靠指标随时间变化图

由图 9.23 可以看出，桥墩在 200 年内不会出现可靠指标小于目标值 3.2 的情况，根据上述数据推算，桥梁在 390 内不会出现墩柱极限承载能力不足的现象。

9.6 本章小结

基于不同的混凝土损伤模型和计算分析理论，对海水冻融、侵蚀耦合作用下青岛海湾大桥非通航孔桥的桥墩承台正常使用阶段和极限承载状态的耐久性进行了有效评估。主要的混凝土损伤模型和计算分析理论如下：

(1)混凝土单轴强度评估分析；

(2)混凝土三轴强度评估分析；

(3)确定性评估分析；

(4)随机理论评估分析；

(5)JC 理论评估。

第10章　大沽河航道桥模型简介

10.1　工程概况

大沽河航道桥桥型为主跨260m的四跨连续独塔自锚式钢箱梁悬索桥，跨径布置为80m + 190m + 260m + 80m。主跨及边跨为悬吊结构；塔身为独柱型塔，截面采用哑铃形；索塔塔座为多面体结构，长37.5m，宽18.75m，高3m；索塔基础为群桩基础，采用24根钻孔灌注桩，行列式布置，按摩擦桩设计；加劲梁采用分离式双箱断面，两个封闭钢箱梁之间用横向连接箱连接，横向连接箱顺桥向间距为12m，宽度为3m（图10.1～图10.3）。

10.1.1　大沽河航道桥主要设计技术标准

桥梁设计宽度：47m（含中央横向连接箱）。

设计荷载：城—A级，公路—Ⅰ级。

设计车速：80km/h。

设计洪水频率：1/300。

通航水位：3.040m。

通航净空：190m×48.5m。

地震基本烈度：Ⅵ度。

抗风设计标准：运营阶段设计重现期100年，根据具体情况采用；施工阶段设计重现期20年，根据具体情况采用。

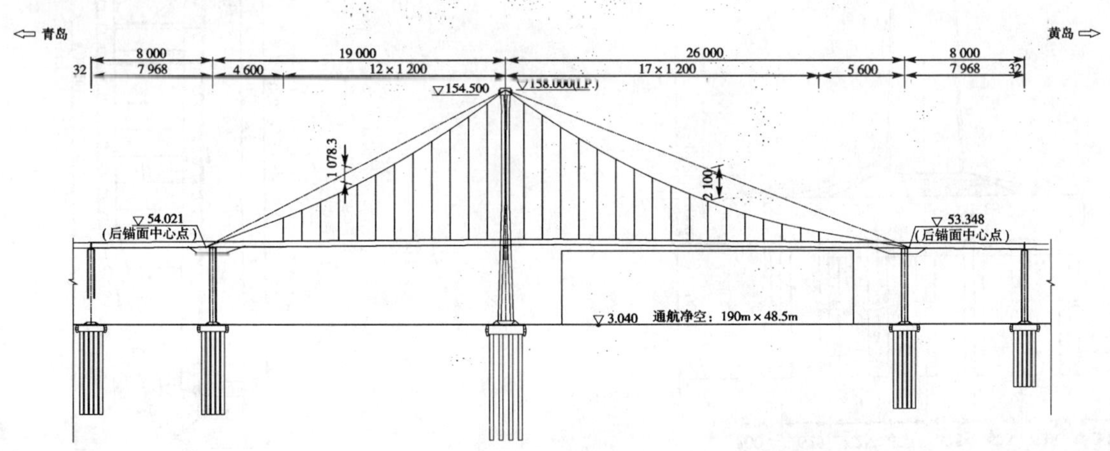

图10.1　大沽河航道桥桥型布置（立面）（尺寸单位：cm）

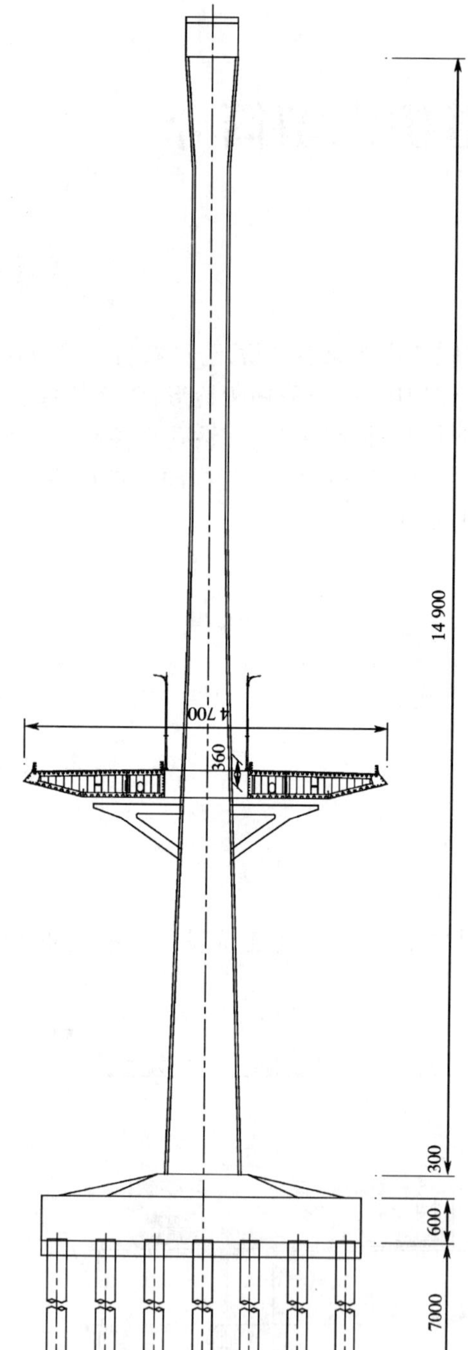

图 10.2　大沽河航道桥桥塔横断面(尺寸单位:cm)

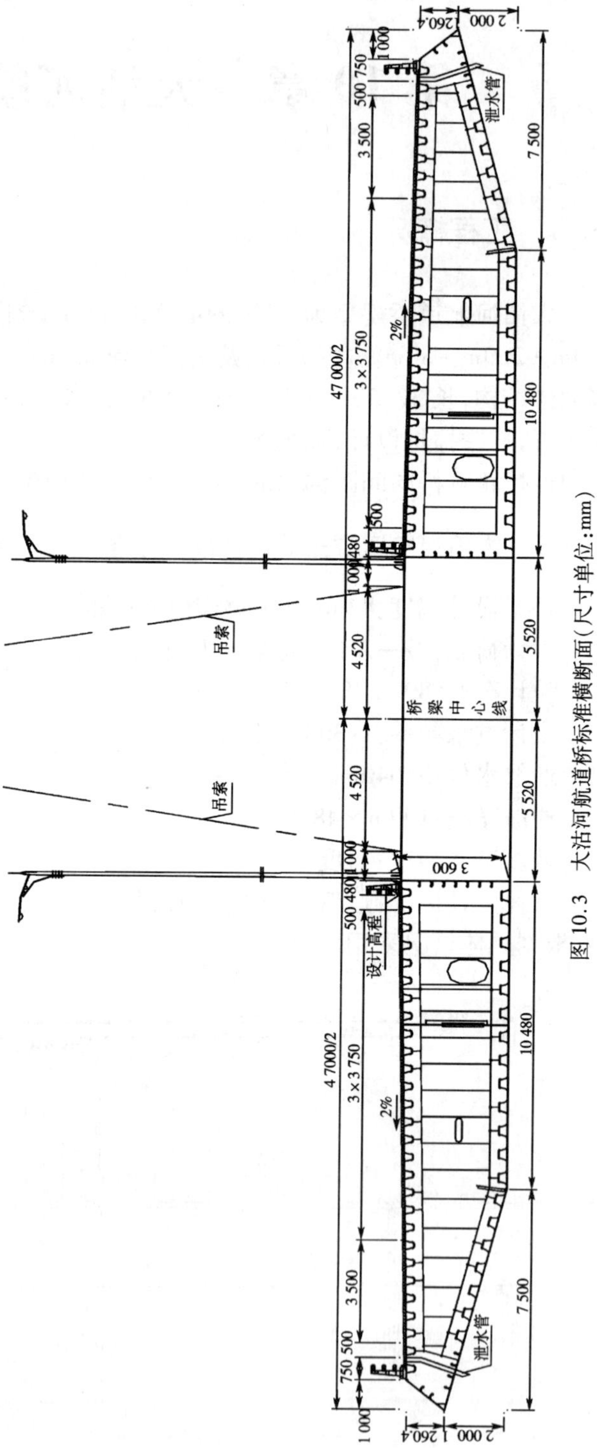

图 10.3　大沽河航道桥标准横断面(尺寸单位:mm)

10.1.2　主要材料

1）混凝土

大沽河航道桥主要混凝土指标如表 10.1 所示。

材料参数　　　　表 10.1

构件类型	混凝土强度等级	抗氯离子渗透性能	抗冻性能
		Cl^- 扩散系数	耐久性指数（%）
塔身	Ca50	4	70
	C50	7	
三角撑内填充	C50 微膨胀	7	

注：表中 Ca 为引气混凝土。

混凝土用水泥、砂、石料尽量避免采用可能发生碱集料反应的材料。混凝土各技术指标应符合相关标准的有关规定。

2）普通钢筋

采用 R235 钢筋（公称直径小于 12mm）和 HRB335 钢筋（公称直径大于等于 12mm），R235 钢筋抗拉强度标准值 f_{sk} = 235MPa，弹性模量 E_g = 2.1 ×10^5MPa。HRB335 钢筋抗拉强度标准值 f_{sk} = 335MPa，弹性模量 E_g = 2.0 × 10^5MPa。

3）低合金高强度结构钢

索塔三角撑塔外部分构造和塔内部分钢板均采用低合金高强度结构钢 Q345D（GB/T 1591—1994）。

4）型钢

索塔三角撑塔内部各型钢（角钢和槽钢）均采用碳素结构钢 Q235B（GB/T 700—1988）。

10.2　有限元模型简介

基于 ANSYS 软件建立了大沽河航道桥有限元模型，采用 BEAM188 单元建立主梁和墩柱，采用 LINK8 单元建立主缆和吊索单元。BEAM188 单元计算时考虑主梁的剪切变形对结构刚度的影响，考虑箱梁截面翘曲对结构刚度的影响。

主梁截面特性如图 10.4 所示。

横向连接箱截面几何特性如图 10.5 所示。

全桥有限元模型见图 10.6。计算模型中考虑桥面铺装，桥面横隔板及索夹重量。

有限元模型局部图形见图 10.7。

空间索鞍模型见图 10.8。

1
× = Centroid
□ = ShearCenter
.222E−15
−.910841
−1.822
−2.733
−3.643
−18.239
−13.679
−9.119
−4.56
.178E−14
SECTION ID 1
DATA SUMMARY
Section Name
= 1
Area
= 1.328
Iyy
= 2.76
Iyz
= -1.081
Izz
= 38.435
Warping Constant
= 11.294
Torsion Constant
= 6.246
Centroid Y
= -8.194
Centroid Z
= -1.556
Shear Center Y
= -5.99
Shear Center Z
= -1.722
Shear Corr. YY
= .552545
Shear Corr. YZ
= -.014506
Shear Corr. ZZ

1
× = Centroid
□ = ShearCenter
−.222E−15
−9.08591
−1.817
−2.726
−3.634
−18.231
−13.673
−9.116
−4.558
.178E−14
SECTION ID 2
DATA SUMMARY
Section Name
= 2
Area
= 1.146
Iyy
= 2.346
Iyz
= -.921788
Izz
= 32.681
Warping Constant
= 8.963
Torsion Constant
= 4.963
Centroid Y
= -8.157
Centroid Z
= -1.547
Shear Center Y
= -5.959
Shear Center Z
= -1.7
Shear Corr. YY
= .514765
Shear Corr. YZ
= -.013514
Shear Corr. ZZ

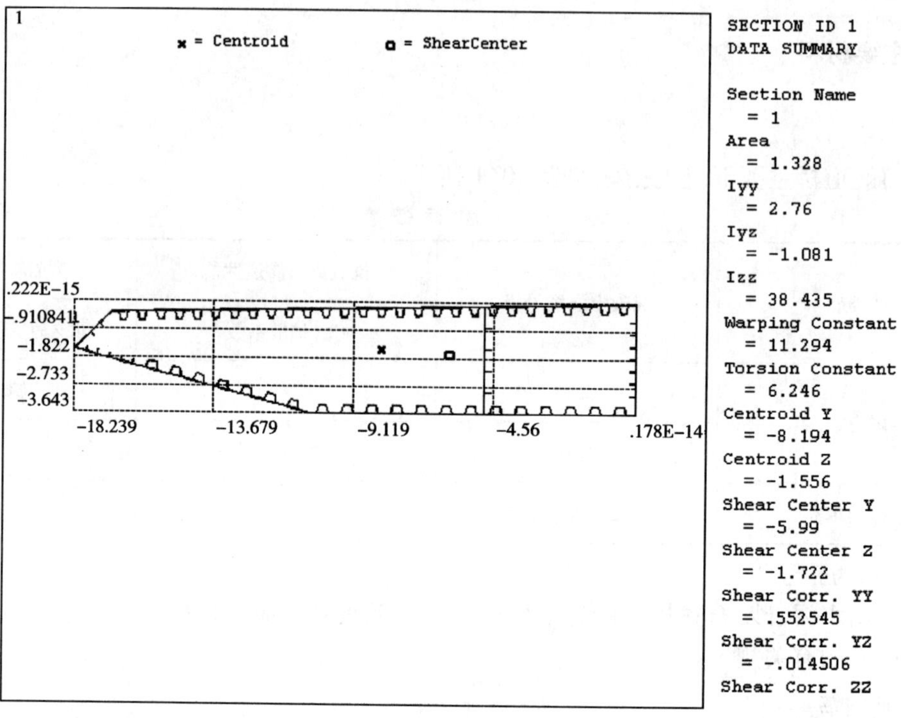

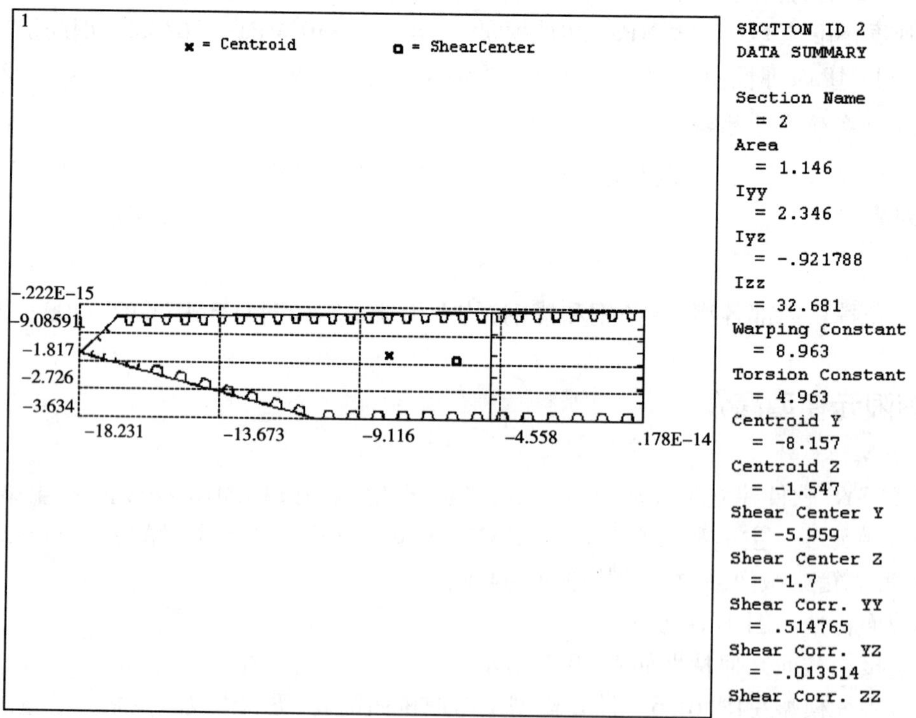

图 10.4

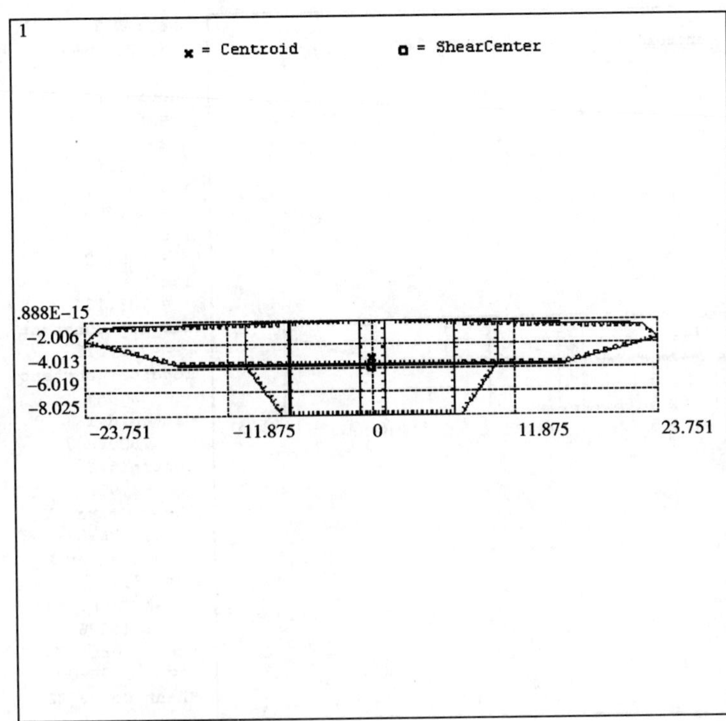

SECTION ID 3
DATA SUMMARY

Section Name
= 3
Area
= 5.832
Iyy
= 39.755
Iyz
= .417E-11
Izz
= 789.712
Warping Constant
= 865.561
Torsion Constant
= 72.162
Centroid Y
= .230E-12
Centroid Z
= -3.156
Shear Center Y
= .135E-10
Shear Center Z
= -4.001
Shear Corr. YY
= .528661
Shear Corr. YZ
= -.644E-11
Shear Corr. ZZ

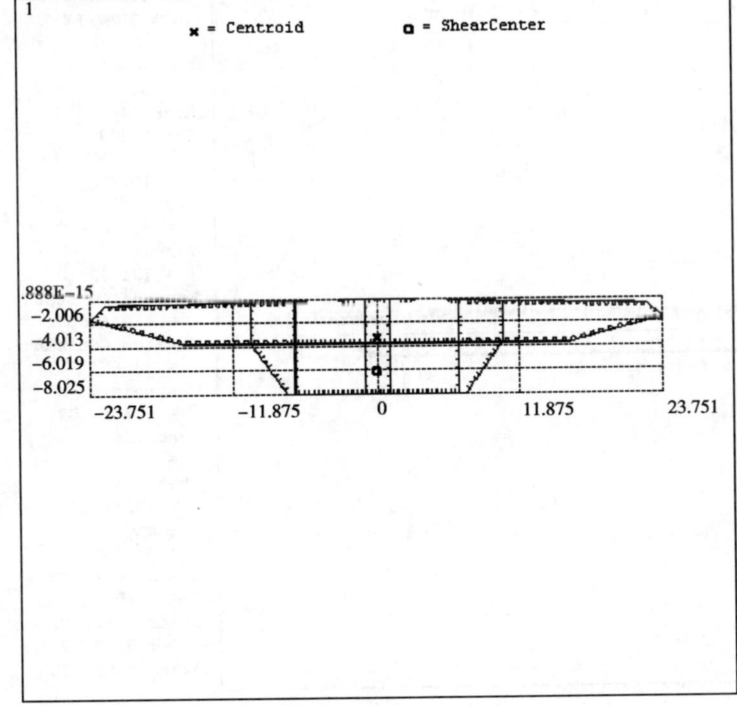

SECTION ID 4
DATA SUMMARY

Section Name
= 4
Area
= 5.633
Iyy
= 37.856
Iyz
= .432E-11
Izz
= 785.614
Warping Constant
= 2180
Torsion Constant
= 35.928
Centroid Y
= .240E-12
Centroid Z
= -3.264
Shear Center Y
= .756E-10
Shear Center Z
= -6.118
Shear Corr. YY
= .396242
Shear Corr. YZ
= -.820E-11
Shear Corr. ZZ

图 10.4

1
x = Centroid
o = ShearCenter
.888E-15
-2.006
-4.012
-6.019
-8.025
-23.75
-11.875
.0006
11.876
23.751
SECTION ID 5
DATA SUMMARY
Section Name
= 5
Area
= 5.359
Iyy
= 34.705
Iyz
= -.943E-08
Izz
= 753.171
Warping Constant
= 739.222
Torsion Constant
= 52.644
Centroid Y
= .600E-03
Centroid Z
= -2.902
Shear Center Y
= .600E-03
Shear Center Z
= -3.19
Shear Corr. YY
= .515496
Shear Corr. YZ
= -.199E-09
Shear Corr. ZZ

1
x = Centroid
o = ShearCenter
-.000012
-.94136
-1.883
-2.824
-3.765
-23.751
-11.875
0
11.875
23.751
SECTION ID 6
DATA SUMMARY
Section Name
= 6
Area
= 4.334
Iyy
= 10.275
Iyz
= -.840E-08
Izz
= 734.335
Warping Constant
= 828.685
Torsion Constant
= 28.671
Centroid Y
= -.255E-09
Centroid Z
= -1.899
Shear Center Y
= .711E-08
Shear Center Z
= -2.155
Shear Corr. YY
= .560621
Shear Corr. YZ
= -.524E-09
Shear Corr. ZZ

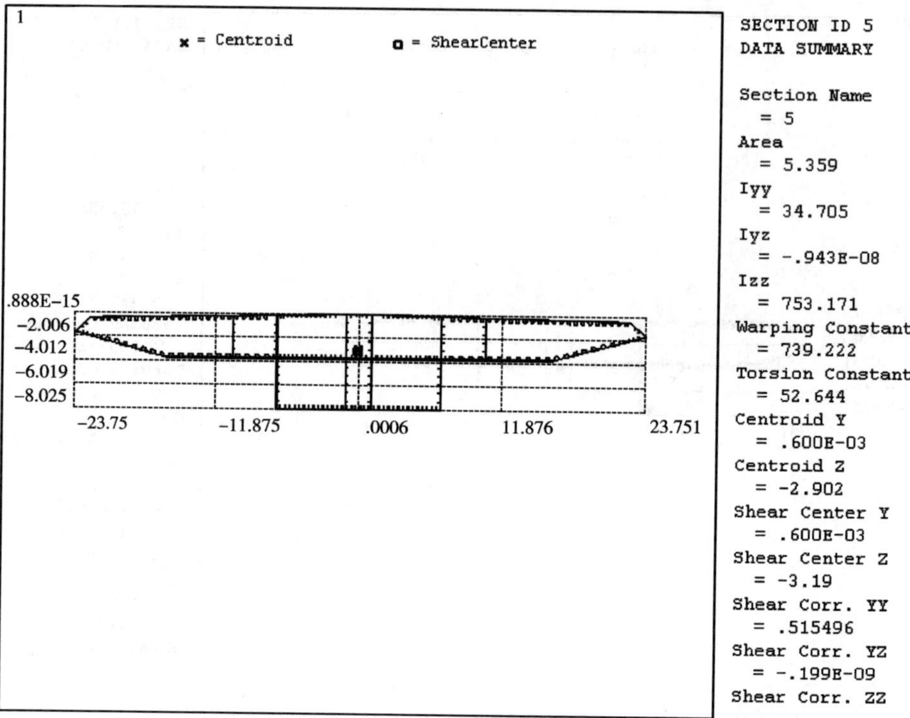

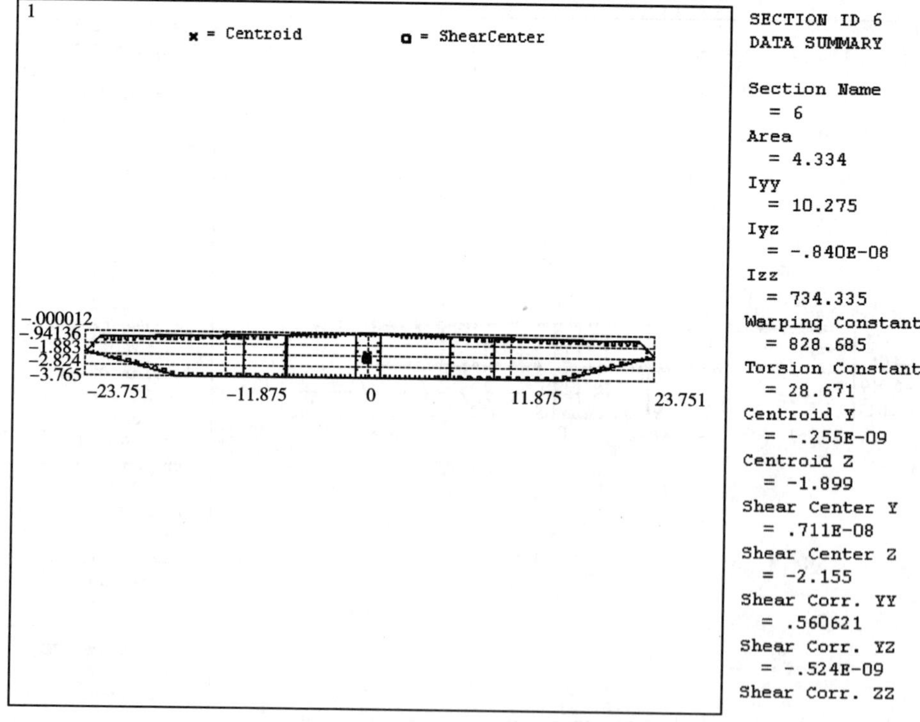

图 10.4

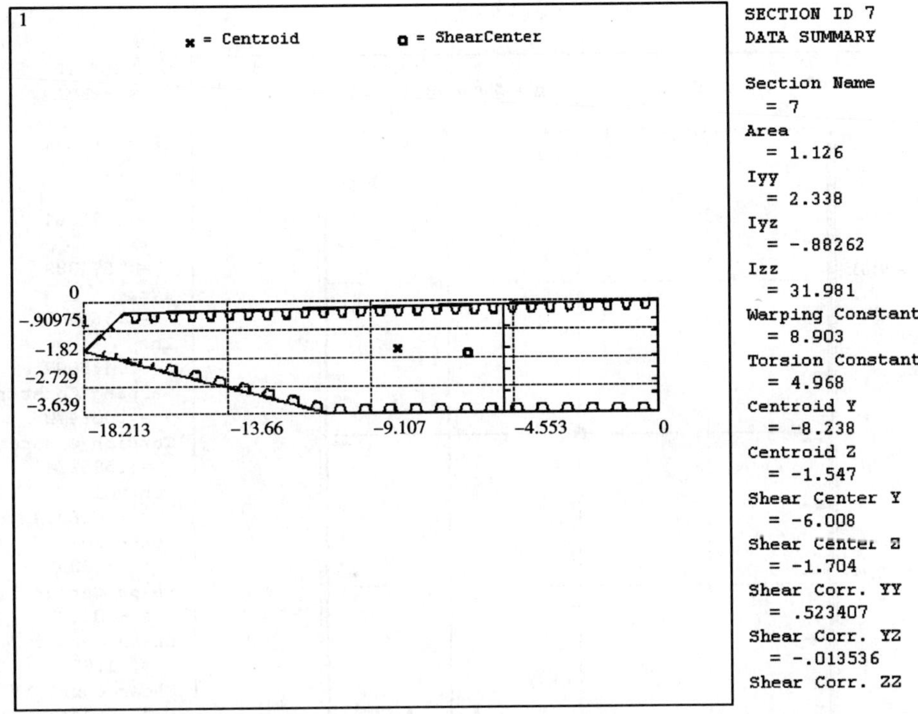

图 10.4　主梁截面几何特性

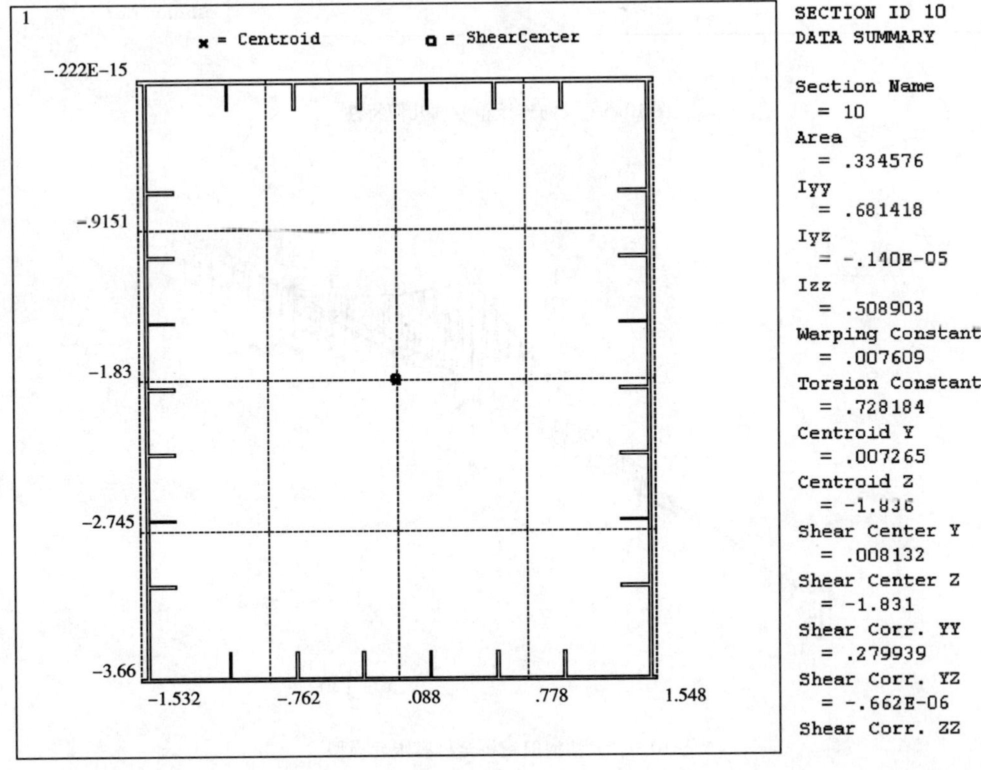

图　10.5

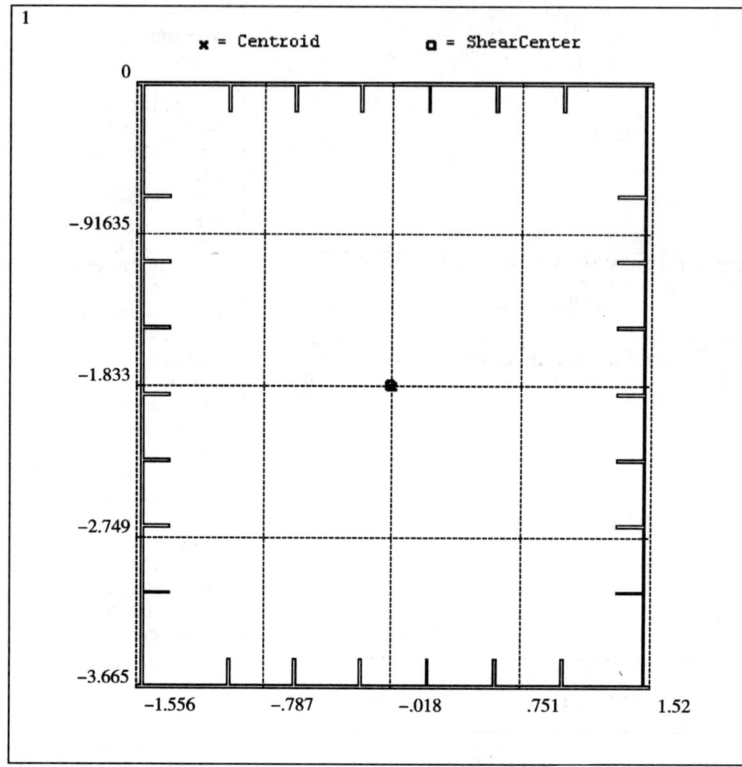

SECTION ID 11
DATA SUMMARY

Section Name
= 11
Area
= .281261
Iyy
= .571388
Iyz
= .364E-05
Izz
= .425097
Warping Constant
= .006479
Torsion Constant
= .585224
Centroid Y
= -.016034
Centroid Z
= -1.839
Shear Center Y
= -.018339
Shear Center Z
= -1.834
Shear Corr. YY
= .264441
Shear Corr. YZ
= .190E-05
Shear Corr. ZZ

图 10.5　横向连接箱截面几何特性

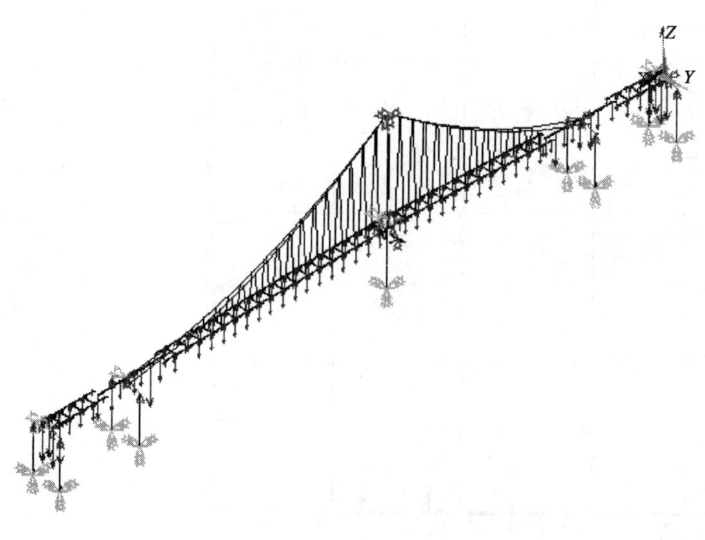

图 10.6　大沽河航道桥全桥有限元模型

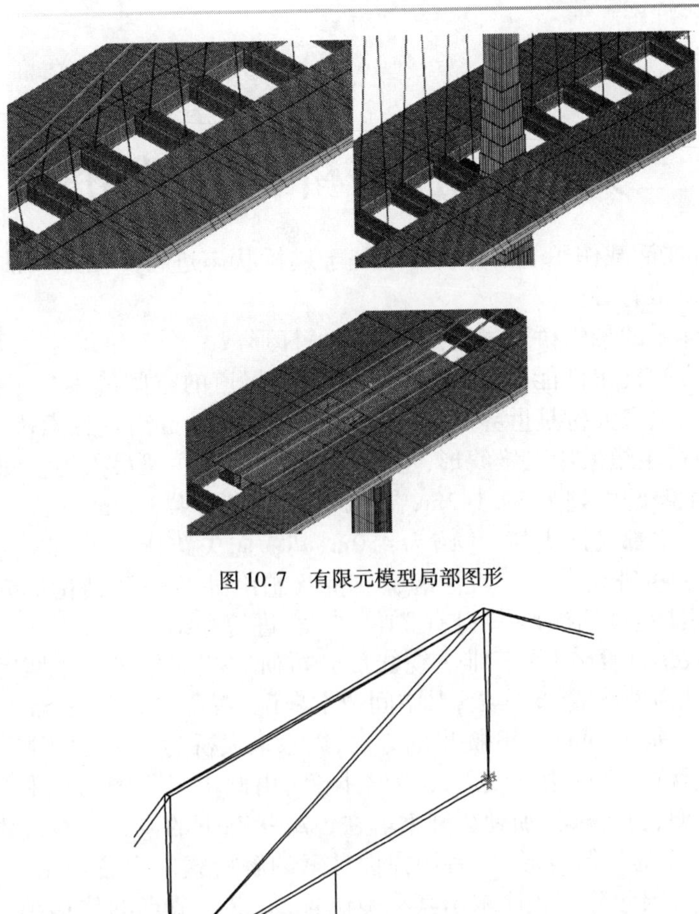

图 10.7 有限元模型局部图形

图 10.8 空间索鞍模型

10.3 本章小结

本章介绍了大沽河航道桥的工程背景及大桥概况，为后续章节的计算提供了基本资料。

第 11 章　大沽河航道桥合理成桥状态确定

计算中，悬索桥在活载作用下的分析必须基于成桥状态进行。因此大沽河航道桥的合理成桥状态确定就显得很有必要。

采用空间主缆体系的悬索桥通过空间主缆和吊杆形成一个三维缆索体系，被认为可以提高悬索桥的横向刚度和抗扭性能。目前国内外文献上报道的空间缆索悬索桥较少。2000 年年底建成通车的韩国永宗大桥是世界上第一座空间主缆体系自锚式悬索桥，其主跨 300m，两边跨各为 125m。该桥主缆采用三维线形，主缆线形由塔顶至主梁吊点为空间曲线。主缆间距在塔顶为 3.0m，在主跨跨中处为 30.142m，在边跨锚点处为 34.858m。吊杆在横桥向倾斜，顺桥向无倾斜。我国的丰都长江大桥，主跨为 450m，其横向矢跨比为 1/138.4。对缆索结构线形计算国内外已有一些研究[121-123]。悬索桥成桥状态由外荷载和结构等效内力平衡确定。国内关于二维的悬索桥缆索结构计算已有文献[124-125]进行介绍。

相比二维主缆找形计算分析，三维主缆线形分析研究相对较少。于坚定[126]假定成桥时主缆在一个斜面上且为抛物线，事实上，对空间缆索来说，在自重的作用下，主缆不可能在一个斜面上。Kim-H K[127]基于 Ohtsuki S 提出的方法，以永宗大桥为背景，采用两种计算模型分析空间缆索自锚式悬索桥恒载内力和线形：①纯索体系，由此求得主缆的线形、主缆和吊索的无应力长度；②全桥模型，由此求得加劲梁和索塔在恒载状态下的内力。对纯索体系，首先采用“节线法”[127]得出主缆的初始线形，然后用弹性悬索的解析式求出各段主缆和吊索的无应力长度，再代入非线性有限元分析程序求出其平衡位置，如果各节点的位移小于允许误差，则认为当前状态就是主缆的平衡状态，主缆线形和无应力长度就是理想数值；否则，根据变形后的节点位置重新计算各段主缆和吊索的无应力长度，再代入非线性有限元分析程序进行迭代计算。文献[128]采用同样的方法对天津富民海河大桥进行了分析。罗喜恒等[129]将三维主缆在吊杆间的索段简化成二维问题进行分析，对于一根主缆会出现较多局部坐标系转换问题。同时文献[129]忽略了倾斜吊杆横桥向作用力对悬索桥空间主缆的受力性能的影响。

总结以上研究可以发现，目前二维问题的主缆恒载线形计算相对较多，而对三维空间的主缆恒载线形分析研究相对较少。

课题组提出了一种计算三维主缆的新方法。计算直接从三维索的几何方程和平衡方程出发，将三维主缆投影到两个平面上分别考虑几何边界条件和力的平衡条件，考虑了倾斜吊杆的影响，引入梯度迭代法，推导了三维主缆的迭代方程。对大沽河悬索桥的主缆进行了恒载线形迭代计算分析，给出了具体计算分析的迭代流程。

11.1　空间主缆成桥线形分析方法

11.1.1　主缆的变形协调方程和平衡方程

为了计算成桥状态下主缆在吊索力作用下的线形，可以将主缆按主、散索鞍的理论交点分为几个独立的部分,分别计算各部分的线形及索端的水平、竖向力。每段主缆满足以下基本假定:①索材料在弹性阶段工作,满足虎克定律。②满足小应变假定,即索材料的应变是微小的,这样就无须考虑截面变化的影响。③索是理想柔性的,只能承受拉力,不能承受压力和弯曲。④主缆张力沿顺桥向分量在全跨相同。成桥状态下的主缆力学模型见图 11.1。

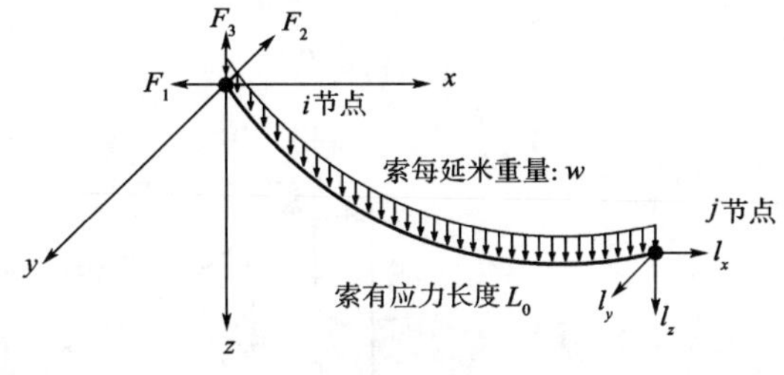

图 11.1　索的平衡状态

图 11.1 中, F_1 为该段索 i 节点受到 cartesian 坐标 x 方向的作用力; F_2 为该段索 i 节点受到 cartesian 坐标 y 方向的作用力; F_3 为该段索 i 节点受到 cartesian 坐标 z 方向的作用力。

计算中所涉及变量的正号方向见图 11.1。应注意计算的是主缆有应力平衡位置,其变形已经完成,因此,主缆在计算过程中不伸长。通过推导,可得到索中 Lagrangian 坐标 s 处相对于 i 节点的 cartesian 坐标 $(x(s),y(s),z(s))$ [130]。

$$x(s)=\frac{F_1}{w}\left\{\ln\left[-F_3+ws+\left(F_1^2+F_2^2+(-F_3+ws)^2\right)^{1/2}\right]\right\}-\frac{F_1}{w}\left\{\ln\left[-F_3+\left(F_1^2+F_2^2+F_3^2\right)^{1/2}\right]\right\}\tag{11.1}$$

$$y(s)=\frac{F_2}{w}\left\{\ln\left[-F_3+ws+\left(F_1^2+F_2^2+(-F_3+ws)^2\right)^{1/2}\right]\right\}-\frac{F_1}{w}\left\{\ln\left[-F_3+\left(F_1^2+F_2^2+F_3^2\right)^{1/2}\right]\right\}\tag{11.2}$$

$$z(s)=\frac{1}{w}\left\{\left(F_1^2+F_2^2+F_3^2\right)^{1/2}\right\}-\frac{1}{w}\left\{\left(F_1^2+F_2^2+(-F_3+ws)^2\right)^{1/2}\right\}\tag{11.3}$$

式(11.2)和式(11.3)中代入 j 节点的 Lagrangian 坐标 L_0,可以求得 j 节点相对于 i 节点的 cartesian 坐标 $(x(L_0),y(L_0),z(L_0))$,即图 11.1 中的 (l_x,l_y,l_z)。

悬索桥三维索形力学模型参见图 11.2。

图 11.2 中, $\overline{F_1}$ 为鞍座 IP 处受到的 cartesian 坐标 x 方向的作用力; $\overline{F_2}$ 为鞍座 IP 处受到的 i 节点的 cartesian 坐标 y 方向的作用力; $\overline{F_3}$ 为鞍座 IP 处受到的 i 节点的 cartesian 坐标 z 方向

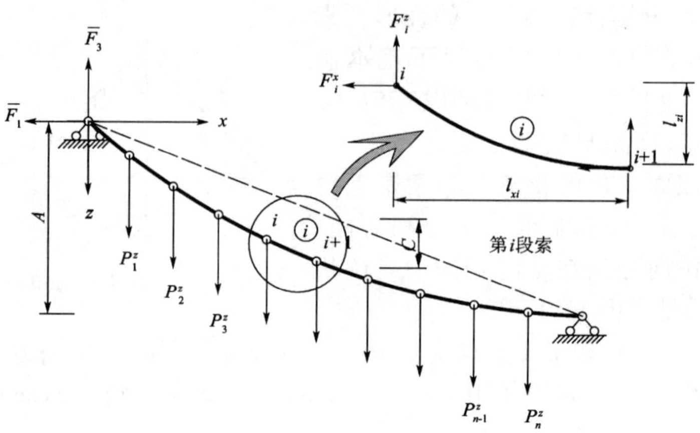

a)主缆在 x-z 平面上的投影

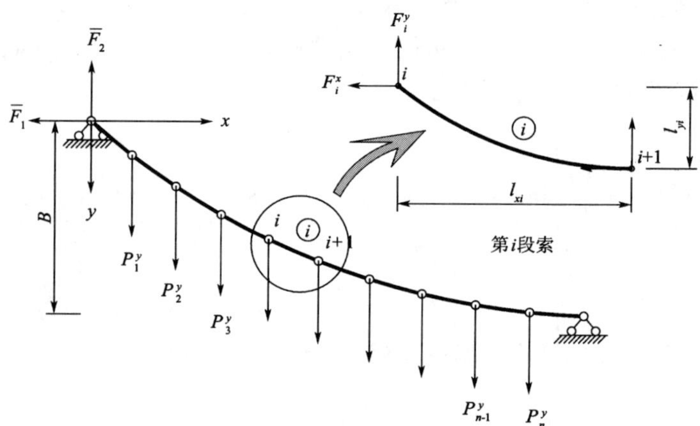

b)主缆在 x-y 平面上的投影

图 11.2　三维索形力学模型

的作用力。F_i^x 为第 i 段索的 i 节点受到的 cartesian 坐标 x 方向的作用力；F_i^y 为第 i 段索的 i 节点受到的 cartesian 坐标 y 方向的作用力；F_i^z 为第 i 段索的 i 节点受到的 cartesian 坐标 z 方向的作用力；P_i^y 为第 i 根吊杆的张力在 y 轴的投影；P_i^z 为第 i 根吊杆的张力在 z 轴的投影；n 为吊杆数量。

索形计算时需初拟一个索形，得到鞍座 IP 点处的 $\overline{F}_1$、$\overline{F}_2$ 和 $\overline{F}_3$ 数值。根据图 11.2 可以得到主缆的平衡方程：

$$F_i^x = \overline{F}_1 (i = 0,\cdots,n) \tag{11.4}$$

$$\begin{cases} F_{i+1}^y = F_i^y (i = 0) \\ F_{i+1}^y = F_i^y - P_i^y (i = 1,\cdots,n) \\ F_0^y = \overline{F}_2 \end{cases} \tag{11.5}$$

$$\begin{cases} F_{i+1}^z = F_i^z - ws_i (i = 0) \\ F_{i+1}^z = F_i^z - P_i^z - ws_i (i = 1,\cdots,n) \\ F_0^z = \overline{F}_3 \end{cases} \tag{11.6}$$

式中：s_i ——第 i 段索的索长。

计算过程中需要确定吊索张力在 y 轴的投影 P_i^y 和 z 轴的投影 P_i^z，实际计算时根据索的初形可以定出主缆每个节点的空间坐标。y-z 平面上的平衡参见图 11.3。

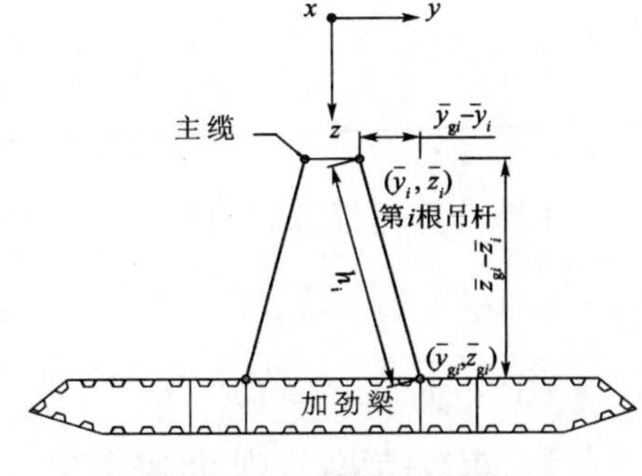

图 11.3　$y-z$ 平面上的平衡

图 11.3 中，$(\bar{y}_i,\bar{z}_i)$ 为主缆第 i 段索 i 节点坐标，该值可根据初拟索形得到；$(\bar{y}_{gi},\bar{z}_{gi})$ 为第 i 根吊杆在加劲梁上的锚固点坐标，该值由桥梁设计资料提供；h_i 为第 i 根吊杆长度。

根据图 11.3，可以得到下列平衡方程：

$$P_i^y = P_i\left(\frac{\bar{y}_{gi} - \bar{y}_i}{h_i}\right);i = 1,\cdots,n \tag{11.7}$$

$$P_i^z = P_i\left(\frac{\bar{z}_{gi} - \bar{z}_i}{h_i}\right),i = 1,\cdots,n \tag{11.8}$$

式中：P_i ——吊杆力。

根据设计已知条件，计算时应该满足以下三个几何边界条件。

$$\sum_{i=1}^{m} l_{zi} = C \tag{11.9}$$

式中：m——索鞍到设计变量 C 位置处的吊杆数。

$$\sum_{i=1}^{n} l_{zi} = A \tag{11.10}$$

$$\sum_{i=1}^{n} l_{yi} = B \tag{11.11}$$

11.1.2　索形求解的迭代方法——梯度法

计算分析过程中，主缆恒载集度 w，吊杆间距 l_{xi} 和跨中 x-z 平面内的设计变量 A、B 和 $x-y$ 平面内的设计变量 C 已知。根据索的初形可以得到鞍座 IP 点处的 $\bar{F}_1$、$\bar{F}_2$ 和 $\bar{F}_3$。

实际计算时，由式(11.9)、式(11.10)和式(11.11)组成下列方程组。

$$\left.\begin{aligned} f_1 &= \sum_{i=1}^{m} l_{zi} - C = 0 \\ f_2 &= \sum_{i=1}^{n} l_{zi} - A = 0 \\ f_3 &= \sum_{i=1}^{n} l_{yi} - B = 0 \end{aligned}\right\} \tag{11.12}$$

选取梯度法求解非线性方程组(11.12)。

设鞍座 IP 点处的作用力为 F_1、F_2 和 F_3，设目标函数

$$\varphi = \varphi(F_1,F_2,F_3) = \sum_{i=1}^{3} f_i^2 \tag{11.13}$$

则梯度法的计算过程如下。

(1)根据初定的鞍座 IP 点处的 $\overline{F}_1$ 、$\overline{F}_2$ 和 $\overline{F}_3$ 数值确定初值 F_1 、F_2 和 F_3 。

$$F_1 = \overline{F}_1$$
$$F_2 = \overline{F}_2$$
$$F_3 = \overline{F}_3 \tag{11.14}$$

(2)计算目标函数值:

$$\varphi = \varphi(F_1, F_2, F_3) = \sum_{i=1}^{3} f_i^2$$

(3)令向量 $\boldsymbol{F} = [F_1 \quad F_2 \quad F_3]^{\mathrm{T}}$,设求解误差限值为 ε 。若 $\varphi < \varepsilon$,则 $\boldsymbol{F}$ 即为方程组的一组解,求解结束;否则,求解继续。

(4)计算目标函数在(F_1, F_2, F_3)处的偏导数:

$$\frac{\partial \varphi}{\partial F_i} = 2\sum_{j=1}^{3} f_j \cdot \frac{\partial f_j}{\partial F_i}; i = 1,2,3 \tag{11.15}$$

由于式(11.15)中偏导数的显式过于复杂,本文求解时采用数值计算方法, $\frac{\partial f_1}{\partial F_1}$ 的求解可令 $F_1 = F_1 + 1$,而 F_2 和 F_3 保持不变,求得的 f_1 变化值即为 $\frac{\partial f_1}{\partial F_1}$,其余偏导数的方法求解与此类似。

再计算

$$D = \sum_{j=1}^{3} \left(\frac{\partial \varphi}{\partial F_i} \right)^2 \tag{11.16}$$

(5)引入目标函数 φ 的梯度:

$$\nabla \varphi = \left[\frac{\partial \varphi}{\partial F_1} \quad \frac{\partial \varphi}{\partial F_2} \quad \frac{\partial \varphi}{\partial F_3} \right]^{\mathrm{T}}$$

计算迭代后的求解向量:

$$\boldsymbol{F} = \boldsymbol{F} - \lambda \nabla \varphi \tag{11.17}$$

式中, $\lambda = \varphi / D$ 。

重复步骤(2)~(5),直到满足精度要求为止。

计算过程中需要确定索长 s_i 。由于吊杆间距 l_{xi}已知,根据式(11.1)可得到。

$$e^{\frac{l_{xi}w}{F_i^z}}[-F_i^z + ((F_i^x)^2 + (F_i^y)^2 + (F_i^z)^2)^{1/2}] = -F_i^z + ws_i + [(F_i^x)^2 + (F_i^y)^2 + (-F_i^z + ws_i)^2]^{1/2} \tag{11.18}$$

令

$$\alpha = e^{l_{xi}w/F_i^z}[-F_i^z + ((F_i^x)^2 + (F_i^y)^2 + (F_i^z)^2)^{1/2}] \tag{11.19}$$

将式(11.19)代入式(11.18)则可得到:

$$\alpha^2 + 2\alpha(F_i^z - ws_i) = (F_i^x)^2 + (F_i^y)^2 \tag{11.20}$$

求解式(11.20),可得到:

$$s_i = (F_i^z + \phi)/w \tag{11.21}$$

式中, $\phi = \frac{\alpha^2 - (F_i^x)^2 - (F_i^y)^2}{2\alpha}$ 。

(6)根据求得的鞍座 IP 点处的真实力向量 $\boldsymbol{F}$,基于式(11.1)、式(11.2)和式(11.3)可得到各段主缆 j 节点相对于 i 节点的 cartesian 坐标 (l_{xi},l_{yi},l_{zi})。则三维主缆恒载作用下的各节点的 cartesian 坐标可表示为:

$$x_i = \sum_{k=0}^{i} l_{xk};i = 1,\cdots,n \tag{11.22}$$

$$y_i = \sum_{k=0}^{i} l_{yk};i = 1,\cdots,n \tag{11.23}$$

$$z_i = \sum_{k=0}^{i} l_{zk};i = 1,\cdots,n \tag{11.24}$$

11.1.3　索形求解的迭代方法——牛顿拉普森法

计算分析过程中,主缆恒载集度 w,吊杆间距 l_{xi} 和跨中 x-z 平面内的设计变量 A、B 和 x-y 平面内的设计变量 C 已知。根据索的初形可以得到鞍座 IP 点处的 $\overline{F}_1$、$\overline{F}_2$ 和 $\overline{F}_3$。

实际计算时,由于索的初形不能保证式(11.9)~式(11.11)成立,因此可设下列等式成立。

$$f_1 = \sum_{i=1}^{m} l_{zi} - C \tag{11.25}$$

$$f_2 = \sum_{i=1}^{n} l_{zi} - A \tag{11.26}$$

$$f_3 = \sum_{i=1}^{n} l_{yi} - B \tag{11.27}$$

设误差向量:

$$\boldsymbol{f} = [f_1 \quad f_2 \quad f_3 \quad]^{\mathrm{T}} \tag{11.28}$$

设鞍座 IP 点处真实的作用力为 F_1、F_2 和 F_3。根据式(11.1)~式(11.3),向量 $\boldsymbol{f}$ 是 (F_1,F_2,F_3) 的函数。根据牛顿迭代法可得到雅克比矩阵 $J(F_1,F_2,F_3)$。

$$\boldsymbol{J}(F_1,F_2,F_3) = \begin{bmatrix} \dfrac{\partial f_1}{\partial F_1} & \dfrac{\partial f_1}{\partial F_2} & \dfrac{\partial f_1}{\partial F_3} \\ \dfrac{\partial f_2}{\partial F_1} & \dfrac{\partial f_2}{\partial F_2} & \dfrac{\partial f_2}{\partial F_3} \\ \dfrac{\partial f_3}{\partial F_1} & \dfrac{\partial f_3}{\partial F_2} & \dfrac{\partial f_3}{\partial F_3} \end{bmatrix} \tag{11.29}$$

由于式(11.29)中偏导数的显式过于复杂,本文求解时采用数值计算方法,$\dfrac{\partial f_1}{\partial F_1}$ 的求解可令 $F_1 = F_1 + 1$,而 F_2 和 F_3 保持不变,求得的 f_1 变化值即为 $\dfrac{\partial f_1}{\partial F_1}$,其余偏导数的方法求解与此类似。

设迭代过程中鞍座 IP 点处的作用力增量向量:

$$\Delta\boldsymbol{F} = [\Delta F_1 \quad \Delta F_2 \quad \Delta F_3 \quad]^{\mathrm{T}} \tag{11.30}$$

根据牛顿迭代法可得到下式:

$$\Delta\boldsymbol{F} \approx -J^{-1}f \tag{11.31}$$

计算过程中需要确定索长 s_i。由于吊杆间距 l_{xi} 已知,根据式(11.1),经过一系列推导,可得到：

$$s_i = (F_i^z + \phi)/w \tag{11.32}$$

式中，$\phi = \dfrac{\alpha^2 - (F_i^x)^2 - (F_i^y)^2}{2\alpha}$，$\alpha = e^{l_{xi}w/F_i^x}[-F_i^z + ((F_i^x)^2 + (F_i^y)^2 + (F_i^y)^2)^{1/2}]$。

则索形迭代的基本过程可总结为：

(1)根据初定的鞍座 IP 点处的 $\overline{F}_1$、$\overline{F}_2$ 和 $\overline{F}_3$ 数值，求得雅克比矩阵 $\boldsymbol{J}(F_1, F_2, F_3)$。

(2)根据初定的鞍座 IP 点处的 $\overline{F}_1$、$\overline{F}_2$ 和 $\overline{F}_3$ 数值，求得误差向量 $\boldsymbol{J}$。

(3)根据式(11.30)求得鞍座 IP 点处的修正力向量 $\Delta\boldsymbol{F}$。

(4)$\boldsymbol{F} = \boldsymbol{F} + \Delta\boldsymbol{F}$。返回步骤(1)进行迭代，直到误差收敛到一定范围之内。

(5)根据求得的鞍座 IP 点处的真实力向量 $\boldsymbol{F}$，基于式(11.1)～式(11.3)可得到各段主缆 j 节点相对于 i 节点的 cartesian 坐标(l_{xi}, l_{yi}, l_{zi})。则三维主缆恒载作用下的各节点的 cartesian 坐标可表示为：

$$x_i = \sum_{k=0}^{i} l_{xk}; i = 1, \cdots, n \tag{11.33}$$

$$y_i = \sum_{k=0}^{i} l_{yk}; i = 1, \cdots, n \tag{11.34}$$

$$z_i = \sum_{k=0}^{i} l_{zk}; i = 1, \cdots, n \tag{11.35}$$

11.2 程序简介

基于已提出的分析方法，编制了索的三维恒载线形分析程序 CF3D。程序采用 C ++ 语言编制，由矩阵计算类 CMatrix、索计算类 CShapeFinding 和非线性方程组求解类 CEquation 三个类组成，程序支持梯度法、牛顿迭代法和修正牛顿迭代法三种迭代方法求解方程组。

11.3 大沽河航道桥主缆恒载线形计算

实际计算时，第一步可将主缆与吊杆相交的各个节点固结，对吊索设置一个较大的刚度，根据主缆的初形(假定为抛物线)得到各个吊索的张力。计算吊索张力时考虑了桥面铺装(二期恒载)和索夹的重量。然后采用程序 CF3D 计算即可得到各个主缆在恒载作用下的线形。

计算时设置误差限值 ε 设为 1×10^{13}，可见本文方法精度完全能满足工程计算要求。算例中共 4 根主缆。由于对称，计算时取每一跨的一根主缆计算。

采用 CF3D 计算出的主跨主缆索鞍处的反作用力结果为：

$R_x = 6.346\,76 \times 10^7$(N)

$R_y = 2.257\,87 \times 10^6$(N)

$R_z = 4.495\,42 \times 10^7$(N)

采用 CF3D 计算出的边跨主缆索鞍处的反作用力结果为：

$R_x = 6.281\,78 \times 10^7$(N)

$R_y = 1.921\,5 \times 10^6$(N)

$R_z = 4.742\,74 \times 10^7$(N)

计算出的大沽河航道桥主缆沿桥梁纵向的作用分力相差1%。因此可以认为该方法能够满足不同跨之间的索力平衡。

通过计算得到主缆坐标值线形分别如表11.1所示。表中所列数值的坐标原点均为主缆和索鞍的切点处。表11.1中 x 坐标是指桥梁纵向，y 坐标是指桥梁横向，z 坐标是指桥梁竖向。

计算得到的空间主缆坐标(单位:m)　　表11.1

边跨主缆			主跨主缆		
x 坐标	y 坐标	z 坐标	x 坐标	y 坐标	z 坐标
0.00	0.00	0.00	0.00	0.00	0.00
9.81	0.30	7.39	9.67	0.34	6.84
21.81	0.67	16.41	21.67	0.77	15.30
33.81	1.02	25.01	33.67	1.18	23.34
45.81	1.35	33.20	45.67	1.57	30.98
57.81	1.66	40.98	57.67	1.95	38.22
69.81	1.96	48.35	69.67	2.30	45.04
81.81	2.24	55.31	81.67	2.63	51.46
93.81	2.49	61.862 8 设计值61.862 8	93.67	2.94	57.48
105.81	2.72	68.01	105.67	3.22	63.09
117.81	2.93	73.75	117.67	3.47	68.30
129.81	3.12	79.07	129.67	3.70	73.109 1 设计值73.109 1
141.81	3.27	83.95	141.67	3.89	77.52
192.31	3.77	102.32	153.67	4.05	81.53
			165.67	4.16	85.15
			177.67	4.22	88.38
			189.67	4.23	91.22
			201.67	4.15	93.64
			260.87	3.16	102.98

根据表11.1的数据可得图11.5和图11.6。

由表11.1、图11.4及图11.5可以看出：经过迭代计算后，主缆坐标值与设计值吻合，迭代后的主缆线形平顺，表明计算方法无误。

本方法直接从三维索的几何方程和平衡方程出发，将三维主缆投影到两个平面上分别考虑几何边界条件和力的平衡条件，考虑了倾斜吊杆的影响，引入梯度迭代法，推导了三维主缆的迭代方程，给出了具体计算分析的迭代流程。采用C++语言编制了主缆三维恒载线形分析程序CF3D。基于本方法和程序对大沽河悬索桥的主缆进行了恒载线形的迭代计算分析。研究结果表明：本文方法精度完全满足工程计算要求，迭代计算出的主缆线形平顺。该方法具有使用方便、计算速度快、精度高等优点，适用于多跨空间缆索悬索桥。

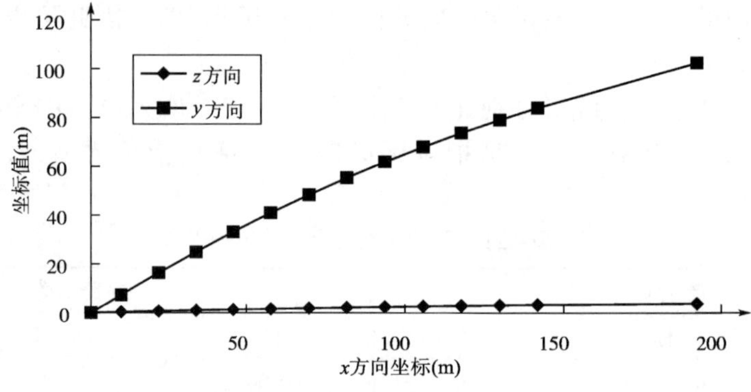

图 11.4　边跨主缆坐标

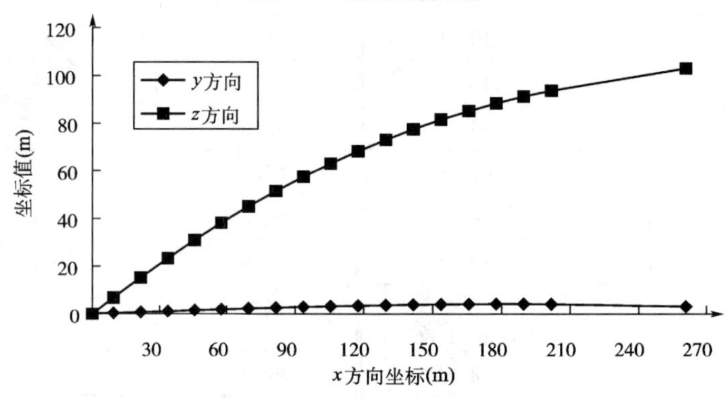

图 11.5　主跨主缆坐标

11.4　大沽河航道桥合理成桥状态确定

将表 11.1 中的数据转换到整桥模型的整体空间坐标系中，建立全桥模型，并通过求解得到的主缆沿桥梁纵向的索力分量，求得主缆恒载作用下的索力。

根据 CF3D 求解出的索鞍处的反作用力，求得成桥状态主缆各段处的初始作用力见表 11.2。

成桥状态主缆索力值　　　　表 11.2

x 坐标(m)	单根主跨主缆索力(kN)	x 坐标(m)	单根边跨主缆索力(kN)
9.81	7 8691.62	9.67	76 972.27
21.81	78 596.43	21.67	76 884.45
33.81	77 312.07	33.67	75 667.99
45.81	76 071.78	45.67	74 495.73
57.81	74 877.84	57.67	73 369.82
69.81	73 732.07	69.67	72 292.08
81.81	72 635.59	81.67	71 264.22
93.81	71 588.63	93.67	70 287.78

续上表

x 坐标(m)	单根主跨主缆索力(kN)	x 坐标(m)	单根边跨主缆索力(kN)
105.81	70 590.07	105.67	69 364.51
117.81	69 636.16	117.67	68 496.24
129.81	68 719.21	129.67	67 685.06
141.81	67 825.14	141.67	66 933.24
192.31	66 849.42	153.67	66 243.04
		165.67	65 616.21
		177.67	65 052.73
		189.67	64 548.22
		201.67	64 089.05
		260.87	63 603.61

约束主缆与吊索的交点，将吊索设置为刚性，计算成桥状态的合理吊索索力，成桥状态吊索计算结果见表11.3。图11.6为吊索合理的初应变确定模型。

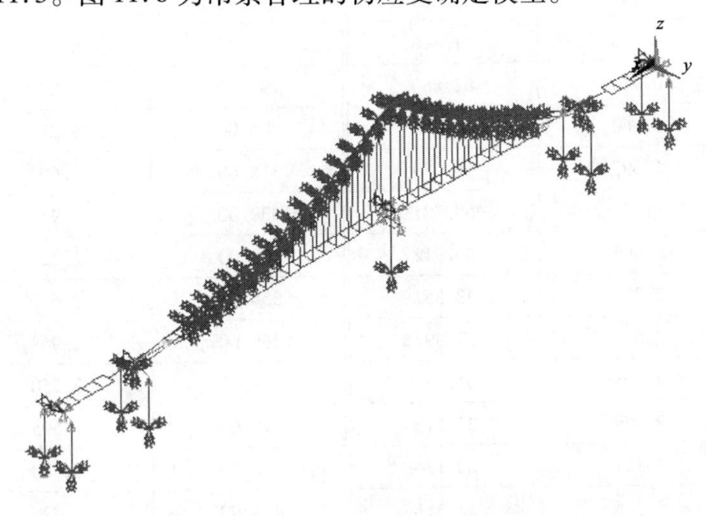

图11.6　吊索合理初应变确定模型

成桥状态吊杆计算成果(横向单根吊杆)　　表11.3

左起吊杆号	吊杆力(kN)	左起吊杆号	吊杆力(kN)
1	2 686.10	9	1 967.47
2	2 315.24	10	1 973.47
3	2 121.21	11	1 978.92
4	2 024.59	12	1 983.00
5	1 980.22	13	1 984.62
6	1 963.01	14	1 982.92
7	1 959.37	15	1 980.36
8	1 962.10	16	1 977.46

续上表

左起吊杆号	吊杆力(kN)	左起吊杆号	吊杆力(kN)
17	1 974.61	24	1 934.99
18	1 971.95	25	1 927.24
19	1 969.31	26	1 945.42
20	1 966.25	27	2 058.58
21	1 962.04	28	2 472.43
22	1 955.71	29	3796.81
23	1 946.48		

主缆坐标转换到全桥模型中的坐标值见表 11.4。

成桥主缆线形计算成果(单位:m)　　表 11.4

边跨主缆			主跨主缆		
纵向坐标	横向坐标	竖向坐标	纵向坐标	横向坐标	竖向坐标
267.81	0.043	99.260	272.33	0.030	99.264
258.00	0.343	91.866	282.00	0.375	92.426
246.00	0.710	82.850	294.00	0.801	83.968
234.00	1.060	74.248	306.00	1.211	75.920
222.00	1.393	66.059	318.00	1.603	68.280
210.00	1.707	58.281	330.00	1.976	61.048
198.00	2.003	50.912	342.00	2.329	54.223
186.00	2.279	43.951	354.00	2.660	47.803
174.00	2.534	37.397	366.00	2.968	41.787
162.00	2.768	31.250	378.00	3.250	36.175
150.00	2.977	25.513	390.00	3.505	30.965
138.00	3.161	20.194	402.00	3.730	26.155
126.00	3.315	15.311	414.00	3.922	21.745
75.50	3.810	-3.063	426.00	4.077	17.732
			438.00	4.190	14.112
			450.00	4.253	10.883
			462.00	4.257	8.047
			474.00	4.182	5.622
			533.20	3.187	-3.718

基于已经求得的主缆和吊索张拉力,加入全桥模型,通过迭代主缆坐标,保证主梁变形和索塔偏位较小,通过 20 次迭代计算,得到最终的合理成桥状态。计算模型中考虑桥面铺装和横隔板重量。通过计算得到主梁挠度,见图 11.7。由图 11.7 可以看出,主梁位移和设计值相比差值在 3cm 以内,满足实际工程要求。

成桥状态全桥挠度、主缆和吊索拉应力、主缆纵向应力云图见图 11.8 ~ 图 11.10。

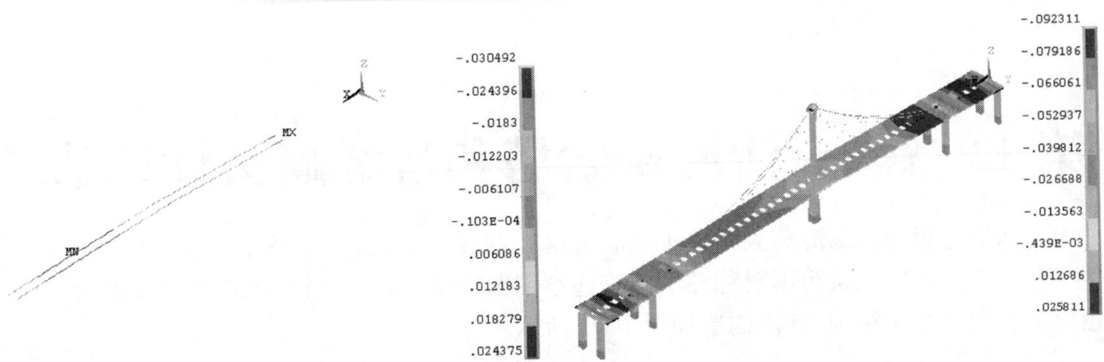

图 11.7　20 次迭代计算后主跨和边跨主梁挠度(单位:m)

图 11.8　成桥状态全桥挠度(单位:m)

由图 11.9 和图 11.10 可以看出,主梁、主缆及吊索应力储备较大。

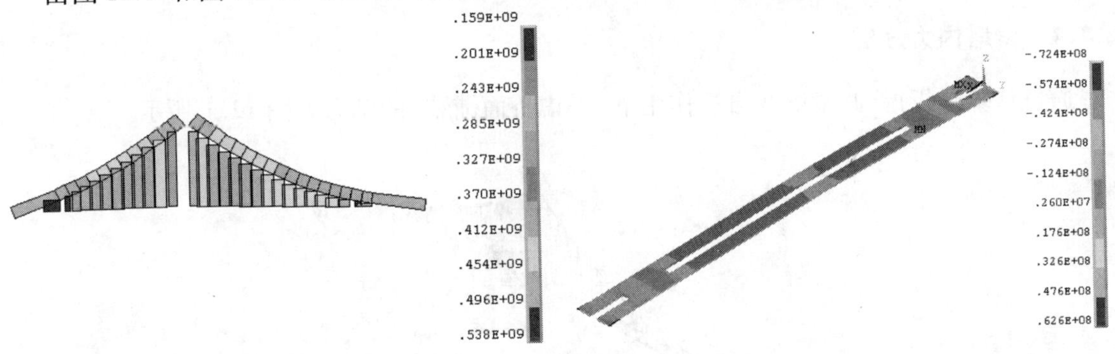

图 11.9　成桥状态主缆和吊索拉应力(单位:Pa)

图 11.10　成桥状态主梁纵向应力云图(单位:Pa)

11.5　本章小结

本章直接从三维索的几何方程和平衡方程出发,将三维主缆投影到两个平面上分别考虑几何边界条件和力的平衡条件,考虑了倾斜吊杆的影响,引入梯度迭代法和牛顿拉普森迭代计算方法,推导了三维主缆的迭代方程,给出了具体计算分析的迭代流程。采用 C++ 语言编制了主缆三维恒载线形分析程序 CF3D。基于本文方法和程序对悬索桥的主缆进行了恒载线形的迭代计算分析。研究结果表明:本文方法精度完全能满足工程计算要求,迭代计算出的主缆线形平顺。该方法具有使用方便、计算速度快、精度高等优点,适用于多跨空间缆索悬索桥。

基于已经求得的主缆和吊索张拉力,加入全桥模型,通过迭代主缆坐标,保证主梁变形和索塔偏位较小,通过 20 次迭代计算,得到最终的合理成桥状态。

第12章 大沽河桥索塔和桥墩耐久性评估

大沽河航道桥为青岛海湾大桥重难点和关键控制性工程之一，是整个青岛海湾大桥的标志性工程。大沽河航道桥为不对称独塔四跨连续钢箱梁自锚式悬索桥，采用空间双索面，双边钢箱梁加横向连接箱结构，具体构造如图10.1所示。

12.1 索塔耐久性评估

12.1.1 索塔内力分析

通过计算分析得到，索塔在自重作用下(考虑桥面铺装)的轴力如图12.1所示。

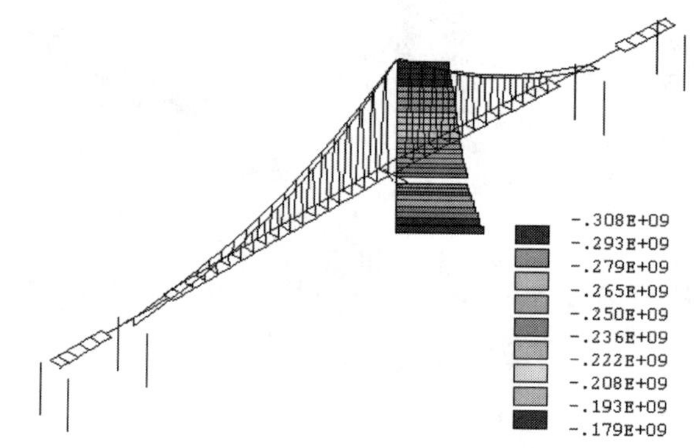

图12.1 索塔轴力图(单位:N)

采用公路Ⅰ级荷载计算分析悬索桥索塔在活载作用下的内力，计算结果如图12.2所示。

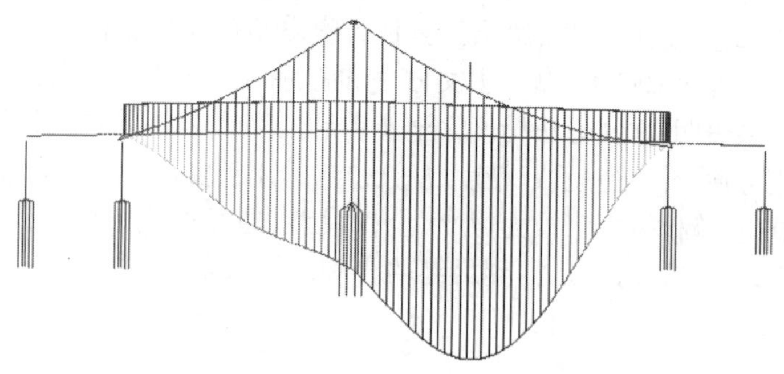

图12.2 墩柱底部截面轴力的活载影响线

根据图12.2计算得到索塔的荷载内力包络图如图12.3所示。

依据已建立的承台波浪力作用模型，对青岛海湾大桥不同的水中承台进行计算分析，其结果如表12.1和表12.2所示 。

图 12.3　索塔和桥墩的汽车活载轴力包络图(单位:N)

大沽河航道桥索塔承台所受波浪荷载计算结果　　表 12.1

计算结构	计算水位(m)	波高	周期	承台侧面面积(m^2)	水底高程(m)	桩顶高程(m)	水深 H_w(m)	承台底面高度(m)	波浪压强(Pa)	波浪力(Ton)
大沽航道桥索塔方案主墩基础	3.33	2.95	5.3	136.5	-15.4	-3.5	18.73	11.9	31 111.23	424.67
	-1	2.95	5.3	136.5	-15.4	-3.5	14.4	11.9	11 290.61	154.12

桩的波流力计算结果汇总　　表 12.2

计算结构	水位(m)	波流力作用点距海底距离(m)	波浪力(kN)
大沽河航道桥主墩	高潮位 3.33	6.39	1 020.6
大沽河航道桥主墩	低潮位 -1	6.23	1 213.6

根据已建立的冰荷载公式,大沽河航道桥受到的冰荷载如表 12.3 所示。

冰荷载计算结果(100 年一遇)　　表 12.3

序号	桥墩名称	承台迎冰宽度(m)	冰压强度(MPa)	冰厚(m)	承台宽度/冰厚	采用表达式	冰荷载(kN)
1	大沽航道桥索墩	23.25	2	0.276	84.2	课题组模型	5 066.17
2	大沽航道桥辅助墩	17	2	0.276	61.6	课题组模型	4 857.88
3	大沽航道桥过渡墩	17	2	0.276	61.6	课题组模型	4 857.88

将以上荷载按照以下两种荷载组合分别计算:

(1)自重+活载+波浪荷载组合;

(2)自重+活载+冰荷载组合。

为了有效分析索塔下部的应力分布,建立了大沽河航道桥索塔下部结构的有限元体模型,具体见图 12.4。

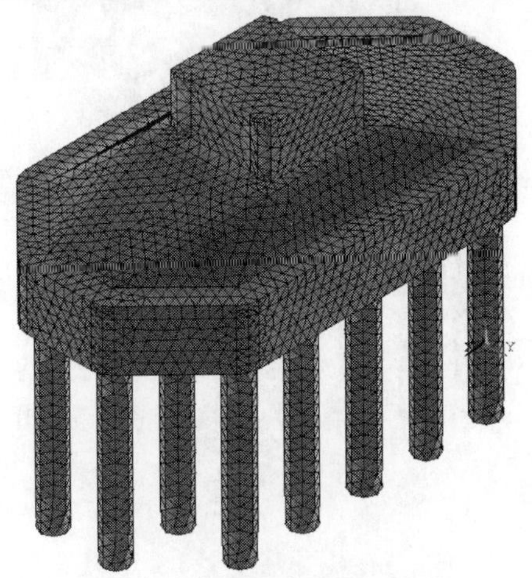

图 12.4　大沽河索塔下部结构体模型

将上述两种组合后的荷载分别作用到索塔有限元模型上,可得到索塔的应力分布,根据大沽河航道桥的设计水位,可得到最低水位上的承台应力分布,具体参见图 12.5。

大沽河航道桥的设计水位见表 12.4。

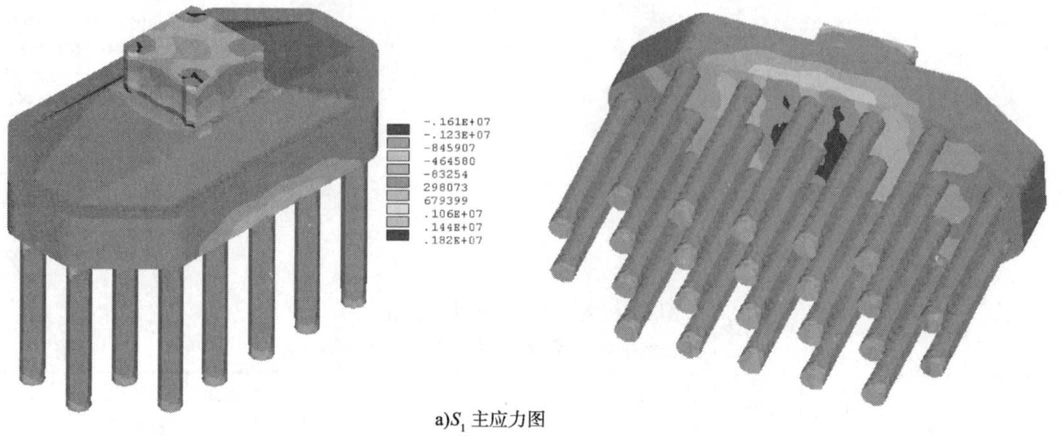

a)S_1 主应力图

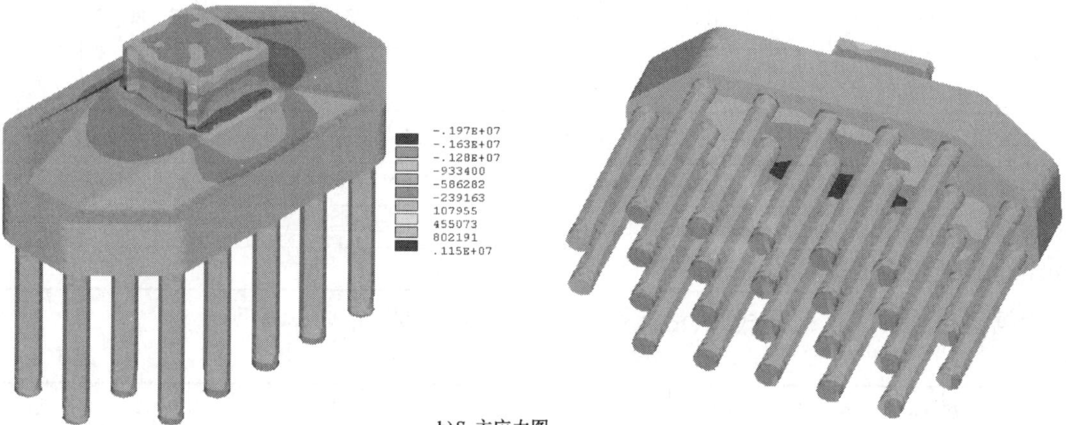

b)S_2 主应力图

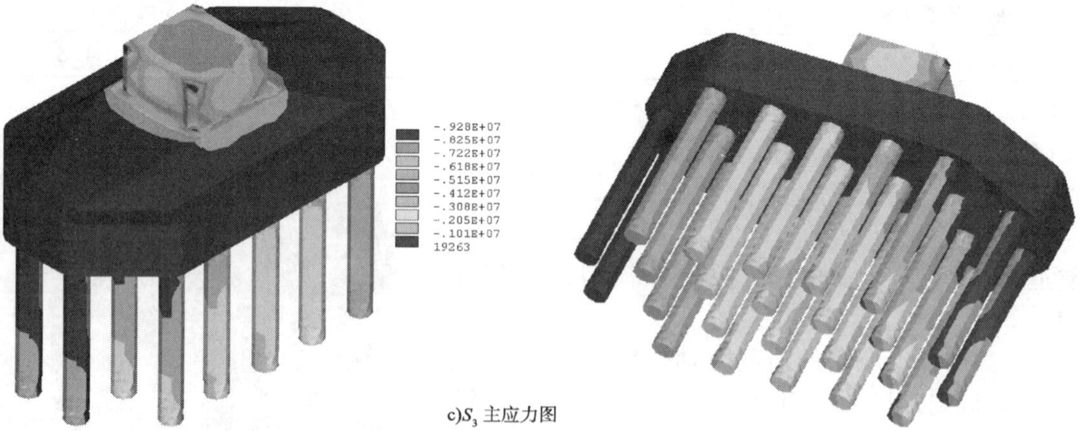

c)S_3 主应力图

图 12.5　索塔主应力图（单位:Pa）

由图12.5可以看出,索塔承台底部的第一主应力最大,达到1.8MPa。另外,越靠近承台底部,主拉应力越大。为了分析海水冻融与侵蚀对索塔的影响,选取设计低水位(-1.4m)处承台的应力进行分析(图12.6和图12.7)。

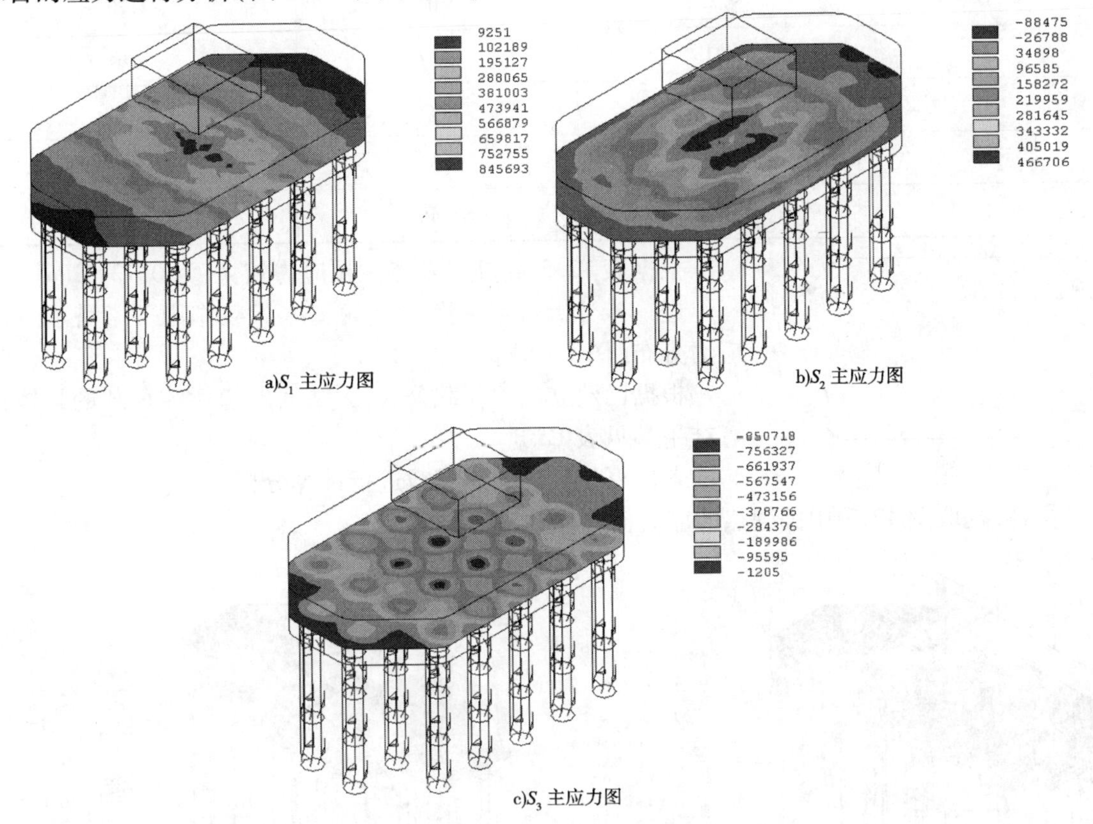

a) S_1 主应力图　b) S_2 主应力图　c) S_3 主应力图

图12.6　低水位上的主应力分布(单位:Pa)

设计水位一览表　表12.4

20年一遇最高设计通航水位(m)	3.04
98%概率保证率最低设计通航水位(m)	-1.46
平均高潮位(m)	1.39
平均低潮位(m)	-1.4
设计高潮位(300年一遇)(m)	3.54
设计低潮位(300年一遇)(m)	-3.61

选取图12.7中的关键点进行计算分析,得到各点的应力值如表12.5所示。

关键点应力(单位:Pa)　表12.5

关键点	$S_1(10^4)$	$S_2(10^4)$	$S_3(10^4)$
A	7.00	1.80	0.144
B	12.1	1.88	-1.29
C	73.1	1.40	-33.8

续上表

关键点	$S_1(10^4)$	$S_2(10^4)$	$S_3(10^4)$
D	9.32	2.02	-1.70
E	0.713	-1.72	-6.64
F	9.47	1.87	-1.94
G	71.1	1.50	-31.8
H	11.6	1.48	-1.19

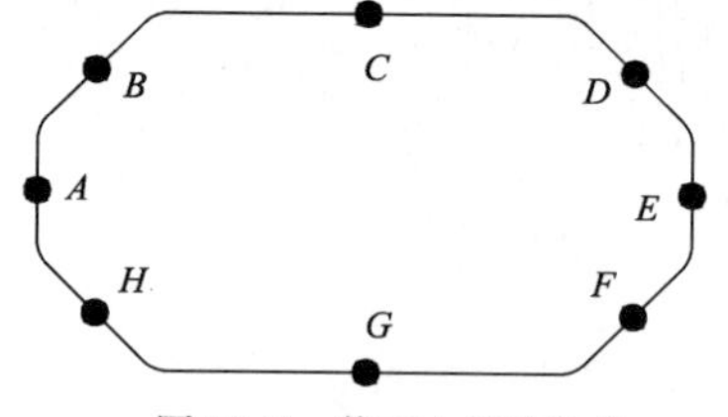

图 12.7 截面上的关键点

根据表 12.5 可得到 C 点主拉应力较大，为 0.731MPa。

进一步分析自重 + 汽车荷载 + 冰荷载作用下索塔承台的应力分布（图 12.8）。

根据已建立的冰荷载公式，大沽河航道桥冰荷载的具体计算结果参见表 12.3。

考虑百年一遇的冰荷载进行计算分析。

同样，提取图 12.7 中关键点的应力值，具体结果见表 12.6。

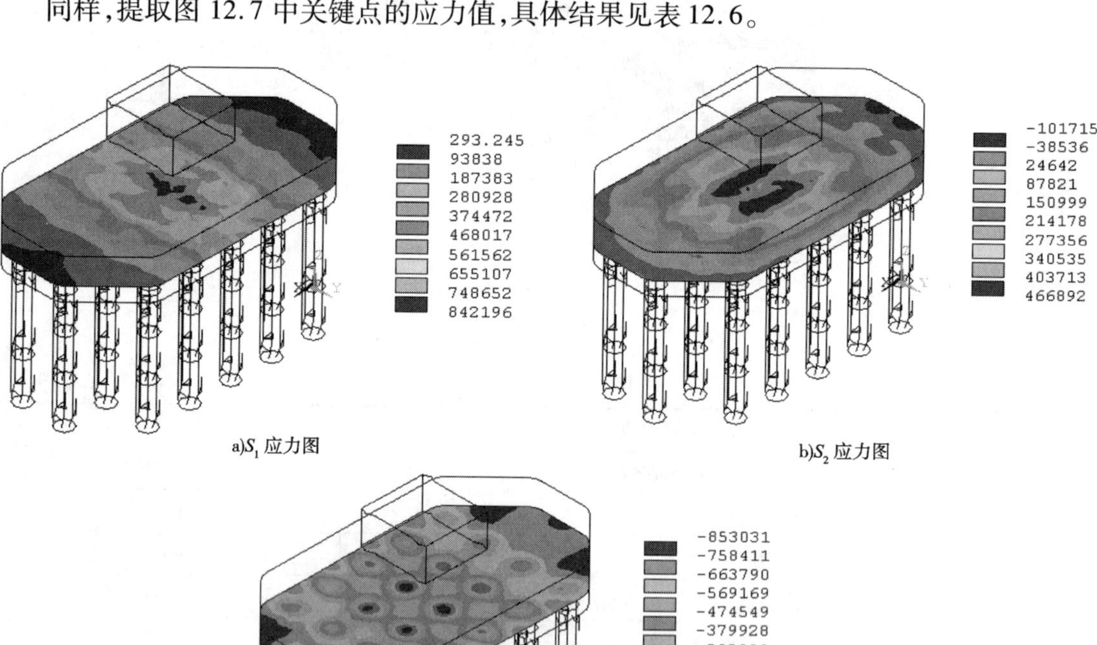

a) S_1 应力图

b) S_2 应力图

c) S_3 应力图

图 12.8 最低水位上索塔的应力分布（单位：Pa）

关键点应力数值(单位:Pa)　　表 12.6

关键点	$S_1(10^4)$	$S_2(10^4)$	$S_3(10^4)$
A	7.13	2.12	0.139
B	12.2	1.85	-1.22
C	72.8	1.41	-33.8
D	8.97	2.03	-1.77
E	-0.128	-2.29	-7.91
F	9.11	1.89	-1.99
G	70.8	1.51	-31.7
H	11.6	1.44	-1.13

由表 12.6 可以看出,最大的主拉应力在 C 点,数值为 0.728MPa。

12.1.2　基于单轴强度的结构耐久性评估

不同年限下考虑不同因素作用的混凝土单轴应力强度变化值,具体参见表 12.7。

混凝土强度随桥梁服役时间变化值(单位:MPa)　　表 12.7

服役时间 t(年)	10	20	30	40	50	60	70	80	90	100
海水冻融 + 侵蚀耦合	3.47	3.27	3.08	2.88	2.70	2.51	2.33	2.15	1.98	1.81
海水冻融	3.49	3.36	3.23	3.10	2.97	2.84	2.70	2.57	2.43	2.29
海水侵蚀	3.42	3.38	3.33	3.28	3.24	3.19	3.15	3.10	3.05	3.01
服役时间 t(年)	110	120	130	140	150	160	170	180	190	200
海水冻融 + 侵蚀耦合	1.64	1.48	1.32	1.17	1.01	0.87	0.72	0.58	0.44	0.31
海水冻融	2.15	2.00	1.85	1.71	1.56	1.40	1.25	1.09	0.93	0.77
海水侵蚀	2.96	2.92	2.87	2.82	2.78	2.73	2.69	2.64	2.59	2.55

根据表 12.7 可得图 12.9。

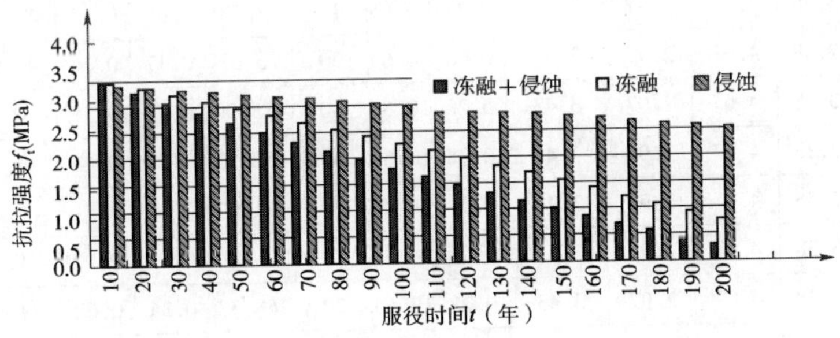

图 12.9　混凝土强度变化

根据表 12.7 的数值可得出以下结论:考虑海水冻融与侵蚀耦合效应,在波浪和自重及汽车活载作用下,索塔承台 170 年内不会开裂。

根据表 12.7 的数值可得出以下结论:考虑海水冻融与侵蚀耦合效应,在冰和自重及汽车活载作用下,索塔承台 170 年内不会开裂。

12.1.3 基于三轴强度的结构耐久性评估

基于混凝土三轴强度退化模型,可进行桥墩承台部位的混凝土抗裂性能评估。通过计算分析得到承台底部位置为混凝土应力较大部位,取承台底部中间部位位置的应力进行混凝土三轴应力分析,基于三轴混凝土强度准则分析混凝土在海水冻融与侵蚀作用下的混凝土抗裂性能。

建立如下混凝土冻融损伤 Ottosen 强度准则为:

$$f(I_1, J_2, \cos 3\theta) = 1.2735 \frac{\beta^2 J_2}{f'^2_c} + \lambda \frac{\beta \sqrt{J_2}}{f'_c} + 3.1924 \frac{\alpha I_1}{f'_c} - 1 = 0 \tag{12.1}$$

其中:

$$\begin{cases} \lambda = \dfrac{1}{\rho} = 11.725\cos\left[\dfrac{1}{3}\arccos(0.98\cos 3\theta)\right], \cos 3\theta \geqslant 0 \\ \lambda = \dfrac{1}{\rho} = 11.725\cos\left[\dfrac{\pi}{3} - \dfrac{1}{3}\arccos(-0.98\cos 3\theta)\right], \cos 3\theta < 0 \end{cases}$$

$$\alpha = \frac{1}{1 - 3D_1 - D_2}, \beta = \frac{1}{1 - D_2}$$

$$D_1 = \frac{(1 + 0.001N)^{-3.892} \times 0.002N}{(1.2 + 0.0002N)(0.6 - 0.0004N)}$$

$$D_2 = 1 - \frac{(1 + 0.001N)^{-3.892} \times 1.2}{(1.2 + 0.0002N)}$$

N 为冻融次数 。

通过计算发现,图 12.7 中 C 点的应力较其余部位要大,因此取 C 点的 3 个主应力值进行三轴强度准则的评估。

对计算结果进行提取,得到计算结果见表 12.8。

不同年限 *C* 点的三维应力抗裂分析 表 12.8

自重+支座反力+波浪荷载			I_1 (10^5Pa)	J_2 (10^{11}Pa^2)	J_3 (10^{16}Pa^3)	$\cos 3\theta$	λ	年限(年)	N	D_1	D_2	α	β	三维准则计算值	安全
S_1 (10^5Pa)	S_2 (10^4Pa)	S_3 (10^5Pa)													
7.31	1.40	-3.38	4.07	2.97	3.43	0.28	10.65	10	38.33	0.09	0.14	1.73	1.17	-0.83	√
7.31	1.40	-3.38	4.07	2.97	3.43	0.28	10.65	20	76.67	0.17	0.26	4.13	1.35	-0.75	√
7.31	1.40	-3.38	4.07	2.97	3.43	0.28	10.65	30	115.00	0.22	0.36	-41.07	1.56	-1.84	√
7.31	1.40	-3.38	4.07	2.97	3.43	0.28	10.65	40	153.33	0.27	0.44	-4.22	1.79	-0.91	√
7.31	1.40	-3.38	4.07	2.97	3.43	0.28	9.58	50	191.67	0.30	0.51	-2.46	2.04	-0.86	√
7.31	1.40	-3.38	4.07	2.97	3.43	0.28	10.65	60	230.00	0.32	0.57	-1.84	2.32	-0.79	√
7.31	1.40	-3.38	4.07	2.97	3.43	0.28	10.65	70	268.33	0.34	0.62	-1.53	2.64	-0.75	√
7.31	1.40	-3.38	4.07	2.97	3.43	0.28	10.65	80	306.67	0.36	0.66	-1.35	2.98	-0.70	√
7.31	1.40	-3.38	4.07	2.97	3.43	0.28	10.65	90	345.00	0.37	0.70	-1.23	3.35	-0.66	√
7.31	1.40	-3.38	4.07	2.97	3.43	0.28	9.58	100	383.33	0.38	0.73	-1.14	3.76	-0.65	√
7.31	1.40	-3.38	4.07	2.97	3.43	0.28	10.65	110	421.67	0.39	0.76	-1.08	4.21	-0.56	√
7.31	1.40	-3.38	4.07	2.97	3.43	0.28	10.65	120	460.00	0.39	0.79	-1.04	4.70	-0.50	√

续上表

自重+支座反力+波浪荷载			I_1	J_2	J_3	$\cos3\theta$	λ	年限（年）	N	D_1	D_2	α	β	三维准则计算值	安全
S_1 (10^5Pa)	S_2 (10^4Pa)	S_3 (10^5Pa)	(10^5Pa)	(10^{11}Pa^2)	(10^{16}Pa^3)										
7.31	1.40	−3.38	4.07	2.97	3.43	0.28	10.65	130	498.33	0.40	0.81	−1.00	5.23	−0.44	√
7.31	1.40	−3.38	4.07	2.97	3.43	0.28	10.65	140	536.67	0.40	0.83	−0.97	5.80	−0.38	√
7.31	1.40	−3.38	4.07	2.97	3.43	0.28	9.58	150	575.00	0.40	0.84	−0.95	6.42	−0.38	√
7.31	1.40	−3.38	4.07	2.97	3.43	0.28	10.65	160	613.33	0.41	0.86	−0.93	7.09	−0.23	√
7.31	1.40	−3.38	4.07	2.97	3.43	0.28	10.65	170	651.67	0.41	0.87	−0.91	7.82	−0.15	√
7.31	1.40	−3.38	4.07	2.97	3.43	0.28	10.65	180	690.00	0.41	0.88	−0.89	8.59	−0.06	√
7.31	1.40	−3.38	4.07	2.97	3.43	0.28	10.65	190	728.33	0.42	0.89	−0.87	9.43	0.03	×
7.31	1.40	−3.38	4.07	2.97	3.43	0.28	9.58	200	766.67	0.42	0.90	−0.86	10.33	0.02	×

由表12.8可以看出，基于三维强度准则进行判别时，在海水冻融作用下，桥梁在波浪荷载作用下在190年的服役期时会在索塔承台侧面的最低水位位置出现混凝土裂缝（表12.9）。

不同年限 C 点的三维应力抗裂分析　　表12.9

自重+支座反力+冰荷载			I_1	J_2	J_3	$\cos3\theta$	λ	年限（年）	N	D_1	D_2	α	β	三维准则计算值	安全
S_1 (10^5Pa)	S_2 (10^4Pa)	S_3 (10^5Pa)	(10^5Pa)	(10^{11}Pa^2)	(10^{16}Pa^3)										
7.28	1.41	−3.38	4.04	2.95	3.38	0.27	10.64	10	38.33	0.09	0.14	1.73	1.17	−0.83	√
7.28	1.41	−3.38	4.04	2.95	3.38	0.27	10.64	20	76.67	0.17	0.26	4.13	1.35	−0.75	√
7.28	1.41	−3.38	4.04	2.95	3.38	0.27	10.64	30	115.00	0.22	0.36	−41.07	1.56	−1.84	√
7.28	1.41	−3.38	4.04	2.95	3.38	0.27	10.64	40	153.33	0.27	0.44	−4.22	1.79	−0.91	√
7.28	1.41	−3.38	4.04	2.95	3.38	0.27	9.58	50	191.67	0.30	0.51	−2.46	2.04	−0.86	√
7.28	1.41	−3.38	4.04	2.95	3.38	0.27	10.64	60	230.00	0.32	0.57	−1.84	2.32	−0.79	√
7.28	1.41	−3.38	4.04	2.95	3.38	0.27	10.64	70	268.33	0.34	0.62	−1.53	2.64	−0.75	√
7.28	1.41	−3.38	4.04	2.95	3.38	0.27	10.64	80	306.67	0.36	0.66	−1.35	2.98	−0.70	√
7.28	1.41	−3.38	4.04	2.95	3.38	0.27	10.64	90	345.00	0.37	0.70	−1.23	3.35	−0.66	√
7.28	1.41	−3.38	4.04	2.95	3.38	0.27	9.58	100	383.33	0.38	0.73	−1.14	3.76	−0.65	√
7.28	1.41	−3.38	4.04	2.95	3.38	0.27	10.64	110	421.67	0.39	0.76	−1.08	4.21	−0.56	√
7.28	1.41	−3.38	4.04	2.95	3.38	0.27	10.64	120	460.00	0.39	0.79	−1.04	4.70	−0.51	√
7.28	1.41	−3.38	4.04	2.95	3.38	0.27	10.64	130	498.33	0.40	0.81	−1.00	5.23	−0.45	√
7.28	1.41	−3.38	4.04	2.95	3.38	0.27	10.64	140	536.67	0.40	0.83	−0.97	5.80	−0.38	√
7.28	1.41	−3.38	4.04	2.95	3.38	0.27	9.58	150	575.00	0.40	0.84	−0.95	6.42	−0.38	√
7.28	1.41	−3.38	4.04	2.95	3.38	0.27	10.64	160	613.33	0.41	0.86	−0.93	7.09	−0.24	√
7.28	1.41	−3.38	4.04	2.95	3.38	0.27	10.64	170	651.67	0.41	0.87	−0.91	7.82	−0.15	√
7.28	1.41	−3.38	4.04	2.95	3.38	0.27	10.64	180	690.00	0.41	0.88	−0.89	8.59	−0.07	√
7.28	1.41	−3.38	4.04	2.95	3.38	0.27	10.64	190	728.33	0.42	0.89	−0.87	9.43	0.03	×
7.28	1.41	−3.38	4.04	2.95	3.38	0.27	9.58	200	766.67	0.42	0.90	−0.86	10.33	0.02	×

由表 12.9 可以看出，基于三维强度准则进行判别时，在海水冻融作用下，桥梁在百年一遇冰荷载作用下，在 190 年的服役期时会在索塔承台侧面的最低水位位置出现混凝土裂缝（表 12.10）。

建立如下混凝土冻融与侵蚀耦合损伤 Ottosen 强度准则为：

$$f(I_1, J_2, \cos 3\theta) = 1.2735\frac{\beta^2 J_2}{f_c'^2} + \lambda\frac{\beta\sqrt{J_2}}{f'_c} + 3.1924\frac{\alpha I_1}{f'_c} - 1 = 0 \tag{12.2}$$

其中：

$$\begin{cases} \lambda = \dfrac{1}{\rho} = 11.725\cos\left[\dfrac{1}{3}\arccos(0.98\cos 3\theta)\right], & \cos 3\theta \geq 0 \\ \lambda = \dfrac{1}{\rho} = 11.725\cos\left[\dfrac{\pi}{3} - \dfrac{1}{3}\arccos(-0.98\cos 3\theta)\right], & \cos 3\theta < 0 \end{cases}$$

$$\alpha = \frac{1}{1 - 3D_1 - D_2}, \beta = \frac{1}{1 - D_2}$$

$$D_1 = \frac{(1 + 0.001N_1)^{-3.892} \times (1 + 1.359N_2)^{-0.111} \times 0.002N_1}{(1.2 + 0.0002N_1)(0.6 - 0.0004N_1)}$$

$$D_2 = 1 - \frac{(1 + 0.001N_1)^{-3.892} \times (1 + 1.359N_2)^{-0.111} \times 1.2}{(1.2 + 0.0002N_1)}$$

式中：N_1——混凝土室内快速冻融循环次数；

N_2——混凝土在 5 倍海水溶液浓度下的干湿循环次数。

海水冻融与侵蚀耦合作用下 *C* 点三维抗裂分析 表 12.10

自重 + 支座反力 + 波浪荷载			I_1 (10^5Pa)	J_2 (10^{11}Pa^2)	J_3 (10^{16}Pa^3)	$\cos 3\theta$	λ	年限（年）	N_1	N_2	D_1	D_2	α	β	三维准则计算值	安全
S_1 (10^5Pa)	S_2 (10^4Pa)	S_3 (10^5Pa)														
7.31	1.40	−3.38	4.07	2.97	3.43	0.28	10.65	10	38.33	2.07	0.08	0.26	2.21	1.35	−0.80	√
7.31	1.40	−3.38	4.07	2.97	3.43	0.28	10.65	20	76.67	4.15	0.13	0.40	5.10	1.67	−0.69	√
7.31	1.40	−3.38	4.07	2.97	3.43	0.28	10.65	30	115.00	6.22	0.17	0.50	−52.70	2.00	−2.08	√
7.31	1.40	−3.38	4.07	2.97	3.43	0.28	10.65	40	153.33	8.29	0.20	0.58	−5.58	2.36	−0.88	√
7.31	1.40	−3.38	4.07	2.97	3.43	0.28	9.58	50	191.67	10.37	0.22	0.64	−3.32	2.76	−0.81	√
7.31	1.40	−3.38	4.07	2.97	3.43	0.28	10.65	60	230.00	12.44	0.24	0.69	−2.53	3.20	−0.71	√
7.31	1.40	−3.38	4.07	2.97	3.43	0.28	10.65	70	268.33	14.51	0.25	0.73	−2.14	3.69	−0.64	√
7.31	1.40	−3.38	4.07	2.97	3.43	0.28	10.65	80	306.67	16.59	0.25	0.76	−1.91	4.23	−0.58	√
7.31	1.40	−3.38	4.07	2.97	3.43	0.28	10.65	90	345.00	18.66	0.26	0.79	−1.76	4.82	−0.51	√
7.31	1.40	−3.38	4.07	2.97	3.43	0.28	9.58	100	383.33	20.74	0.26	0.82	−1.66	5.47	−0.49	√
7.31	1.40	−3.38	4.07	2.97	3.43	0.28	10.65	110	421.67	22.81	0.26	0.84	−1.59	6.18	−0.35	√
7.31	1.40	−3.38	4.07	2.97	3.43	0.28	10.65	120	460.00	24.88	0.26	0.86	−1.54	6.96	−0.26	√
7.31	1.40	−3.38	4.07	2.97	3.43	0.28	10.65	130	498.33	26.96	0.27	0.87	−1.50	7.82	−0.17	√
7.31	1.40	−3.38	4.07	2.97	3.43	0.28	10.65	140	536.67	29.03	0.27	0.89	−1.47	8.74	−0.06	√
7.31	1.40	−3.38	4.07	2.97	3.43	0.28	9.58	150	575.00	31.10	0.27	0.90	−1.44	9.75	−0.05	√

续上表

自重+支座反力+波浪荷载			I_1 (10^5Pa)	J_2 (10^{11}Pa^2)	J_3 (10^{16}Pa^3)	$\cos3\theta$	λ	年限（年）	N_1	N_2	D_1	D_2	α	β	三维准则计算值	安全
S_1 (10^5Pa)	S_2 (10^4Pa)	S_3 (10^5Pa)														
7.31	1.40	−3.38	4.07	2.97	3.43	0.28	10.65	160	613.33	33.18	0.27	0.91	−1.42	10.85	0.18	×
7.31	1.40	−3.38	4.07	2.97	3.43	0.28	10.65	170	651.67	35.25	0.27	0.92	−1.40	12.04	0.31	×
7.31	1.40	−3.38	4.07	2.97	3.43	0.28	10.65	180	690.00	37.32	0.27	0.92	−1.38	13.32	0.46	×
7.31	1.40	−3.38	4.07	2.97	3.43	0.28	10.65	190	728.33	39.40	0.27	0.93	−1.36	14.70	0.62	×
7.31	1.40	−3.38	4.07	2.97	3.43	0.28	9.58	200	766.67	41.47	0.27	0.94	−1.34	16.19	0.61	×

由表12.10可以看出，基于三维强度准则进行判别时，在海水冻融与侵蚀耦合作用下，桥梁在百年一遇波浪荷载作用下，在160年的服役期时会在承台底部C点位置出现混凝土裂缝（表12.11）。

海水冻融与侵蚀耦合作用下三维抗裂分析　　表12.11

自重+支座反力+波浪荷载			I_1 (10^5Pa)	J_2 (10^{11}Pa^2)	J_3 (10^{16}Pa^3)	$\cos3\theta$	λ	年限（年）	N_1	N_2	D_1	D_2	α	β	三维准则计算值	安全
S_1 (10^5Pa)	S_2 (10^4Pa)	S_3 (10^5Pa)														
7.28	1.41	−3.38	4.04	2.95	3.38	0.27	10.64	10	38.33	2.07	0.08	0.26	2.01	1.35	−0.80	√
7.28	1.41	−3.38	4.04	2.95	3.38	0.27	10.64	20	76.67	4.15	0.13	0.40	5.10	1.67	−0.69	√
7.28	1.41	−3.38	4.04	2.95	3.38	0.27	10.64	30	115.00	6.22	0.17	0.50	−52.70	2.00	−2.07	√
7.28	1.41	−3.38	4.04	2.95	3.38	0.27	10.64	40	153.33	8.29	0.20	0.58	−5.58	2.36	−0.88	√
7.28	1.41	−3.38	4.04	2.95	3.38	0.27	9.58	50	191.67	10.37	0.22	0.64	−3.32	2.76	−0.81	√
7.28	1.41	−3.38	4.04	2.95	3.38	0.27	10.64	60	230.00	12.44	0.24	0.69	−2.53	3.20	−0.71	√
7.28	1.41	−3.38	4.04	2.95	3.38	0.27	10.64	70	268.33	14.51	0.25	0.73	−2.14	3.69	−0.64	√
7.28	1.41	−3.38	4.04	2.95	3.38	0.27	10.64	80	306.67	16.59	0.25	0.76	−1.91	4.23	−0.58	√
7.28	1.41	−3.38	4.04	2.95	3.38	0.27	10.64	90	345.00	18.66	0.26	0.79	−1.76	4.82	−0.51	√
7.28	1.41	−3.38	4.04	2.95	3.38	0.27	9.58	100	383.33	20.74	0.26	0.82	−1.66	5.47	−0.49	√
7.28	1.41	−3.38	4.04	2.95	3.38	0.27	10.64	110	421.67	22.81	0.26	0.84	−1.59	6.18	−0.35	√
7.28	1.41	−3.38	4.04	2.95	3.38	0.27	10.64	120	460.00	24.88	0.26	0.86	−1.54	6.96	−0.26	√
7.28	1.41	−3.38	4.04	2.95	3.38	0.27	10.64	130	498.33	26.96	0.27	0.87	−1.50	7.82	−0.17	√
7.28	1.41	−3.38	4.04	2.95	3.38	0.27	10.64	140	536.67	29.03	0.27	0.89	−1.47	8.74	−0.06	√
7.28	1.41	−3.38	4.04	2.95	3.38	0.27	9.58	150	575.00	31.10	0.27	0.90	−1.44	9.75	−0.06	√
7.28	1.41	−3.38	4.04	2.95	3.38	0.27	10.64	160	613.33	33.18	0.27	0.91	−1.42	10.85	0.18	×
7.28	1.41	−3.38	4.04	2.95	3.38	0.27	10.64	170	651.67	35.25	0.27	0.92	−1.40	12.04	0.31	×
7.28	1.41	−3.38	4.04	2.95	3.38	0.27	10.64	180	690.00	37.32	0.27	0.92	−1.38	13.32	0.46	×
7.28	1.41	−3.38	4.04	2.95	3.38	0.27	10.64	190	728.33	39.40	0.27	0.93	−1.36	14.70	0.61	×
7.28	1.41	−3.38	4.04	2.95	3.38	0.27	9.58	200	766.67	41.47	0.27	0.94	−1.34	16.19	0.61	×

由表12.11可以看出，基于三维强度准则进行判别时，在海水冻融与侵蚀耦合作用下，桥梁在百年一遇冰荷载作用下，在160年的服役期时会在承台C点位置出现混凝土裂缝。

12.1.4 大沽河索塔静力评估小结

(1)考虑海水冻融与侵蚀耦合效应,在波浪和自重及汽车活载作用下,索塔承台 170 年内不会开裂。

(2)考虑海水冻融与侵蚀耦合效应,在冰和自重及汽车活载作用下,索塔承台 170 年内不会开裂。

(3)基于三维强度准则进行判别时,在海水冻融作用下,桥梁在波浪荷载作用下,在 190 年的服役期时会在索塔承台侧面的最低水位位置出现混凝土裂缝。

(4)基于三维强度准则进行判别时,在海水冻融作用下,桥梁在百年一遇冰荷载作用下,在 190 年的服役期时会在索塔承台的侧面的最低水位位置出现混凝土裂缝。

(5)基于三维强度准则进行判别时,在海水冻融与侵蚀耦合作用下,桥梁在百年一遇波浪荷载作用下,在 160 年的服役期时会在承台位置出现混凝土裂缝。

(6)基于三维强度准则进行判别时,在海水冻融与侵蚀耦合作用下,桥梁在百年一遇冰荷载作用下,在 160 年的服役期时会在承台位置出现混凝土裂缝。

(7)综合分析上述 6 条结论,可以看出,青岛海湾大桥大沽河航道桥索塔在海水冻融侵蚀的损伤作用下,在百年一遇的冰荷载和波浪荷载分别作用下,桥墩的安全服役时间为 160 年。

12.1.5 基于可靠度理论的索塔正常使用极限状态评估

1)波浪荷载作用

基于响应面法计算正常使用阶段大沽河航道桥索塔的可靠度。

通过计算发现,图 12.7 中 C 点的应力较其余部位要大,因此取 C 点的 3 个主拉应力评估。通过计算得到拟合出的响应面如图 12.10 所示。

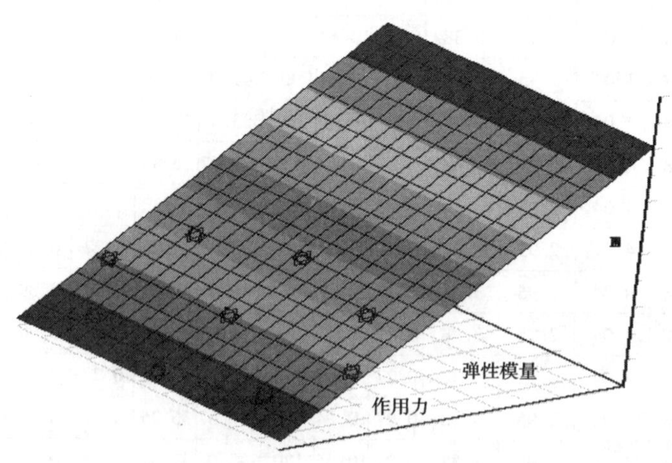

图 12.10 拟合出的响应面(波浪荷载作用)

根据可靠指标 β 为 1.5,可得到桥墩的可靠概率必须不小于 93.32%,依据该可靠概率,通过随机有限元分析得到桥墩承台的应力不能超过 0.698MPa。

表 12.12 为混凝土强度随桥梁服役时间变化值。

混凝土强度随桥梁服役时间变化值(单位:MPa) 表 12.12

服役时间 t(年)	10	20	30	40	50	60	70	80	90	100
海水冻融 + 侵蚀耦合	3.47	3.27	3.08	2.88	2.70	2.51	2.33	2.15	1.98	1.81
海水冻融	3.49	3.36	3.23	3.10	2.97	2.84	2.70	2.57	2.43	2.29
服役时间 t(年)	110	120	130	140	150	160	170	180	190	200
海水冻融 + 侵蚀耦合	1.64	1.48	1.32	1.17	1.01	0.87	0.72	0.58	0.44	0.31
海水冻融	2.15	2.00	1.85	1.71	1.56	1.40	1.25	1.09	0.93	0.77

根据表 12.12 可得到以下结论:

(1)在海水冻融 + 侵蚀耦合作用下,同时在百年一遇波浪荷载作用下,桥梁服役 171.6 年,桥墩可靠指标 $\beta=1.5$ 时,即服役超过 171 年后,桥墩将不满足桥梁正常使用阶段可靠指标要求。

(2)在海水冻融作用下,同时在百年一遇波浪荷载作用下,桥梁服役 204.5 年,桥墩可靠指标 $\beta=1.5$ 时,即服役超过 204 年后,桥墩将不满足桥梁正常使用阶段可靠指标要求。

2)冰荷载作用

按照波浪荷载 + 索塔上部传递轴力(考虑自重 + 活载 + 主缆初始索力作用),计算得到以下结论。

(1)在海水冻融 + 侵蚀耦合作用下,同时在百年一遇冰荷载作用下,桥梁服役 171.1 年,桥墩可靠指标 $\beta=1.5$ 时,即服役超过 171 年后,桥墩将不满足桥梁正常使用阶段可靠指标要求。

(2)在海水冻融作用下,同时在百年一遇冰荷载作用下,桥梁服役 204.3 年,桥墩可靠指标 $\beta=1.5$ 时,即服役超过 204 年后,桥墩将不满足桥梁正常使用阶段可靠指标要求。

12.1.6 索塔极限承载能力退化评估

取索塔根部截面图 12.11 进行抗力退化评估。

同样,采用 次二阶矩法进行抗力性能评估,实际计算分析时,只考虑保护层为 7.5cm 处纵向钢筋的钢筋锈蚀和强度折减。根据设计图纸,索塔根部截面的受力钢筋的直径为 32mm。

钢筋开始锈蚀时间可表示为:

$$t_{\text{int}} = x^2/4D\left[\text{erf}^{-1}\left(\frac{C_0 - C_{\text{cr}}}{C_0}\right)\right]^{-2}$$

式中:x、D、C_0、C_{cr}——分别为保护层厚度、氯离子扩散系数、混凝土表面氯离子浓度和氯离子临界浓度。

取 $C_0=15.95\text{kg/m}^3$,$D=1.05\times10^{-8}\text{cm}^2/\text{s}$,$C_{\text{cr}}=0.9\text{kg/m}^3$,通过计算得到青岛海湾大桥对应保护层厚度为 7.5cm 的混凝土结构,不考虑防腐漆的防腐性能,不考虑阻锈剂延缓钢筋锈蚀,不考虑钢筋的阴极保护功能,混凝土中的钢筋在 30 年后开始发生锈蚀。

钢筋锈蚀率、钢筋强度损失率见图 12.12 和图 12.13。

图 12.12 中的数据如表 12.13 所示,d_s 为随时间变化的钢筋直径,d_0 为原始钢筋直径。

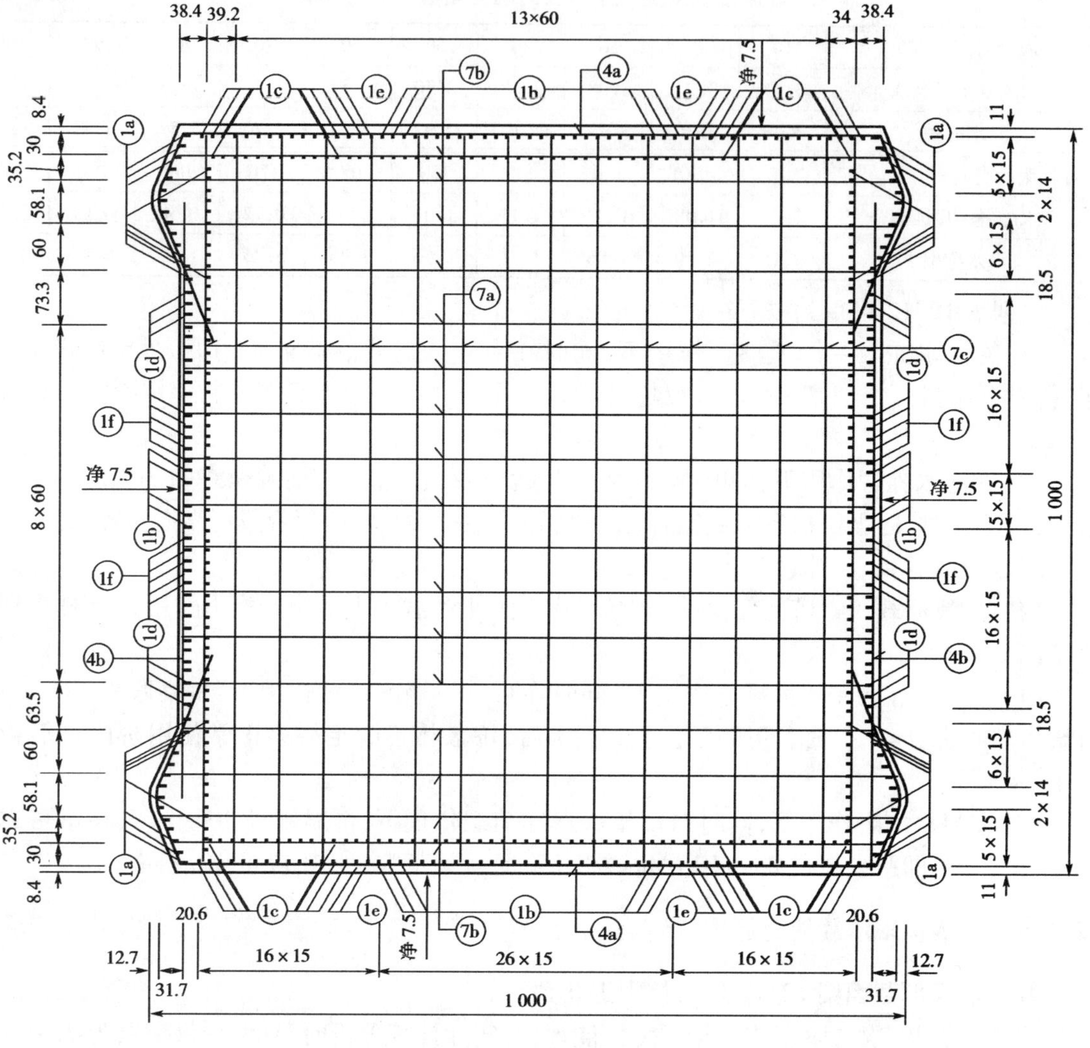

图 12.11　索塔根部截面配筋图(尺寸单位:cm)

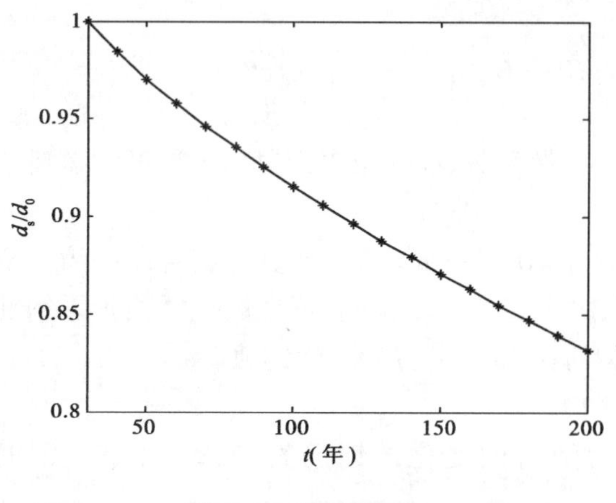

图 12.12　钢筋锈蚀率

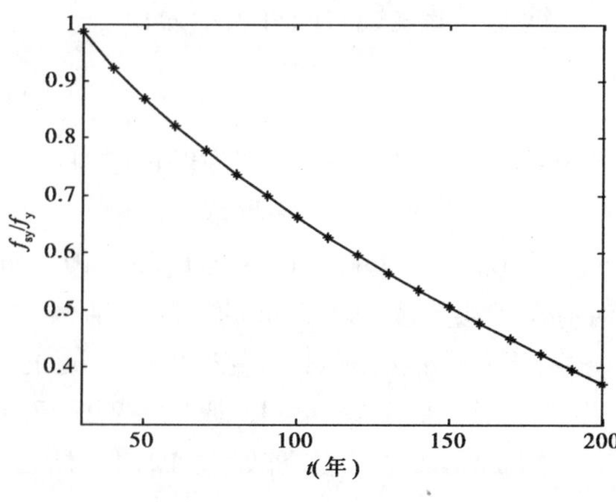

图 12.13　钢筋强度损失率

钢筋锈蚀率随桥梁服役时间变化值　　表 12.13

t(年)	d_s/d_0	t(年)	d_s/d_0	t(年)	d_s/d_0	t(年)	d_s/d_0
30	1.000	80	0.935	130	0.888	180	0.847
40	0.984	90	0.925	140	0.879	190	0.839
50	0.970	100	0.915	150	0.871	200	0.832
60	0.958	110	0.906	160	0.863		
70	0.946	120	0.897	170	0.855		

根据规范可建立功能函数如下：

$$Z(f_{cd},f'_{sd}) = 0.9(f_{cd} \times 94.4 + f'_{sd} \times 0.191 + 60\,300\,000) - N_c = 0 \tag{12.3}$$

假定f_{cd}、f'_{sd}、N_c均服从正态分布，均值为50.3×10^6Pa、335×10^6Pa、2.4×10^9N，方差为50.3×10^5Pa、335×10^5Pa、2.4×10^8N。

考虑钢筋的锈蚀面积和强度退化，可得到桥梁不同服役期的可靠指标，具体计算结果参见表 12.14。

时变可靠指标　　表 12.14

服役时间 t(年)	30	50	70	100	120	150	170	200
钢筋锈蚀率	1.00	0.94	0.90	0.84	0.80	0.76	0.73	0.69
钢筋强度损失率	1.00	0.87	0.78	0.66	0.60	0.50	0.45	0.37
可靠指标 β	4.05	4.03	4.02	4.00	3.99	3.98	3.97	3.96

图 12.14 为可靠指标随时间变化图。

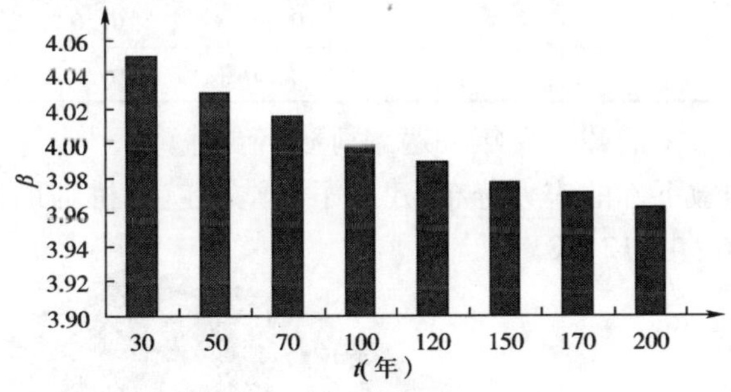

图 12.14　可靠指标随时间变化图

由图 12.14 可以看出，桥墩在 200 年内不会出现可靠指标小于目标值 3.2 的情况。

12.2　辅助墩耐久性评估

12.2.1　辅助墩应力分析

通过计算分析得到辅助墩在自重作用下(考虑桥面铺装)的轴力图(图 12.15)。

通过以上索塔计算分析，以下计算做如下规定：

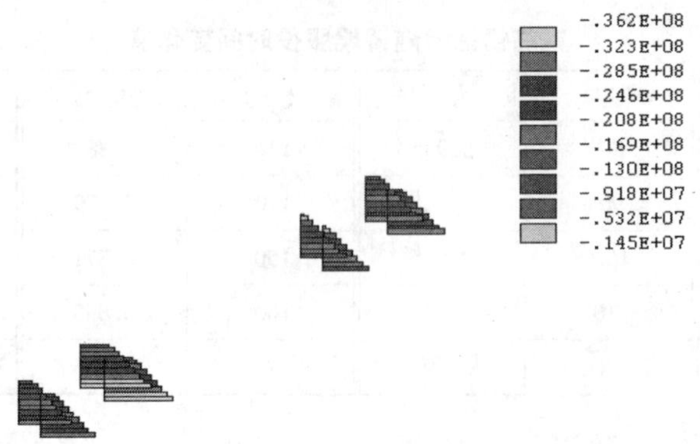

图 12.15　索塔轴力图(单位:N)

(1)通过计算分析可以看出,辅助墩在恒载作用下的轴力较过渡墩大,因此,本报告只对辅助墩进行耐久性评估。

(2)通过计算分析发现,车辆活载效应比恒载效应小很多。因此,活载效应在耐久性评估中忽略不计。

(3)由索塔耐久性评估发现,冰荷载和波浪荷载作用下的索塔耐久性评估年限较为接近,因此,以下评估都只考虑冰荷载效应。

根据课题组建立的冰荷载公式,大沽河航道桥受到的冰荷载如表 12.15 所示。

冰荷载计算结果(100 年一遇)　　表 12.15

序号	桥墩名称	承台迎冰宽度(m)	冰压强度(MPa)	冰厚(m)	承台宽度/冰厚	采用表达式	冰荷载(kN)
1	大沽航道桥索墩	23.25	2	0.276	84.2	课题组模型	5 066.17
2	大沽航道桥辅助墩	17	2	0.276	61.6	课题组模型	4 857.88
3	大沽航道桥过渡墩	17	2	0.276	61.6	课题组模型	4 857.88

将以上荷载按照自重 + 活载 + 百年一遇冰荷载组合计算。

为了有效分析辅助墩下部的应力分布,建立了大沽河航道桥辅助墩下部结构的有限元体模型,具体参见图 12.16 ~ 图 12.18。

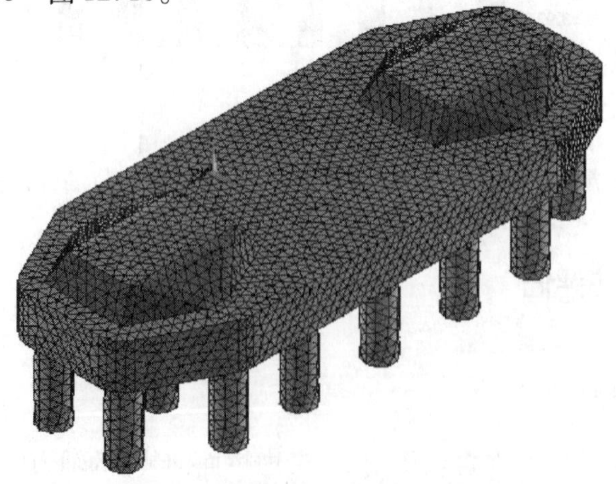

图 12.16　大沽河辅助墩下部结构体模型

由图 12.17 可以看出，索塔承台底部的第一主应力最大，为 0.6MPa。

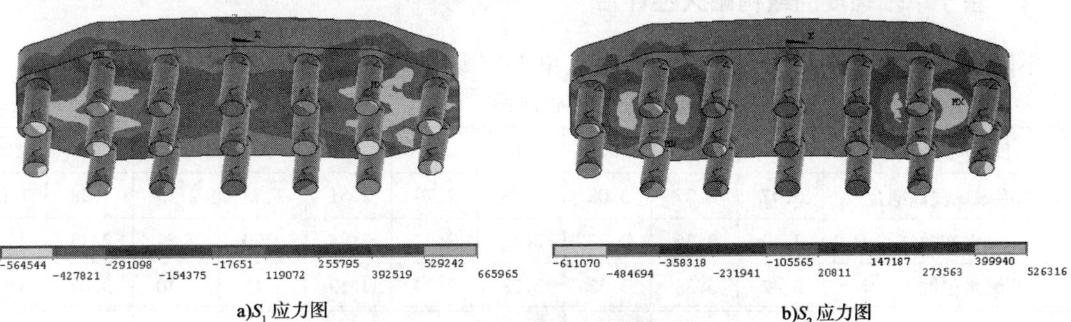

a)S_1 应力图　　　　b)S_2 应力图

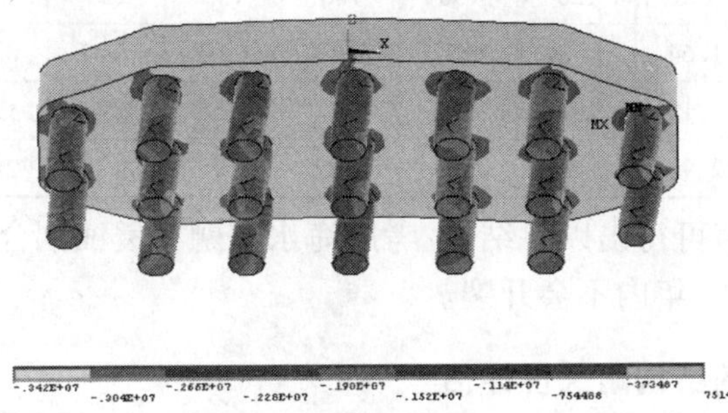

c)S_3 应力图

图 12.17　索塔主应力图(单位:Pa)

选取图 12.18 中的关键点进行计算，得到各点的应力值如表 12.16 所示。

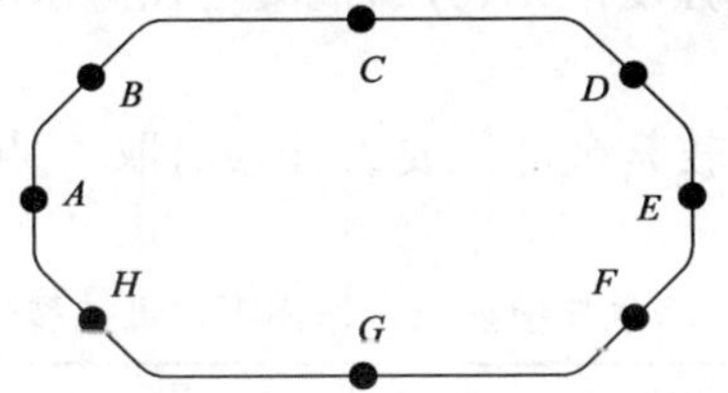

图 12.18　截面上的关键点

关键点应力(单位:Pa)　　　　表 12.16

关键点	$S_1(10^4)$	$S_2(10^4)$	$S_3(10^4)$
A	2.42	-12.8	-28.9
B	44.1	2.79	-2.15
C	37.4	0.176	-26.0
D	46.4	1.94	-4.72
E	1.42	-14.9	-28.5
F	45.2	4.34	-2.23
G	45.7	0.80	-3.96
H	46.7	2.32	-1.48

根据表 12.16 可得到 H 点主拉应力较大，为 0.467MPa。

12.2.2 基于单轴强度的结构耐久性评估

不同年限下考虑不同因素作用的混凝土单轴应力强度变化值,具体参见表12.17。

混凝土强度随桥梁服役时间变化值(单位:MPa) 表12.17

服役时间 t(年)	10	20	30	40	50	60	70	80	90	100
海水冻融+侵蚀耦合	3.47	3.27	3.08	2.88	2.70	2.51	2.33	2.15	1.98	1.81
海水冻融	3.49	3.36	3.23	3.10	2.97	2.84	2.70	2.57	2.43	2.29
海水侵蚀	3.42	3.38	3.33	3.28	3.24	3.19	3.15	3.10	3.05	3.01
服役时间 t(年)	110	120	130	140	150	160	170	180	190	200
海水冻融+侵蚀耦合	1.64	1.48	1.32	1.17	1.01	0.87	0.72	0.58	0.44	0.31
海水冻融	2.15	2.00	1.85	1.71	1.56	1.40	1.25	1.09	0.93	0.77
海水侵蚀	2.96	2.92	2.87	2.82	2.78	2.73	2.69	2.64	2.59	2.55

根据表12.17的数值可得出以下结论:考虑海水冻融与侵蚀耦合效应,在冰和自重及汽车活载作用下,索塔承台188年内不会开裂。

12.2.3 基于三轴强度的结构耐久性评估

基于混凝土三轴强度退化模型,可进行桥墩承台部位的混凝土抗裂性能评估。通过计算分析得到承台底部位置为混凝土应力较大部位,取承台底部中间部位位置的应力进行混凝土三轴应力分析,基于三轴混凝土强度准则,分析混凝土在海水冻融与侵蚀作用下的混凝土抗裂性能。

通过计算发现,H点的应力较其余部位要大,因此,取H点的3个主应力值进行三轴强度准则的评估(表12.18)。

海水冻融与侵蚀耦合作用下三维抗裂分析 表12.18

$I_1(10^5\text{Pa})$	$J_2(10^{10}\text{Pa}^2)$	$J_3(10^{15}\text{Pa}^3)$	年限(年)	N_1	N_2	α	β	三维准则计算值	安全
4.75	7.17	7.22	30	115.00	6.22	-52.70	2.00	-2.41	√
4.75	7.17	7.22	40	153.33	8.29	-5.58	2.36	-1.03	√
4.75	7.17	7.22	50	191.67	10.37	-3.32	2.76	-0.94	√
4.75	7.17	7.22	60	230.00	12.44	-2.53	3.20	-0.89	√
4.75	7.17	7.22	70	268.33	14.51	-2.14	3.69	-0.89	√
4.75	7.17	7.22	80	306.67	16.59	-1.91	4.23	-0.82	√
4.75	7.17	7.22	90	345.00	18.66	-1.76	4.82	-0.78	√
4.75	7.17	7.22	100	383.33	20.74	-1.66	5.47	-0.74	√
4.75	7.17	7.22	110	421.67	22.81	-1.59	6.18	-0.70	√
4.75	7.17	7.22	120	460.00	24.88	-1.54	6.96	-0.72	√
4.75	7.17	7.22	130	498.33	26.96	-1.50	7.82	-0.60	√
4.75	7.17	7.22	140	536.67	29.03	-1.47	8.74	-0.55	√

续上表

$I_1(10^5Pa)$	$J_2(10^{10}Pa^2)$	$J_3(10^{15}Pa^3)$	年限(年)	N_1	N_2	α	β	三维准则计算值	安全
4.75	7.17	7.22	150	575.00	31.10	-1.44	9.75	-0.49	√
4.75	7.17	7.22	160	613.33	33.18	-1.42	10.85	-0.43	√
4.75	7.17	7.22	170	651.67	35.25	-1.40	12.04	-0.48	√
4.75	7.17	7.22	180	690.00	37.32	-1.38	13.32	-0.29	√
4.75	7.17	7.22	190	728.33	39.40	-1.36	14.70	-0.21	√
4.75	7.17	7.22	200	766.67	41.47	-1.34	16.19	-0.12	√
4.75	7.17	7.22	210	805.00	43.54	-1.32	17.80	-0.03	√
4.75	7.17	7.22	220	843.33	45.62	-1.30	19.52	0.07	×

由表12.18可以看出,基于三维强度准则进行判别时,在海水冻融与侵蚀耦合作用下,桥梁在百年一遇冰荷载作用下,在213年的服役期时会在承台H点位置出现混凝土裂缝。

12.2.4　基于可靠度理论的辅助墩正常使用极限状态评估

基于响应面法计算正常使用阶段大沽河航道桥辅助墩的可靠度。

通过计算发现,H点的应力较其余部位要大,因此取H点评估。

根据可靠指标β为1.5,可得到桥墩的可靠概率必须不小于93.32%,依据该可靠概率,通过随机有限元分析,得到桥墩承台的应力不能超过0.31MPa(表12.19)。

混凝土强度随桥梁服役时间变化值(单位:MPa)　　表12.19

服役时间t(年)	10	20	30	40	50	60	70	80	90	100
海水冻融+侵蚀耦合	3.47	3.27	3.08	2.88	2.70	2.51	2.33	2.15	1.98	1.81
海水冻融	3.49	3.36	3.23	3.10	2.97	2.84	2.70	2.57	2.43	2.29
服役时间t(年)	110	120	130	140	150	160	170	180	190	200
海水冻融+侵蚀耦合	1.64	1.48	1.32	1.17	1.01	0.87	0.72	0.58	0.44	0.31
海水冻融	2.15	2.00	1.85	1.71	1.56	1.40	1.25	1.09	0.93	0.77

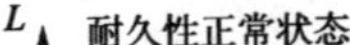

根据表12.19可得到以下结论:在海水冻融+侵蚀耦合作用下,同时在百年一遇冰荷载作用下,桥梁服役200年,桥墩可靠指标β=1.5时,桥墩将不满足桥梁正常使用阶段可靠指标要求。

海洋环境中,钢筋混凝土结构的全寿命预测模型可见图12.19。由图12.19可以看出,承载能力耐久性极限状态对应的桥梁服役寿命要比正常使用耐久性极限状态的服役寿命长,而且本报告中,对非通航孔和大沽河航道桥索塔的服役性能耐久性评估也验证了上述观点的正确性。

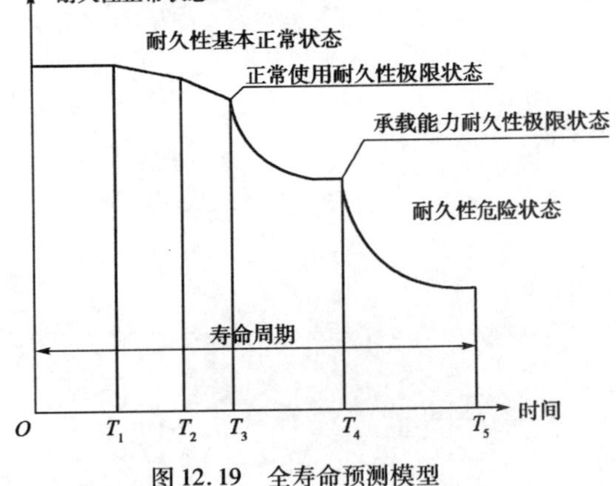

图12.19　全寿命预测模型

12.3 本章小结

基于不同的混凝土损伤模型和计算分析理论，对海水冻融、侵蚀耦合作用下，青岛海湾大桥大沽河航道桥的桥墩和索塔承台正常使用阶段和极限承载状态的耐久性进行了有效评估。主要的混凝土损伤模型和计算分析理论如下：

(1)混凝土单轴强度评估分析；

(2)混凝土三轴强度评估分析；

(3)确定性评估分析；

(4)随机理论评估分析；

(5)JC 理论评估。

第13章　结　　论

13.1　理论和方法上的进步

以青岛海湾大桥下部结构混凝土为研究对象，采用试验测试、数据统计分析、可靠度理论和有限元理论，研究了海水冻融与侵蚀作用下桥梁下部结构的耐久性问题。归纳起来，本文在理论和方法上的进步主要表现在以下几个方面：

(1)提出了海水冻融循环作用下的混凝土双轴和三轴强度准则，为桥梁结构的抗冻融评估提供了理论基础。

(2)提出了海水干湿循环作用下的混凝土双轴和三轴强度准则。

(3)提出了海水冻融与侵蚀耦合作用下的混凝土双轴和三轴强度准则。

(4)基于显式动力非线性分析，提出了跨海桥梁宽幅承台的冰荷载作用模型，为桥梁的静冰荷载设计提供参考。

(5)提出了悬索桥空间主缆的恒载线形确定方法。

(6)采用本文建立的混凝土力学性能劣化模型，基于确定性分析和可靠度理论对桥梁正常使用阶段的耐久性进行了有效评估，为青岛海湾大桥正常使用阶段的安全评估提供参考。

13.2　进一步研究建议

本书虽然在冻融与侵蚀对桥梁耐久性影响方面做了系统的研究，但由于混凝土劣化模型本身的复杂性，无论是理论上还是工程应用上，尚有许多工作有待进一步深入研究。

在自然环境中，由于腐蚀介质的侵蚀及材料的老化，结构的性能不断劣化，其结果是导致结构的使用寿命缩短。从可靠度的角度讲，结构的使用寿命评估是一个概率问题，目前对结构使用寿命的预测已有较多研究，但这些研究或者只根据结构当前的状态推断结构未来的状况，没有考虑结构随时间的变化，或者根据假定的结构性能退化规律推断结构的使用寿命。实际上，结构性能随时间的衰减规律极其复杂，由于受材料制作、施工、养护等因素影响，同一地域不同结构，甚至同一结构不同部位的材料随时间的变化都相差很大。因此，结构使用寿命的评估，应以结构或构件本身的性能随时间的变化规律为依据。但如何根据为数不多的检测资料来揭示结构性能随时间的变化规律，是一个难度较大的课题，需要进行深入的研究。

参考文献

[1] Mehta P K. Concrete durability-fifty year's progress[A]//Proceeding 2nd International Conference on Concrete Durability[C]. American Concrete Institution, ACI SPI126-1, 1991:1-31.

[2] 张彦,李国平.海洋环境对桥梁下部结构的影响[J].海洋工程,2006,1:35-40.

[3] Penttala V, Al-Neshawy F. Stress and strain state of concrete during freezing and thawing cycles [J]. Cement and Concrete Research, 2002, 32(9):1407-1420.

[4] Collins A R. The destruction of concrete by frost[J]. Journal of Institute of Civil Engineers. 1994, 23(1):29-41.

[5] Powers T C. The air requirement of frost-resistant concrete[C]// Poceedings of the Highway Research Board Annual Meeting. Washington D. C. USA[s. n.]. 1949, 184-211.

[6] Powers T C. Freezing effectsin concrete[C]// Durability of Concrete ACI Special Publication. Detroit, USA, American oncrete Institute. 1975, 1-11.

[7] Litvan G G. Frost action in cement paste[J]. Materials and Structures, 1973, 6(4):293-298.

[8] Fagerlund G. The critical degree of saturation method of assessing the freeze-thaw durability resistance of concrete[J]. Materials and Structures, 1977, 10(10):58-66.

[9] Setzer M J. Mechanisms of frost action[C]// Proceedings of the International Workshop on Durability of Reinforced Concrete under Combined Mechanical and Climatic Loads. Qingdao, Aedificatio Publishers, 2005, 263-274.

[10] 李金玉,曹建国,徐文雨,等.混凝土冻融破坏机理的研究[J].水利学报,1999,1:41-49.

[11] Cal H, Liu X. Freeze-thaw durability of concreteice formation process in pores[J]. Cement and Concrete Research, 1998, 28(9):1281-1287.

[12] 蔡昊.混凝土抗冻耐久性预测模型[D].北京:清华大学,1998.

[13] 王兆利.混凝土抗冻性及其渗透性系数[D].青岛:青岛建筑工程学院,2003.

[14] 余红发,孙伟,张云升,等.在冻融或腐蚀环境下混凝土使用寿命预测方法I–损伤演化方程和损伤失效模式[J].硅酸盐学报,2008,31(S1):128-135.

[15] 宋玉普.钢筋混凝土有限元分析中的力学模型研究[D].大连:大连理工大学,1988.

[16] 宋玉普,赵国落.钢筋混凝土结构分析中的有限单元法[M].大连:大连理工大学出版社,1994.

[17] 彭放.复杂应力状态下多种混凝土材料的破坏准则及本构模型研究[D].大连:大连理工大学,1990.

[18] 过镇海,王传志.多轴应力下混凝土破坏准则的试验研究[J].清华大学土木工程系,1990.

[19] 梁伟,吴佩刚,赵光仪,刘洪眷.高强混凝土三轴强度规律与破坏准则.建筑结构[J],

2003, 33(1): 17 -19, 29.

[20] Kupfer H, et al. Behavior of concrete under biaxial stresses[J]. ACI, 1969,66:656-666.

[21] Tasuji M E,et al. Stress-strain response and fracture of concrete in biaxial loading[J]. ACI, 1978,75:306-312.

[22] Mills L L,et al. Compressive strength of plain concrete under multiaxial condioitns[J]. ACI, 1970,67:802-807.

[23] Launay P,et al. Strain and ultimate strength of concrete under triaxial stress[J]. ACI, 1970, SP34:269-282.

[24] Gerstle K H,et al. Strength of concrete under multiaxial stress states[J]. ACI,1978,SP:103-131.

[25] Chen W P. Plasticity in reinforced concrete[J]. New York, McGraw- Hill, 1981.

[26] Bresler B,Pister K S . Strength of concrete under combined stresses[J]. ACI,1958,55(9): 321-345.

[27] Willam K J,Warnke E P. Constitutive models for the triaxial behavior of concrete . Int Assoc. Bridge Struct. Eng. Sem. Concr. Struct. Subjected to Triaxial Stresses, Bergamo, Italy, 1874,Int. Assoc. Bridge Struct. Eng. Proc. 1975,19.

[28] Ottosen N S. A failure criterion for concrete[J]. Mechanics,1977,103(4):527-535.

[29] Hsieh S S,et al. An elastic-fracture model for concrete[J]. Poceedings Eg. Mech. Div. Spec. Conf. A SCE,Austin,Tex. ,1979.

[30] Podgorski J. General Failure Criterion for Isotropic Media[J]. Journal of Engineering, 1985, 111(2).

[31] 宋玉普,赵国藩,等. 平面应变状态下的混凝土变形和强度特性[J]. 水利学报,1990,160(5):22-29.

[32] 宋玉普. 三轴加载下混凝土的变形和强度[J]. 水利学报,1991, 179(12):17-24.

[33] 宋玉普,赵国藩. 复杂应力状态下(平面应力)混凝土的变形和强度特性[J]. 海洋工程,1991,9(2):20 -32.

[34] Song Yupu,Zhao Guofan. Characteristics of deformation and strength of concrete in planes train state[J]. China Ocean Engineering,1993,7(1):99-108.

[35] 宋玉普,赵国藩,等. 多轴应力下混凝土的破坏准则[G]//第五届岩石、混凝土断裂和强度学术会议论文集[C]. 长沙:国防科技大学出版社,1993.

[36] 胡倍雷. 多轴应力下混凝土的变形和强度特性研究[D]. 大连:大连理工大学硕士学位论文,1992.

[37] 于晓中,等. 混凝土的二轴强度及其在拱坝设计中的应用[G]//水利水电科学研究院科学研究论文集, 第19集(结构、材料)[C]. 北京:水利电力出版社,1981.

[38] 王传志,过镇海,张秀琴. 二轴和三轴受压混凝土的强度试验[J]. 土木工程学报,1987:15-27.

[39] Bazant Z P ,Tsubaki T. Slip-dilatancy model for cracked reinforced concrete[J]. Journal of the Structural Division,1980, 106(9):1947-1966.

[40] Romstad K M, et al. Numerical biaxial characterization for concrete[J]. Journal of the Engineering Mechanics Divison,1974,100(5).

[41] Nilson A H, et al. State-of-the-art report on finite element analysis of reinforced concrete [M]. New York:ASCE, 1982.

[42] 宋玉普,赵国藩.应变空间混凝土的破坏准则[J].大连理工大学学报,1991,31(4):445-462.

[43] 唐光普,刘西拉,施士升.冻融条件下混凝土破坏面演化模型研究[J].岩土力学与工程学报,2006,25(12):2573-2578.

[44] 邹超英,赵娟,梁峰,等.冻融环境下混凝土应力—应变关系的试验研究[J].哈尔滨工业大学学报,2007,39(2):229-231.

[45] 覃丽坤,宋玉普,陈浩然,等.冻融循环对混凝土力学性能的影响[J].岩石力学与工程学报,2005,24(1):5048-5053.

[46] 宋玉普,陈飞,张众,等.冻融环境下引气混凝土双轴拉—压强度和破坏准则的试验研究[J].水利学报,2006,37(8):932-937.

[47] 宋玉普,商怀帅,张众,等.冻融循环后引气混凝土双轴破坏准则研究[J].工程力学,2007,(6): 134-141.

[48] 祝金鹏,李术才,刘宪波.冻融环境下混凝土力学性能退化模型[EB/OL].中国科技论文在线.2008.11.04. http://www.paper.edu.cn / paper. Php serial_ number=200811-7.

[49] 贺鸿珠,范立础,史美伦.海水对不同强度混凝土中钢筋锈蚀的影响[J].建筑材料学报,2004,7(3):291-294.

[50] 张伟平, 商登峰, 顾祥林.锈蚀钢筋应力—应变关系研究[J].同济大学学报:自然科学版,2006,34(5):587-592.

[51] 张玉敏,黄博生,高蕊.海水侵蚀环境下混凝土耐久性的研究[J].四川建筑科学研究,2004,30(4):90-93.

[52] 林跃忠,王铁成,米胜东,王来.海水侵蚀下混凝土强度预测模型研究[J].中国港湾建设,2004,131(4):37-41.

[53] 李金玉,曹建国.水工混凝土耐久性的研究和应用[M].北京:中国电力出版社,2004.

[54] Liang T M,Lin M S. Modeling the transport of multiple corrosive chemicals in concrete structures:synergetic effect study [J]. Cement and Concrete Research,2003,33(12):1917-1924.

[55] 贺传卿,李永贵,王怀义,等.硫酸盐对水泥混凝土的侵蚀及其防治措施[J].混凝土,2003,3:56-57.

[56] 高培伟,吴胜兴,林萍华,等. 硫酸盐对碾压混凝土侵蚀开裂的机理微观分析[J]. 水利学报,2005,36 (3):360-364.

[57] 苏达根,钟小敏.海水环境下混凝土耐久性研究[J].工业建筑,2008,38(5):63-65.

[58] Zhang Y M,Wang T C. Prediction for Seawater-cor-rosive concrete strength by BP neural network[J] . Journal of Jinan University,2003(3):248-250.

[59] 张玉敏,王铁成.人工海水对混凝土侵蚀性的研究[J].混凝土,2001,11:48-50.

[60] 张玉敏,王铁成.人工海水对混凝土侵蚀性的研究(续)[J].混凝土,2001,12:51-53.

[61] Zhang Yu-min , Wang Tie-cheng. The research of concrete corroded by the artificial sea (add)[J]. Concrete,2001,12:51-53.

[62] Harvey H Haynes. Permeability of concrete in sea water [J]. Special Publication,1980,65:21-38.

[63] 余红发,孙伟,李美丹.混凝土在化学腐蚀和冻融循环共同作用下的强度变化[J]. 沈阳建筑大学学报:自然科学版,2006,122(4):588-591.

[64] 祝金鹏,李术才,张峰.海水侵蚀环境下混凝土力学性能退化模型[EB/OL].中国科技论文在线,2008.7.24. http://www. paper. edu. cn/ paper. php serial_ number =200807-469.

[65] 王琴.干湿循环对混凝土硫酸盐侵蚀的影响[J].混凝土,2008,221(3):22-24.

[66] 吴中伟.水泥工作者面临的挑战与机会[J].混凝土与水泥制品,1996(1).

[67] Barker A P,Hobbs D W. Performance of Portlan limestone cements in mortar prisms immersed in sulfate solutions at 5℃[J]. Cement and Concrete Composites,1999,21(2):129-137.

[68] Feldman R F,Cheng Y H. Resistance of mortars containing silica fume to attack by a solution containing chlorides[J]. Cement and Concrete Research,1985(15):411-420.

[69] Aïtcin P C. The durability characteristics of high performance concrete:A review [J]. Cement and Concrete Composites,2003 ,25(4/5):409-420.

[70] Mu R,Miao C W,Liu J P. Properties of concrete subjected to freezingand thawing under sulphate attack[J]. Indian Concrete Journal,2001,75(7):451-454.

[71] Mu R,Miao C W,Breugel K V,et al. Properties of air-entrained concrete subjected to freeze-thaw cyclesand salt attack simultaneously [C]//Yuan Y S,Shah S P,L HL. Advanced in Concrete and Structures ICACS2003:Paris, France: RILEM Publications SARL, 2003:982-988.

[72] 慕儒,缪昌文,刘加平,等.氯化钠硫酸钠溶液对混凝土抗冻性的影响及其机理[J].硅酸盐学报,2001,29(6):523-529.

[73] 余红发,孙伟,鄢良慧,等.引气混凝土在中国盐湖环境中抗冻性的研究[J].武汉理工大学学报,2004,26(3):15-18.

[74] 余红发,孙伟,王晴,等.纤维增强高性能混凝土在西部盐湖中的抗冻性[J].沈阳建筑工程学院学报,2004,20(2):130-135.

[75] 宋玉普,赵国藩.应变空间混凝土的破坏准则[J].大连理工大学学报,1991,31(4):455-462.

[76] 杨木秋.混凝土二轴受压与二轴拉压强度及其在拱坝设计中的应用[J].人民长江,1992,23(6):36-39.

[77] 覃丽坤.高温及冻融循环后混凝土多轴强度和变形试验研究[D].大连:大连理工大学,2004.

[78] 宋玉普.冻融条件下混凝土的多轴强度和破坏准则(50479059).国家自然科学基金资助项目,2004.

[79] 陈飞.冻融条件下引气混凝土多轴强度的试验研究[D].大连:大连理工大学,2005.

[80] Derradji-Aouat A,Lau M. Ice loads on eletric power generating stations in the Bell isle strait [C]. Proceedings 18th international conference on port and ocean engineering under Arctic

conditions. NY:John Dempsey,2005.

[81] Määttänen M. Numerical simulation of ice-induced vibrations in offshore structures[C]. Proc. 14th Nordic Seminar on Computational Mechanics. Lund, Sweden, 2001:13-28.

[82] Martonen P,et al. Non-linear finite elements simulations of level ice forces on offshore structures using a multisurface failure criterion[C]. Proc. 17th Int. POAC Conf. Trondheim, Norway, June, 2003.

[83] 武文华,于佰杰,岳前进,等. JZ20-2N 平台抗冰性能的有限元分析[J]. 中国海洋平台,2007,22(6):25-33.

[84] 陆钦年,汤爱平,钟南萍. 河冰对桥墩作用的冰荷载计算方法(I)[J]. 自然灾害学报,2002,11(2):75-79.

[85] 陆钦年,汤爱平,钟南萍. 河冰对桥墩作用的冰荷载计算方法(Ⅱ)[J]. 自然灾害学报,2002,11(2):75-79.

[86] 沈照伟,王永学. 渤海海冰的物理模拟及其对直桩的作用[J]. 中国海上油气,2003,15(3):36-38.

[87] 宋安,王春静, 谭湘. 桩墩间距对冰荷载及过冰能力影响的实验研究[J]. 水运工程,2008,5:33-38.

[88] 陈虎成,查雅平. 跨海桥梁基础冰荷载计算探讨[J]. 华东公路,2007,168(6),18-21.

[89] Sand B,Horrigmoe G. Finite element analysis of breaking ice forces on conical structures[C]. Proceeding of the 14th international symposium on ice. Potsdam:Hung Tao Shen,1998.

[90] Sand B,Horrigmoe G. Simulations of ice ridge forces on conical structures[C]. Proceeding of the 11th International Society of Offshore and Polar Engineers. Norway:Jin S,Chung,2001.

[91] Hopkins M A. Numerical of systems of multiudinous polygonal blocks[R]. Report of cold regions research and engineering laboratory. Hampshire:Hibben,1992.

[92] Hopkins M A. Onshore ice pile-up a comparison between experiments and simulations[J]. Cold Regions Science and Technonlogy,1997,26:205-214.

[93] Lau M. A three dimensional discrete element simulations of ice sheet impacting a conical structure[C]. Proceeding of 16th international conference on port and ocean engineering under arctic condition. Ottawa :Garry Timco,2001.

[94] Yu Baijie,Wu Wenhua,et al. Numerical simulation of dynamic ice force on conical sructure [C]. The 19th international conference on port and ocean engineering under arctic condition. Dalian:Yue Qianjin,2007.

[95] 刘西拉. 结构工程学科的现状与展望[M]. 北京:人民交通出版社,1997.

[96] Kosa K, Naaman A E. Corrosion of steel fiber reinforce concrete[J]. ACI Materials Journal, 1990,87(1): 27-37.

[97] Huang Wei-hsing. Properties of cement-fly ash grout admixed with bentonite, silica fume,or organic fiber[J]. Cement and Concrete Research, 1997,27(3): 395-405.

[98] 李果, 袁迎曙, 张保渠. 干湿循环对混凝土内钢筋宏电流的影响[J]. 混凝土,2003(8):34-36.

[99] 王素瑞,刘保国,金钦华.碱—骨料反应和干湿循环对混凝土的协同破坏效应研究[J].混凝土与水泥制品,2004(4):15-17.

[100] 乔宏霞,何忠茂,刘翠兰,张峋.高性能混凝土抗硫酸盐侵蚀的研究[J].兰州理工大学学报,2004,30(1):101-105.

[101] 阎西康,王铁成,张玉敏,等.海水侵蚀下钢筋混凝土梁正截面承载力试验研究[J].建筑施工,2003,25(2):133-139.

[102] Rob B Polder, Willy H A Peelen. Characterisation of chloride transport and reinforcement corrosion in concrete under cyclic wetting and drying by electrical resistivity[J]. Cement and Concrete Composites,2002,24: 427-435.

[103] Hong K, Hooton R D. Effects of cyclic chloride exposure on penetration of concrete cover [J]. Cement and Concrete Research, 1999,29(9): 1279-1386.

[104] 李金玉,王志刚,等.混凝土抗冻性的定量化设计[J].混凝土,2000(12):61-62.

[105] 林宝玉,蔡跃波,单国良.保证和提高我国港工混凝土耐久性措施的研究与实践[C]//阎培渝,姚燕.水泥基复合材料科学与技术.北京:中国建材工业出版社,1999:16-23.

[106] 能源部水利部成都勘测设计院.高混凝土坝设计计算方法与设计准则[R].成都:能源部水利部成都勘测设计院,1990.

[107] Shinozuka M, Astill C J. Random eigenvalue problems in structural analysis[J]. AIAA Journal,1972,10(4): 456-462.

[108] Vanmarcke E. Random fields: analysis and synthesis[M]. Cambridge:MIT Press, 1983.

[109] Liu W K, Naui A. Random fields finite element[J]. Int J Numerical Methods in Engng, 1986,23(10): 1831-1845.

[110] Yamazaki F, Shinozuka M, Dasgupta G. Neumann expansion for stochastic finite element analysis. Engng Mech ASCE,1988 ,114(8):1335-1354.

[111] Benaroya H, Rebak M. Finite element methods in probabilistic structural analysis: a selective review[J]. Applied Mechanics Review, 1988, 41: 201-213.

[112] Spanos P D, Ghanem R. Stochastic finite element: A spectral approach[M]. New york: springer-verlag,1991.

[113] 吴世伟.结构可靠度分析[M].北京:人民交通出版社,1988.

[114] 陈虬,刘先斌.随机有限元法及其工程应用[M].成都:西南交通大学出版社,1993.

[115] 牛荻涛.混凝土结构耐久性与寿命预测[M].北京:科学出版社,2003.

[116] Crank J. The Mathematic of diffusion [M]. 2nd ed. Oxford Univ. Press, Great Britain, 1975.

[117] Kirkpatrick J ,Weyers E, Anderson Cook M , Sprinkel M. Probabilistic model for the chloride-induced corrosion service life of bridge decks[R]. Cement and Concrete Research,2148 (2002).

[118] 吴瑾.氯离子环境下钢筋混凝土结构锈裂损伤评估研究[D].南京:河海大学,2003.

[119] 张平生,卢梅,李晓燕.锈损钢筋的力学性能[J].工业建筑,1995,25(9).

[120] 中华人民共和国行业标准.JTG D62—2004 公路钢筋混凝土及预应力混凝土桥涵设计规范[S].北京:人民交通出版社,2004.

[121] Hanaor A. Prestressed pin-jointed structures-flexibility analysis and prestress design[J]. Comput Struct,1988,28(66): 757-769.

[122] Murakami H. Static and dynamic analyses of tensegrity structures. Part II: Quasi-static analysis[J]. Int J Solids Struct,2001,38:3615-29.

[123] Motro R. Tensegrity systems and geodesic domes[J]. Int J Space Steel Bridges,1990,5(3): 341-351.

[124] 狄谨,武隽.自锚式悬索桥主缆线形计算方法[J].交通运输工程学报,2004,4(3):38-43.

[125] 肖海波,俞亚南,高庆丰. 自锚式悬索桥主缆成桥线形分析[J].浙江大学学报,2004,38(11):1469-1473.

[126] 千坚定.悬索桥主缆索夹位置计算及放样[J].桥梁建设,1999,2:33-35.

[127] Kim H K,Lee M J,Chang S-P. Non-linear shape-finding analysis of a self-anchored suspension bridge[J]. Eng Struct 2002,24:1547-1559.

[128] 周泳涛,鲍卫刚,韩国杰.自锚式悬索桥空间缆索分析与计算[J].公路交通科技,2007,24(3):50-55.

[129] 罗喜恒,肖汝诚,项海帆.空间缆索悬索桥的主缆线形分析[J].同济大学学报,2004,32(10):1348-1354.

[130] Ahn S. Static and dynamic nonlinear analysis of spatial cable networks using elastic catenary cable element[D]. Korea:Dept. of Civil Engrg., Seoul National University,1991.

[131] 宋玉普,等.多功能三轴混凝土试验系统[J].大连理工大学学报,1992, 32(4):460-464.

[132] 张振西.混凝土在应变空间的三维特性及拱坝的应力重分布[D].北京:清华大学,1985.

[133] Johnston B,Cox K C . The bond strength of rusted deformed bars[J]. ACI Journal,1941,37:37-72.

[134] 中华人民共和国国家标准.GB/T 50080—2002 普通混凝土拌合物性能试验方法标准[S].北京:中国建筑工业出版社,2002.